"十四五"职业教育国家规划教材

 国家职业教育金融专业

 国家级精品资源共享课配套教材

 浙江省高职院校"十四五"重点立项建设教材

icve 智慧职教 高等职业教育名

U0627735

商业银行会计
（第四版）

主 编 翟 敏 吴 胜 董瑞丽

副主编 金晓燕

中国教育出版传媒集团

高等教育出版社·北京

内容提要

本书是"十四五"职业教育国家规划教材,也是国家级精品资源共享课和国家职业教育金融专业教学资源库升级改进配套教材。

本书是高等职业教育深化课程建设和改革的产物。全书以商业银行基层一线对公业务会计工作过程为导向,设计为九个项目和一个综合业务实训,包括基本核算方法处理、单位存款业务处理、支付结算方式处理、支付结算票据业务处理、贷款和票据贴现业务处理、单位外汇业务处理、资金汇划与资金清算业务处理、金融机构往来业务处理、年度决算工作处理及商业银行会计综合业务实训。本次修订根据最新金融法律法规和商业银行业务更新教材内容,并新增三位一体的学习目标及"职业素养提升"栏目,全面发挥教材育人功能,新增"行业观察"栏目,体现数字经济时代商业银行数字化升级内容,与时俱进。

本书配有教学课件,以及二维码链接的微课、动画等教学资源,学习者可以通过移动终端随扫随学,具体获取方式见书后"郑重声明"页的资源服务提示。同时,本书使用者可通过访问"智慧职教"平台,学习在线开放课程。

本书适用于高等职业教育专科、职业教育本科院校及应用型本科院校金融类专业教学,也可作为银行在职人员业务学习和培训教材。

图书在版编目(CIP)数据

商业银行会计 / 翟敏,吴胜,董瑞丽主编. -- 4版
. -- 北京 : 高等教育出版社,2024.2
ISBN 978-7-04-061502-9

Ⅰ. ①商… Ⅱ. ①翟… ②吴… ③董… Ⅲ. ①商业银行-银行会计-教材 Ⅳ. ①F830.42

中国国家版本馆CIP数据核字(2024)第000519号

商业银行会计(第四版)
SHANGYE YINHANG KUAIJI

策划编辑	黄 茜	责任编辑	贾玉婷	封面设计	张 志	版式设计	徐艳妮
责任绘图	裴一丹	责任校对	刘娟娟	责任印制	高 峰		

出版发行	高等教育出版社	网 址	http://www.hep.edu.cn
社 址	北京市西城区德外大街4号		http://www.hep.com.cn
邮政编码	100120	网上订购	http://www.hepmall.com.cn
印 刷	北京市艺辉印刷有限公司		http://www.hepmall.com
开 本	787 mm×1092 mm 1/16		http://www.hepmall.cn
印 张	20.5	版 次	2008 年 12 月第 1 版
字 数	410 千字		2024 年 2 月第 4 版
购书热线	010-58581118	印 次	2024 年 12 月第 2 次印刷
咨询电话	400-810-0598	定 价	49.80 元

"智慧职教" 服务指南

"智慧职教"（www.icve.com.cn）是由高等教育出版社建设和运营的职业教育数字教学资源共建共享平台和在线课程教学服务平台，与教材配套课程相关的部分包括资源库平台、职教云平台和App等。用户通过平台注册，登录即可使用该平台。

- 资源库平台：为学习者提供本教材配套课程及资源的浏览服务。

登录"智慧职教"平台，在首页搜索框中搜索"银行会计实务"，找到对应作者主持的课程，加入课程参加学习，即可浏览课程资源。

- 职教云平台：帮助任课教师对本教材配套课程进行引用、修改，再发布为个性化课程（SPOC）。

1. 登录职教云平台，在首页单击"新增课程"按钮，根据提示设置要构建的个性化课程的基本信息。

2. 进入课程编辑页面设置教学班级后，在"教学管理"的"教学设计"中"导入"教材配套课程，可根据教学需要进行修改，再发布为个性化课程。

- App：帮助任课教师和学生基于新构建的个性化课程开展线上线下混合式、智能化教与学。

1. 在应用市场搜索"智慧职教icve"App，下载安装。

2. 登录App，任课教师指导学生加入个性化课程，并利用App提供的各类功能，开展课前、课中、课后的教学互动，构建智慧课堂。

"智慧职教"使用帮助及常见问题解答请访问help.icve.com.cn。

第四版前言

随着信息技术与金融的深度融合，以及金融科技的迭代应用，我国银行业生态环境发生了前所未有的变化，传统的银行业务发展模式面临严峻挑战，银行柜面的服务方式、服务手段发生了巨大变化，对银行从业人员特别是一线临柜工作人员的岗位职业能力提出了更新更高的要求。与此同时，党的二十大提出"育人的根本在于立德"，因此，加快对商业银行一线业务岗位德技并修的高素质技术技能人才培养迫在眉睫。基于此，编者联合中国人民银行、国有商业银行、股份制商业银行、城市商业银行等多家金融机构的业务专家，对接银行对公临柜岗位职业能力和职业素养的新标准和业务处理的新规范，对教材进行了修订。修订后的教材具有以下特色：

1. 凝练与聚焦课程思政元素，坚持立德树人

根据教材内容，以传承金融工匠精神、恪守金融职业操守为重点，以鲜活的现实问题为切入点，精选思政育人案例融入教材，以"职业素养提升"栏目在书中呈现，注重培养银行柜员岗位精益求精的工作态度，增强遵法、学法、守法、用法的意识，引导学生严格遵守业务操作规程，诚信为本重操守，严谨细致守规则，勇于创新求进取。教材内容理论必需、够用，突出实践和价值引领，充分发挥育人功能，全面落实立德树人根本任务。

2. 立足银行柜员岗位能力培养设计教材结构，突出职业性

本书根据熟练掌握银行柜台业务操作的高素质技术技能金融人才培养定位，依据银行柜台对公业务处理工作规范，针对所涉及的具体业务领域，以工作过程为导向来搭建活动场景，构建学习内容。项目的设计以一线对公业务类型为线索，根据每一类型业务的工作过程细化任务活动，以标准业务操作流程为载体设计活动内容，将实践技能、理论知识融入工作过程中，理实一体化。教材在任务活动中配有大量的业务图表与凭证，图文并茂，直观，形象，实操性强，融教、学、做、练于一体，易学、易懂、易做。

3. 校企深度合作，对接金融行业企业标准规范，强调时效性

本书在修订过程中，联合多家金融机构的业务专家，对接银行对公临柜岗位人

才需求新标准与业务处理新规范，在保持原有教材理实一体化特色和已有的知识架构基础上，修改、补充了商业银行对公会计业务的新知识、新规定、新技术、新操作，突出金融科技信息技术的深度应用，对操作样例、凭证样式等进行了全面更新，并对银行一些新业务发展动向做了前瞻性的知识链接，时效性强，不仅能满足金融类专业学生的学习要求，而且为银行在职人员岗位培训与业务学习提供参考。

4. 以多个国家级项目为载体，建设类型丰富的数字化教学资源，体现应用性

适应数字经济时代职业教育新需求，本书积极推进数字资源的共建共享。本书依托国家职业教育金融专业教学资源库、国家级精品资源共享课、浙江省在线精品课程，与行业企业合力开发微课、动画等优质数字化教学资源，推动银行柜员岗位工作要求、工作任务、工作流程等产业要素转化为数字化课程教学要素，并精选部分优质资源以二维码形式标注在教材中。本书配套的课程提供仿真化的学习环境，打破静态、固化的传统教学资源应用方式，构建金融实务类课程学、做、练一体的教学应用场景，促进线上线下混合式教学的广泛应用，满足人人皆学、处处能学、时时可学的全民终身学习要求。

本书由浙江金融职业学院翟敏、吴胜、董瑞丽担任主编并负责统筹教材修订工作，由浙江金融职业学院金晓燕担任副主编，由浙江金融职业学院副校长郭福春担任主审。具体分工如下：金晓燕负责修订项目一，翟敏负责修订项目二和项目五，王成负责修订项目三和项目六，隋冰负责修订项目四，江逸负责修订项目七，吴沈娟负责修订项目八，董瑞丽负责修订项目九，吴胜负责修订商业银行会计综合业务实训。原中国工商银行杭州分行运行管理部副总经理季鸿德参与了项目七的修订，浙商银行杭州分行营业主管徐岳豪参与了项目六的修订。

在本书的编写过程中，得到了中国人民银行杭州中心支行、中国农业银行浙江省分行、中国工商银行浙江省分行等广大金融机构的支持和帮助，在此深表感谢！

由于金融业发展迅速，教学手段也在极速更新，加之编者水平有限，书稿难免存在疏漏和不足之处，敬请广大读者批评指正。

编　者
2023年12月

第一版前言

随着金融全球化进程的不断加快，我国银行业也以前所未有的速度快速发展。伴随着金融产品和业务类型的不断增加，国有商业银行的转型与改革，股份制商业银行和地方性商业银行分支机构的延伸，中国邮储银行的成立，农村合作银行和农村信用社金融业务的不断拓展，银行业基层业务操作岗位人才结构性短缺矛盾日益凸显。加快银行从业人员尤其是具有综合能力素质的银行一线高技能应用型人才的培养，已成为银行业提升服务水平、实现跨越式发展的重要条件。

高等职业教育承担着培养基层一线高技能应用型人才的重任。近年来，各高等职业院校不断进行职业教育教学改革，积极探索基于工作过程系统化课程的开发与实践。我们在教育教学的改革实践中，与来自银行一线的行业专家一起共同分析论证，在对金融管理与实务专业所涵盖的业务岗位群进行工作任务与职业能力分析的基础上，以商业银行会计岗位为导向，按照高职学生的认知特点，以工作任务和完整的工作过程来组织课程内容，并以此设计、编写了基于项目过程系统化的项目课程教材《商业银行会计》。

本项目课程教材设计了10个项目、23项任务、84个具体活动载体内容，包括基本核算方法处理、单位存款业务处理、结算方式处理、票据业务处理、贷款和票据贴现业务处理、外汇业务处理、资金汇划与资金清算业务处理、金融机构往来业务处理、年度决算处理、银行会计综合业务实训等学习项目。学生可在完成具体项目活动的过程中学习相关理论知识，掌握业务操作流程，提升职业能力。

在本项目课程教材的编写过程中，我们一直关注金融企业会计伴随着金融业的发展而发生的变革。2006年10月，财政部发布了《企业会计准则——应用指南》，首次构建了我国比较完善的、有机统一的企业会计准则体系，实现了我国企业会计准则建设新的跨越和突破。在这前后，中国人民银行也相继出台了《中国人民银行关于人民币存贷款计结息问题的通知》大小额支付系统处理办法、支票影像交换系统等制度和规定。新的企业会计准则体系和金融规范及制度办法，对银行的会计核算产生了很大的影响。我们在充分理解和把握新准则、新规范、新制度的基础上，及时地将这些内容充实在教材之中，使教材内容更加新颖，较好地体现当前商业银行会计的实际。

本教材由多位高职金融院校从事金融会计教学的教师和来自一线的行业专家参与编写。项目一由金晓燕编写，项目二由翟敏编写，项目三、项目六由王成编写，项目四由董瑞丽编写，项目五由钱崔红编写，项目七、项目八由林志华编写，项目九由吴胜编写，项目十由张素芳编写。吴胜任主编，负责项目的设计和全书的总纂修改，董瑞丽和金晓燕为副主编，参与设计并做了大量卓有成效的工作。

本教材以项目活动为载体，项目活动的设计和表现是关键。我们在项目活动中配有大量的图表、凭证、例题、活动练习、知识库、信息链接等，融教、学、做为一体，从而使学生易学、易懂、易做。

在本教材的编写过程中，得到了中国人民银行杭州中心支行支付结算处孙娟晓处长、中国农业银行浙江省分行会计处董伟琦处长、中国银行浙江省分行下沙支行邹应军副行长和营业部范明磊经理的支持和帮助，高等教育出版社相关编辑提出了很多宝贵的意见和建议，在此一并表示感谢。

由于金融业务不断创新和金融会计体系的庞大，各行在具体操作上具有差异性，这给我们的教材编写带来一定的难度。同时基于工作过程系统化的项目课程改革也在不断地探索之中。由于时间仓促和水平的局限，书中的疏漏和不足之处在所难免，欢迎专家和广大读者指正。

编　者

2008年10月

目录

项目一　基本核算方法处理 ································· 001

　　任务一　会计科目划分 ································· 003

　　任务二　记账方法运用 ································· 008

　　任务三　会计凭证处理 ································· 014

　　任务四　账务记载处理 ································· 028

项目二　单位存款业务处理 ································· 049

　　任务一　单位活期存款业务操作处理 ················· 051

　　任务二　单位定期存款业务操作处理 ················· 064

项目三　支付结算方式处理 ································· 077

　　任务一　汇兑业务操作处理 ························· 079

　　任务二　委托收款业务操作处理 ····················· 086

　　任务三　托收承付业务操作处理 ····················· 094

项目四　支付结算票据业务处理 ····························· 105

　　任务一　支票业务操作处理 ························· 107

　　任务二　银行汇票业务操作处理 ····················· 128

　　任务三　银行本票业务操作处理 ····················· 142

　　任务四　商业汇票业务操作处理 ····················· 152

　　任务五　电子商业汇票操作处理 ····················· 173

项目五　贷款和票据贴现业务处理 ························· 179

　　任务一　单位贷款业务操作处理 ····················· 181

　　任务二　票据贴现业务操作处理 ····················· 192

项目六 单位外汇业务处理 ……………………………………… 197

　任务一　结售汇业务操作处理 ………………………………………199

　任务二　单位外汇存款业务操作处理 ………………………………210

　任务三　单位外汇贷款业务操作处理 ………………………………214

项目七 资金汇划与资金清算业务处理 ……………………… 221

　任务一　系统内资金汇划与资金清算业务操作处理 ……………… 223

　任务二　跨系统资金汇划与资金清算业务操作处理 ……………… 229

　任务三　中国银联清算业务操作处理 ……………………………… 241

项目八 金融机构往来业务处理 ……………………………… 247

　任务一　商业银行与中央银行往来业务操作处理 ………………… 249

　任务二　商业银行之间往来业务操作处理 ………………………… 262

项目九 年度决算工作处理 …………………………………… 271

　任务　年度决算工作处理活动 ……………………………… 273

商业银行会计综合业务实训 …………………………………… 285

参考文献 ………………………………………………………… 315

项目一

基本核算方法处理

【学习目标】

素养目标：

- 了解银行柜员岗位，提升岗位认同感和归属感，培养爱岗敬业精神
- 遵守会计从业基本职业道德，树立正确价值导向，"诚信为本、操守为重，坚持准则，不做假账"
- 遵守银行从业基本职业规范、营业网点基本规章制度，养成依法合规的职业习惯

知识目标：

- 了解银行会计科目的概念、意义以及会计科目的设置原则和分类标准
- 熟悉银行会计不同的记账方法，以及各种记账方法的基本内容
- 熟悉银行会计凭证的类型、填制要求、审核要点以及传递基本程序
- 熟悉银行账务组织、账簿设置和账务记载的流程及方法

能力目标：

- 能够按照不同的分类标准对银行会计科目进行准确划分
- 能够根据不同业务需要熟练运用单式收付记账法和复式借贷记账法
- 能够进行不同凭证的填制、审核、签章、传递，以及装订保管等环节的处理
- 能够根据业务要求进行银行会计日初操作、日终操作、日常对公业务记账的处理，以及日常账务记载差错的冲正处理

【内容导航】

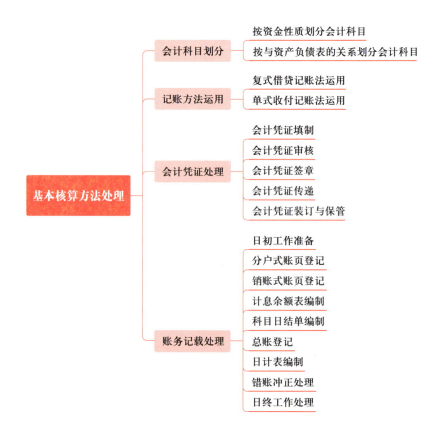

基本核算方法处理

- 会计科目划分
  - 按资金性质划分会计科目
  - 按与资产负债表的关系划分会计科目
- 记账方法运用
  - 复式借贷记账法运用
  - 单式收付记账法运用
- 会计凭证处理
  - 会计凭证填制
  - 会计凭证审核
  - 会计凭证签章
  - 会计凭证传递
  - 会计凭证装订与保管
- 账务记载处理
  - 日初工作准备
  - 分户式账页登记
  - 销账式账页登记
  - 计息余额表编制
  - 科目日结单编制
  - 总账登记
  - 日计表编制
  - 错账冲正处理
  - 日终工作处理

任务一　会计科目划分

【知识储备】

1. 会计科目的概念

会计科目是对会计对象的具体内容进行科学分类的标志。银行会计科目是对银行会计对象的具体内容所作的科学分类，即对银行的资产、负债、所有者权益以及银行的财务收支所进行的分类。

2. 会计科目在会计核算中的重要作用

银行在其经营活动过程中，每天都要发生成千上万种经济业务。而经济业务的发生又必然会引起各项资产、负债、所有者权益的增减变化。为了把各项经济业务的发生情况和由此引起的各项资金增减变化的结果分门别类地进行核算和监督，就必须设置一定的会计科目。因此，会计科目在会计核算中起着重要作用。

（1）会计科目是连接核算方法的纽带。会计科目是涉及会计核算各个环节的基础工具，从填制记账凭证、设置和登记账簿到编制会计报表，都离不开会计科目。即通过会计科目的纽带作用，把各种核算方法连接起来，形成一个有机的整体，保证核算工作有序地进行。

（2）会计科目是进行系统核算的前提。在日常会计核算中，将各种各样的经济业务分别登记到不同的会计科目中去，使得所有核算资料条理化、系统化，以便为各有关方面提供各种有用的会计信息。

（3）会计科目是统一核算口径的基础。每个会计科目都有一定的内涵和名称，各个银行根据统一的会计科目进行核算，可保证会计核算指标在全国范围内口径一致，便于会计资料的审核汇总和分析利用。

3. 设置会计科目的基本原则

为了充分发挥会计科目的作用，提高会计核算的质量和效率，必须科学、合理地设置会计科目。会计科目的设置要考虑以下基本原则。

（1）准确反映不同性质资金的增减变化情况；

（2）根据业务需要反映专业特点；

（3）适应银行经营管理和经济核算的需要；

（4）符合会计核算方法的技术要求；

（5）必须统一核算口径；

（6）体现权责发生制原则、资本保全原则和谨慎性原则。

【任务活动】

任务活动1　按资金性质划分会计科目

目前我国银行的会计科目，按资金性质不同可分为资产类、负债类、所有者权益类和损益类。各银行系统根据自身的业务特点和核算需要，基本上都增设了资产负债共同类科目，同时还增设一些系统内使用的科目。

（1）资产类科目。该类科目用于核算过去的交易、事项形成并由银行所拥有或者控制的、预期能给银行带来经济利益的资源。它包括现金、存放他行的款项、各种贷款、各种应收款、投资、固定资产、无形资产及其他资产等。其科目余额一般反映在借方。

（2）负债类科目。该类科目用于核算过去的交易、事项形成的银行所承担的、预期履行时会导致银行经济利益流出的义务。它包括各种存款、借入款项、应付款、发行债券及应解（汇出）汇款等。其科目余额一般反映在贷方。

（3）所有者权益类科目。该类科目用于核算所有者在银行资产中享有的经济利益。它主要有实收资本、资本公积、盈余公积、本年利润和利润分配等。其科目余额一般反映在贷方。

（4）损益类科目。该类科目用于核算银行各项收入、各项支出、营业费用、税金、汇兑损益等。反映收入的科目，其余额反映在贷方；反映支出的科目，其余额反映在借方。

（5）资产负债共同类科目。该类科目是指那些资金性质不确定、可依一定条件变化的科目。如清算资金往来、待清算辖内往来、系统内上存（借用）资金、外汇买卖等。其科目余额在借方时表示银行的资产，在贷方时表示银行的负债。

正确使用会计科目是保证会计核算质量的关键。《会计科目使用说明》对每一个会计科目的核算内容都作了限定，因此，会计科目要按照《会计科目使用说明》使用，以保证正确提供核算信息。对发生的各项经济业务，首先要根据业务发生所涉及的资金性质和业务类别，以及科目使用的规定来确定所涉及的会计科目，然后再处理账务。各家银行根据需要自行设计的会计科目，必须按财政部和人民银行共同制定的银行业会计科目正确对口归并。

银行业主要核算会计科目如表1-1-1所示。

表1-1-1　银行业主要核算会计科目

科目代码	科目名称	科目代码	科目名称
	一、资产类	2101	活期储蓄存款
1001	现金	2105	定期储蓄存款
1002	银行存款	2201	财政性存款
1003	贵金属	2301	向中央银行借款
1101	存放中央银行款项	2302	同业存放款项
1102	存放同业款项	2303	系统内款项存放
1103	上存系统内款项	2401	同业拆入
1201	拆放同业	2402	金融性公司拆入
1202	拆放金融性公司	2403	应解汇款
1203	短期贷款	2404	汇出汇款
1204	中长期贷款	2501	保证金
1205	抵押贷款	2502	开出本票
1206	贴现	2601	应付利息
1207	逾期贷款	2602	其他应付款
1301	进出口押汇	2603	应付职工薪酬
1302	应收利息	2605	应交税费
1308	资产减值准备	2606	应付利润
1309	其他应收款	2701	长期借款
1401	短期投资	2702	发行债券
1402	长期投资	2703	长期应付款
1501	固定资产		三、所有者权益类
1502	累计折旧	3001	实收资本
1503	固定资产清理	3002	资本公积
1504	在建工程	3003	盈余公积
1601	无形资产	3101	本年利润
1603	待处理财产损溢	3102	利润分配
1804	长期待摊费用	3103	所得税
1805	递延所得税资产		四、资产负债共同类
	二、负债类	4001	清算资金往来
2001	活期存款	4002	外汇买卖
2005	定期存款		

续表

科目代码	科目名称	科目代码	科目名称
	五、损益类	5201	利息支出
5001	利息收入	5202	金融企业往来支出
5002	金融企业往来收入	5301	手续费支出
5101	手续费收入	5302	营业费用
5102	其他营业收入	5303	税金及附加
5103	投资收益	5304	其他营业支出
5104	汇兑收益	5306	营业外支出
5105	营业外收入	5600	以前年度损益调整

 动动脑

1. 银行会计科目在会计核算中具有什么作用？
2. 会计科目按资金性质不同划分可以分为哪几类？各由哪些科目组成？

 动动手

将下列会计科目按资金的性质不同分类：

外汇买卖、存放中央银行款项、其他应收款、固定资产、无形资产、汇出汇款、汇兑损益、本年利润、活期存款、短期贷款、应付利息、应解汇款、现金、盈余公积、营业费用、金融机构往来支出、实收资本、向中央银行借款、利润分配、利息收入、资本公积

任务活动2　按与资产负债表的关系划分会计科目

资产负债表是总括反映商业银行某一特定日期资产、负债和所有者权益及其构成情况的会计报表。其作用在于向有关利益关系单位、部门提供编报行各项资产、负债和所有者权益的增减变动信息，据以检查分析编报行的资产、负债和所有者权益的结构是否合理，并为分析编报行的偿债能力、预测未来财务状况提供数据。

银行会计科目按与资产负债表的关系，可以分为表内科目和表外科目两类。

（1）表内科目。它是用来核算和监督银行资金实际增减变化情况并反映在资产负债表和利润表中的科目。在按资金性质划分会计科目的情况下，所列的五类科目都是表内科目。

（2）表外科目。它是用以核算业务已发生但不涉及银行资金实际增减变化，反映或有资产负债、有价单证、重要空白凭证等需要备忘和控制的事项。

表外科目虽然不涉及银行资金的增减变动，但对银行来说是非常重要的核算内容。各商业银行根据各自的业务特点以及核算与管理的需要来设置表外科目并规定其适用规则。一般而言，商业银行主要设置的表外科目包括：有价单证、重要空白凭证、未发行债券、已兑付债券、代保管有价值品、银行承兑汇票、发出托收结算凭证、定期代收结算凭证、发出委托收款结算凭证、代收委托收款结算凭证和开出信用证等。

 动动脑

> 表内科目和表外科目的实质性区别是什么？

动动手

> 判定下列会计科目中哪些是表内科目，哪些是表外科目，并说明理由：
> 外汇买卖、存放中央银行款项、已兑付债券、固定资产、发出托收结算凭证、汇出汇款、银行承兑汇票、活期存款、重要空白凭证、短期贷款、代保管有价值品、应解汇款、开出信用证、营业费用、金融机构往来支出、有价单证、实收资本、向中央银行借款、利润分配、利息收入、资本公积、未发行债券、代收委托收款结算凭证

知识链接

> 会计科目体系由一级科目、二级科目和三级科目组成。为了适应会计信息化的需要和操作的方便，一般每个会计科目都会按统一的规则编制一个特定的代号。就目前商业银行的实际来看，一般一级科目代码由3~4位数组成，二级科目代码由5~6位数组成，三级科目代码则可以从不同角度对二级科目核算的信息进一步分类统计，以满足各项业务发展与管理需要以及某些特殊的管理需求，位数由各商业银行视不同情况设置。科目代码一般采取先按业

务大类归并，再按流动性划分的原则编排。

就目前来看，各商业银行会计科目（包括一级科目、二级科目）的设立、科目代码编号、使用说明以及停用、撤销均由总行会计主管部门统一负责。各分行、直属支行均不得自行设立会计科目，确实需要增设会计科目的，应报总行会计主管部门批准，由总行统一增设。各行都应该严格按照总行会计科目使用规范、要求正确使用会计科目，监控辖属科目使用情况。如遇会计科目变更，在年度中间通过会计分录结转，年度终了通过新旧科目结转表方式结转。

会计科目及账户

在会计核算的过程中，根据会计科目设置账户。科目是进行综合核算的基础，账户是进行明细核算的基础。商业银行每个账户都有自己的账号及对应的科目号、顺序号、计算机校验位号。随着会计核算电子化程度的日益提高，会计科目的综合核算作用已经开始淡化，实际上逐渐成为一个统计项目。另外，为了避免因银行内部科目调整而影响客户账号的使用，目前商业银行在设定对外存贷款账号时，账号的编码中一般不含对应的会计科目代码。

任务二 记账方法运用

【知识储备】

记账方法是指根据一定的记账原理，按照一定的记账规则，运用一定的记账符号，把经济业务进行分类整理并记入账簿的一种专门方法。记账方法按记录方式的不同，可分为单式记账法和复式记账法。

单式记账法是对每一项经济业务只在一个账户中登记的一种记账方法。它不能系统、全面地反映经济业务的来龙去脉，不便于检查账簿记录的正确性。这种记账方法，只适用于记录简单的经济业务。在银行实践中采用的单式记账法是收付记账法。

复式记账法是对每项经济业务以相等的金额，在两个或两个以上相互关联的账户中进行登记的一种记账方法。它能够全面、完整地反映经济业务的全貌，便于检查账户记录的正确性，因而是一种科学的记账方法。我国《企业会计准则》明确规定："企业应当采用借贷记账法记账"。

银行对表内科目采用复式借贷记账法，对表外科目采用单式收付记账法。

【任务活动】

任务活动1　复式借贷记账法运用

动画：
复式借贷记账法
及其应用

1. 借贷记账法的基本内容

借贷记账法是根据复式记账原理和资产总额等于负债加所有者权益总额的基本会计等式原理，以"借""贷"为记账符号，以"有借必有贷、借贷必相等"为记账规则，对企业资产负债等的增减变化过程及其结果进行记载的一种复式记账方法。其主要内容包括：平衡原理、记账符号、记账规则和平衡账务。

（1）平衡原理。借贷记账法的平衡原理为：

$$资产 = 负债 + 所有者权益$$

（2）记账符号。借贷记账法以"借""贷"为记账符号，即以"借"和"贷"表示银行资金的增减变化，账户的左方为"借方"，右方为"贷方"，"借"和"贷"在不同类型账户中的含义是不一样的。"借"表示资产和费用的增加，负债、所有者权益、收入和利润的减少；"贷"表示资产和费用的减少，负债、所有者权益、收入和利润的增加。

（3）记账规则。借贷记账法以"有借必有贷、借贷必相等"为记账规则。当经济业务发生时都以相等的金额、借贷相反的方向，在两个或两个以上相互联系的账户中进行登记。也就是说，记入一个账户借方的同时，必须记入另一个或几个账户的贷方；或者在记入一个账户贷方的同时，必须记入另一个或几个账户的借方。记入借方的金额与记入贷方的金额必须相等。

（4）账务平衡。由于借贷记账法在处理每笔经济业务时，是根据复式记账原理，按资产总额等于负债加所有者权益总额的平衡原理，并贯彻了"有借必有贷、借贷必相等"的记账规则，因此每天或一定时期内，各科目所属账户的借贷累计发生额及其余额都必须体现不同方向的数量平衡。其账务平衡的公式为：

$$各科目借方发生额合计 = 各科目贷方发生额合计$$

各科目借方余额合计＝各科目贷方余额合计

当日账务平衡可用试算平衡表（见表1-2-1）来表示。

表1-2-1　试算平衡表

试算平衡表

单位：元

科目		上日余额		本日发生额		本日余额	
代号	名　称	借方	贷方	借方	贷方	借方	贷方
合　计							

2. 借贷记账法在银行的具体运用

银行在其经济活动和财务收支过程中，会发生各种各样的经济业务，但归纳起来不外乎以下四种类型：

类型一，资产增加，负债或所有者权益增加；

类型二，资产减少，负债或所有者权益减少；

类型三，一项资产增加，另一项资产减少；

类型四，一项负债或所有者权益增加，另一项负债或所有者权益减少。

银行的经济活动和财务收支在借贷记账法下的记账方向可以用表1-2-2来表示。

表1-2-2　借贷记账法下的记账方向

借方登记	贷方登记
资产的增加	资产的减少
负债的减少	负债的增加
所有者权益的减少	所有者权益的增加
费用的增加	费用的减少
收入的减少	收入的增加

典型案例

[例1-1] 开户单位景升百货商场向模拟银行金苑支行交存营业现金收入100 000元。

该笔经济业务使银行现金（资产）增加了100 000元，同时也使活期存款（负债）相应地增加了100 000元。其会计分录为：

借：现金　　　　　　　　　　　　　　　100 000
　　贷：活期存款——景升百货商场　　　　　　　100 000

[例1-2] 开户单位文海服装厂用银行存款归还模拟银行金苑支行流动资金贷款50 000元。

该笔经济业务使短期贷款（资产）减少了50 000元，同时也使活期存款（负债）相应地减少了50 000元。其会计分录为：

借：活期存款——文海服装厂　　　　　　　50 000
　　贷：短期贷款——文海服装厂　　　　　　　　50 000

[例1-3] 模拟银行金苑支行从中央银行存放中央银行款项户中提取现金100 000元。

该笔经济业务使现金（资产）增加了100 000元，同时也使中央银行存放中央银行款项（资产）相应地减少了100 000元。其会计分录为：

借：现金　　　　　　　　　　　　　　　100 000
　　贷：存放中央银行款项　　　　　　　　　　100 000

[例1-4] 西湖电视机厂从其基本存款账户中转出100 000元，办理为期一年的单位定期存款。

该笔经济业务使定期存款（负债）增加了100 000元，同时也使活期存款（负债）相应地减少了100 000元。会计分录为：

借：活期存款——西湖电视机厂　　　　　　100 000
　　贷：定期存款——西湖电视机厂　　　　　　　100 000

在假设各科目上日余额的基础上，根据以上四笔经济业务的会计分录编制试算平衡表，如表1-2-3所示。

表1-2-3　试算平衡表

试算平衡表

单位：元

科目		上日余额		本日发生额		本日余额	
代码	名称	借方	贷方	借方	贷方	借方	贷方
1001	现金	100 000		200 000		300 000	
1101	存放中央银行款项	500 000			100 000	400 000	
1203	短期贷款	150 000			50 000	100 000	
2001	活期存款		600 000	150 000	100 000		550 000
2005	定期存款		150 000		100 000		250 000
合　计		750 000	750 000	350 000	350 000	800 000	800 000

动动脑

借贷记账法的基本内容有哪些？

动动手

模拟银行金苑支行某日发生如下业务：

（1）新华印染集团公司签发现金支票，支取备用金2 000元；

（2）本行从中央银行存放中央银行款项户中提取现金100 000元；

（3）向西湖电视机厂发放6个月短期贷款80 000元，转入其账户；

（4）银泰百货商场支付萧翎服装厂货款12 000元，款项通过银行转账；

（5）个体户张俊以现金5 210元归还银行短期贷款本息，其中贷款本金5 000元，利息210元。

该行上日余额情况如表1-2-4所示。

表1-2-4　上日余额情况

科目名称	余额/元	科目名称	余额/元
现金	借方200 000	活期存款	贷方468 000
短期贷款	借方658 000	向中央银行借款	贷方521 500
存放中央银行款项	借方152 000	利息收入	贷方 20 500

要求：根据业务资料，作出有关会计分录，并编制当日试算平衡表。

任务活动2　单式收付记账法运用

单式收付记账法是对发生的每一笔经济业务一般只在一个账户上登记，与其他账户之间没有直接关系，账户记录没有相互平衡的概念。一般记载不涉及银行资金运动的或有事项和其他重要业务事项的表外科目时采用单式收付记账法。当表外科目采用单式收付记账法，即以收入、付出作为记账符号，业务发生时计收入；业务注销或冲减时计付出；余额反映在收入方，表示已经发生但尚未完成的业务事项。各科目只单方面反映自身的增减变动，不涉及其他科目，也不存在平衡关系。

在银行会计工作中，对表外科目所涉及的会计事项，如重要空白凭证、银行承兑汇票、待清算凭证等采用单式收付记账法。表外科目的记账金额，一般是按照经济业务发生额或凭证的票面额记载，有些控制实物数量的表外科目则按假定价格记载。例如，重要空白凭证通常按1元每份来表示。

典型案例

[例1-5] 模拟银行金苑支行收到重要空白凭证现金支票50本，每本25份，并入库保管，用单式收付记账法记账如下：

收入：重要空白凭证——现金支票　1 250

[例1-6] 模拟银行金苑支行为开户单位承兑面额为10 000 000元的商业汇票，用单式收付记账法记账如下：

收入：银行承兑汇票　10 000 000

[例1-7] 开户单位来银行购买空白转账支票一本，每本25份，用单式收付记账法记账如下：

付出：重要空白凭证——转账支票　25

 动动脑

1. 单式收付记账法是如何记账的？

2. 为什么表内科目采用复式借贷记账法，表外科目采用单式收付记账法？

💙 动动手

模拟银行金苑支行2023年8月1日发生如下表外业务：

（1）收到重要空白凭证转账支票150本，每本25份，入库保管。

（2）为开户单位兑付三个月前承兑的面额为20 000 000元的银行承兑汇票。

（3）开户单位来银行购买空白转账支票2本，每本25份。

要求：根据业务资料，作出有关会计分录。

任务三　会计凭证处理

【知识储备】

1. 会计凭证的概念

会计凭证是记录各项经济业务活动和财务活动的原始记录，是明确经济责任的书面证明，是办理资金收付和登记会计账簿的依据。由于银行会计凭证要在银行内部有关部门传递，因此银行会计凭证在习惯上又称为传票。

银行每项经济业务从发生到完成，其业务处理手续都必须以会计凭证为依据，没有合法、完整的凭证就不能处理业务、记载账务和向计算机输入数据。会计凭证在银行会计工作中起着重要作用。

2. 会计凭证的分类

（1）会计凭证按来源不同，可以分为原始凭证和记账凭证两类。

原始凭证是用以记录和证明经济业务已经发生或完成、可以作为记账依据或记账凭证原始依据的一种会计凭证。记账凭证是根据审核后的原始凭证编制并作为记账依据的会计凭证。电子信息输出后打印或根据原始凭证信息填制生成，具备记账凭证要素的原始凭证，可以作为记账凭证使用。其中根据原始凭证信息填制生成的记账凭证，原始凭证做附件；部分符合会计凭证基本要素的电子信息，经过授权确认后可作为记账凭证的依据，无须打印可直接记账，但事后应满足随机查询和打印凭证的需要。另外，记账凭证基本要素不得因纸质凭证与电子信息之间的相互转换而改变内容。

（2）记账凭证按其形式不同，可分为单式凭证和复式凭证。

单式凭证是指一笔业务的借方和贷方科目，分别填列在两张或两张以上的凭证上，即一张凭证只填列一个科目，作为该科目的记账依据。该种凭证便于分工记账和凭证传递，但不能反映经济业务的全貌，不利于事后查考和检查业务的对应关系。

复式凭证是指一笔业务的借方和贷方科目都填列在一张凭证上，同时作为借贷双方科目的记账依据。这种凭证便于事后查考某项业务的全貌和易于保持账务记载平衡，但不便于传递、分工记账和科目汇总。

目前，银行除现金业务外一般采用单式凭证；而使用计算机记账的，也有的采用复式凭证。

（3）会计凭证按其适用范围不同，可分为基本凭证和特定凭证。

基本凭证是银行会计人员根据原始凭证或业务事项有关信息填制或生成的凭证。基本凭证可以分为8种：现金收入传票、现金付出传票、转账借方传票、转账贷方传票、特种转账借方传票、特种转账贷方传票、表外科目收入传票和表外科目付出传票（格式见表1-3-1~表1-3-8）。其中，转账传票主要用于银行内部资金收付的账务处理；特种转账传票主要用于涉及外单位的资金收付而且又是银行主动代为收款或扣款时的账务处理，使用特种转账传票应经会计主管审核。采用计算机记账后，有的银行不再使用以上固定大小、格式、颜色的8种凭证，而采用现金和转账两种机制凭证。

特定凭证是银行根据某项业务的特殊需要而制定的专用凭证。特定凭证一般由银行印制，单位领用和填写，并交银行凭以办理业务，银行则直接用以代替传票并凭以记账，如支票、进账单等。也有由银行自行填制并凭以办理业务及记账的，如银行汇票、联行报单等。特定凭证一般一式数联套写，其格式和使用方法将在后面项目中介绍。

表1-3-1 现金收入传票

模拟银行 现金收入传票													
贷 _____													
借 现金 _____	年 月 日												
户名或账号	摘 要	金 额											附件 张
		亿	千	百	十	万	千	百	十	元	角	分	
会计:	出纳:	复核:					记账:						

表1-3-2　现金付出传票

模拟银行 现金付出传票														
借 _____ 贷 现金　　　　　年　月　日														
户名或账号	摘　要	金　额												
		亿	千	百	十	万	千	百	十	元	角	分		附件　张
会计:　　　　出纳:　　　　复核:　　　　　　记账:														

表1-3-3　转账借方传票

模拟银行 转账借方传票														
科目（借）　　　年　月　日　　　对方科目（贷）														
户名或账号	摘　要	金　额												
		十	亿	千	百	十	万	千	百	十	元	角	分	附件　张
合　计														
会计:　　　　复核:　　　　　　记账:														

表1-3-4　转账贷方传票

模拟银行 转账贷方传票														
科目（贷）　　　年　月　日　　　对方科目（借）														
户名或账号	摘　要	金　额												
		十	亿	千	百	十	万	千	百	十	元	角	分	附件　张
合　计														
会计:　　　　复核:　　　　　　记账:														

表1-3-5 特种转账借方传票

模拟银行 **特种转账借方传票**														
年 月 日														

付款人 全称 / 账号或地址 / 开户银行   行号

收款人 全称 / 账号或地址 / 开户银行   行号

金额 人民币（大写）   亿 千 百 十 万 千 百 十 元 角 分

原凭证金额   赔偿金   科目（借）_____

原凭证名称   号码   对方科目（贷）_____

转账原因   银行盖章   会计   复核   记账

代借方凭证或付款通知   附件   张

表1-3-6 特种转账贷方传票

模拟银行 **特种转账贷方传票**														
年 月 日														

付款人 全称 / 账号或地址 / 开户银行   行号

收款人 全称 / 账号或地址 / 开户银行   行号

金额 人民币（大写）   亿 千 百 十 万 千 百 十 元 角 分

原凭证金额   赔偿金   科目（贷）_____

原凭证名称   号码   对方科目（借）_____

转账原因   银行盖章   会计   复核   记账

代贷方凭证或收账通知   附件   张

表1-3-7 表外科目收入传票

模拟银行 **表外科目收入传票**												
表外科目（收入）_____ 年 月 日												

户名或账号	摘要	金额										
		亿	千	百	十	万	千	百	十	元	角	分

会计：   保管：   复核：   记账：

附件   张

表1-3-8 表外科目付出传票

模拟银行 表外科目付出传票

表外科目（付出）_____

年 月 日

户名或账号	摘　要	金　额											
		亿	千	百	十	万	千	百	十	元	角	分

附件 张

会计： 保管： 复核： 记账：

（4）会计凭证按其介质不同，可分为纸质凭证和电子凭证。

纸质凭证是指经济业务发生或者完成情况记录于纸质材料，将其作为书面证明，并有序地进行整理、装订成册。随着商业银行计算机记账的普及，业务所涉及的会计信息还可以存放在计算机系统中，以电子形式存储的凭证称之为电子凭证，电子凭证与纸质凭证一样，必须具有真实性、完整性、正确性，具有与纸质凭证相同的法律效力，可节省档案管理的空间、人力和物力，更易于存储管理，有助于银行高效管理会计信息。

3. 会计凭证的基本要素

会计凭证是记载经济业务的原始记录和记载账务的依据。因此每张凭证，都必须填记一定的事项，这些事项称为要素。银行会计凭证种类繁多，具体的格式和内容也不一样，但都必须具有以下一些基本要素：

（1）凭证的名称及编制的日期（以特定凭证作为记账凭证时，还需注明记账日期）；

（2）收付款人的户名、账号和开户银行；

（3）货币符号和大小写金额；

（4）业务摘要及附件张数；

（5）凭证编号；

（6）客户确认标识及银行印鉴。

以上内容是各种会计凭证一般应具备的基本要素。各种凭证无论是银行编制的记账凭证，还是由单位提交的专用凭证，都应按照规定的内容填写齐全，字迹要清楚，数字要正确，不得有任何涂改和污损。

【任务活动】

任务活动1 会计凭证填制

编制会计凭证是进行会计核算的起点。凭证编制正确与否，直接影响会计核算的质量。因此，会计凭证的编制要求做到：要素齐全，内容完整，反映真实，数字正确，字迹清楚。

单联式凭证用蓝黑墨水钢笔书写；多联式凭证用蓝黑圆珠笔、双面复写纸套写；票据的收款人、出票日期和金额不得更改，填写错误应作废重填；其他凭证的大小写金额填写错误应作废重填，文字填写错误可以画线注销，将正确的内容填在错误内容的上方；大写金额书写应规范；互联网下生成凭以记账的电子凭证，应符合规定的格式，并加编密押或密码。

在银行会计业务处理的过程中，根据不同业务的实际需要进行不同凭证的编制。其中，每笔现金收入业务，只填制一张现金收入凭证，即只填制一张与现金科目所对应账户的凭证；同样，现金付出业务，只需填制一张现金付出凭证。而每笔转账业务，则必须同时填制两张或两张以上的凭证，且借贷凭证双方的金额应该相等。

🔶 典型案例

[例1-8] 2023年8月1日营业终了时，柜员李君出现出纳长款200元，则应填制如表1-3-9格式的凭证。

表1-3-9 现金收入传票

贷 其他应付款 借 现金	模拟银行 现金收入传票 2023 年 8 月 1 日												
户名或账号	摘　要	金　额										
		亿	千	百	十	万	千	百	十	元	角	分
待处理出纳长款	营业长款待查						¥	2	0	0	0	0
合计							¥	2	0	0	0	0
会计：　　　　　出纳：　　　　　复核：　　　　　记账：												

附件　张

[例1-9] 2023年8月1日开户单位前进贸易公司（账号：001200101050766）提交了一张面额为5 000 000元的4758号银行承兑汇票申请承兑，经信贷部门

审核同意并到会计部门办理相关承兑手续，模拟银行金苑支行按规定从该单位账户上收取承兑手续费2500元，由经办柜员赵燕编制（表1-3-10）特种转账借方传票办理收款手续。

表1-3-10　特种转账借方传票

模拟银行 特种转账借方传票

2023 年 8 月 1 日

付款人	全称	前进贸易公司	收款人	全称	手续费收入
	账号或地址	0012001010500766		账号或地址	001510101000458
	开户银行	模拟银行金苑支行　行号 00001		开户银行	模拟银行金苑支行　行号 00001

金额	人民币（大写）	贰仟伍佰元整

亿	千	百	十	万	千	百	十	元	角	分
					¥	2	5	0	0	0

原凭证金额	5 000 000 元	赔偿金	2 500 元
原凭证名称	银行承兑汇票	号　码	4758

科目（借）＿＿＿＿＿＿＿

对方科目（贷）＿＿＿＿＿

转账原因：承兑手续费收入 5 000 000 × 0.5‰ = 2 500（元）

银行盖章　　　会计　　复核　　记账

代借方凭证或付款通知　附件　张

动动脑

基本凭证和特定凭证有什么区别和联系？

动动手

（1）2023年8月1日营业终了时，柜员张华出现出纳短款300元，经主管人员审批同意，暂列其他应收款项，请编制暂挂账时的现金付出传票。

（2）2023年8月1日，模拟银行金苑支行为开户单位飞达电器有限公司（账号：0012001010000679）承兑面额为500 000元、号码为887659的未到期银行承兑汇票，请编制收取承兑手续费的特种转账借方传票。

任务活动2　会计凭证审核

会计凭证的审核就是根据业务事实以及核算的需要，对每笔业务的有关凭证，从形式、内容和数字上，审查其真实性、正确性、合法性和完整性，只有经过审核合格的凭证才能作为记账凭证进行账务处理。审核的要点如下：

（1）是否属于本行受理的凭证。

（2）凭证种类是否正确，凭证内容、联数与附件是否完整齐全，是否超过有效期限。

（3）账号与户名是否相符，该账户是否为冻结户。

（4）大小写金额是否一致，字迹有无涂改。

（5）密押、印鉴是否真实、齐全。

（6）款项来源、用途是否填写清楚，是否符合有关规定要求；可以更改的部分若更改是否按规定盖章，不能更改的部分是否被更改。

（7）支付的款项是否超过存款余额或批准的贷款额度或拨款限额。

（8）内部科目、账户使用是否正确。

（9）计息、收费、赔偿金等的计算是否正确。

根据会计凭证传递的有关规则，经过审核对符合要求的凭证才能予以账务处理或进行传递。对于不符合要求的凭证，应拒绝受理。如属内容不全或填写有误的凭证，要求更正、补充或重填；如属伪造凭证等违法乱纪行为，要认真追究，配合有关部门严肃查处。

典型案例

[例1-10] 2023年8月1日（星期二）模拟银行金苑支行临柜工作人员赵燕受理号码为20509592的转账支票一张（表1-3-11），系开户单位泰胜电器有限公司（001200101000087）支付给凯泰工贸公司的货款33 000元。要求根据上述背景资料审查所受理的转账支票。

表1-3-11　转 账 支 票

模拟银行　转账支票

10613675
20509592

出票日期（大写）　贰零贰叁 年 捌月壹日　　付款行名称：模拟银行金苑支行
收款人：凯太工贸公司　　　　　　　　　　出票人账号：001200101000087

付款期限自出票之日起十天

人民币（大写）　叁万叁仟元整　　　亿千百十万千百十元角分　¥ 3 3 0 0 0 0 0

用途　　　　　　　　　　　　　　　　　密码

上列款项请从　　　　　　　　　　　　　行号
我账户内支付
出票人签章　　　章财有泰胜电器务限公司专用　　　复核　　　记账

通过对该支票的审核可以发现以下不当之处：

① 出票日期大写不规范；② 收款人名称不正确；③ 用途栏漏填；④ 出票人签章缺。因此按规定该支票应予以退票处理。

动动脑

会计凭证的审核包括哪些内容？

动动手

2023年8月1日（星期二）模拟银行金苑支行临柜工作人员张华受理01321567号转账支票一张（表1-3-12），系开户单位恒泰电子有限公司（001200101000088）支付给恒达贸易公司（001200101005890）的货款4 600元。要求根据上述背景资料审查所受理的01321567号转账支票，指出该支票填制过程中的差错，并改正。

表1-3-12 转账支票

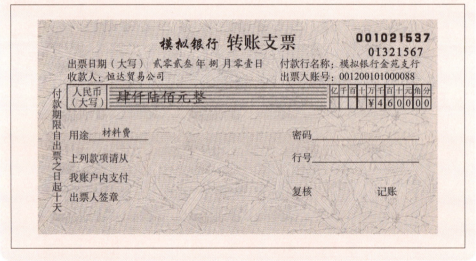

任务活动3　会计凭证签章

会计凭证的签章是确认凭证有效、表示业务手续完成程度和明确经济责任的重要措施。凡是经过处理的会计凭证，均应由客户和银行会计部门加盖有关印章。其中，客户应当按银行会计以及有关部门的相关业务规定加盖印章；银行会计部门则在会计凭证的处理过程中，根据规定加盖有关人员名章和规定的公章。会计印章的种类和使用范围如下：

（1）业务公章。用于对外出具存款证明、签发单位定期存款存单、开户证实书、明细对账单、账户管理协议书、单位账户开户资料（变更、撤销）等需要加盖业务公章的重要单证、报表和函电。一般按机构配备，由营业主管或指定人员保管使用。

（2）业务清讫章。用于办理本外币现金、转账业务时，加盖在现金收付款凭证、票据、表内外转账凭证及回单上。该印章按柜员配备，一般通过编号进行区分。

（3）业务受理章。用于受理客户提交而尚未进行转账处理的各种凭证的回单。该印章上必须刻有"收妥抵用"字样，按办理相关业务的柜员配备，一般通过编号进行区分。

（4）专用章。结算专用章用于对外发出结算凭证及结算业务的查询查复等；汇票专用章用于签发银行汇票和承兑银行承兑汇票以及办理承兑汇票的转贴现、再贴现的背书等；本票专用章用于签发银行本票；票据清算专用章用于票据交换的资金清算凭证；票据交换专用章用于提出票据交换凭证及中国人民银行规定的应加盖此章的业务凭证；其他专用章按照相关的业务规定使用。

（5）个人名章。会计人员经办和记载的凭证账簿、报表应加盖个人名章。

（6）其他。会计凭证的附件要加盖附件戳记；空白重要凭证作废不得销毁，应加盖作废戳记。

以上印章除个人名章外，均应冠以行名，并带有日期。

会计印章应由专人妥善保管使用，建立登记簿。在领用和收回时，使用人员必须在登记簿上签署个人名章；人员调换时，要办理交接手续。个人名章由本人保管，不得随意交由他人使用。因特殊原因确需要由他人使用的必须经过授权确认。随着计算机技术的发展，为了适应银行日益复杂的业务发展需要，国内多家商业银行先后实现了普通业务印章的电子化管理。电子化印章内嵌通过系统算法生成的12位验证码，需由相关交易驱动，采用彩色激光打印机输出。印章电子化精简了柜面实物印章，提高了服务效率，同时也更好地控制了银行用印风险。

动画：
印控仪

随着金融科技的快速迭代，数字化转型是当前银行业的大趋势，用数字化的力量重塑银行业经营与增长的新逻辑，其中远程集中授权模式的应用以及智能柜员机的建设是银行数字化建设的重要一环。

银行远程集中授权模式是利用现代化信息科学技术，在不改变银行核心业务体系以及交易完整性的基础上，将网点柜员接收的代授权交易画面、业务凭证、客户身份证件等重要资料通过视频、音频实时传输至银行后台处理中心，由终端的中心授权。这种模式的目标是实现全行所有需要授权业务的集中授权，以提高业务服务效率，减轻柜面服务压力，缩短业务完成时间。

智能柜员机是一种高效的自助服务设备，它具备完善的身份识别技术和风险控制流程，目前能实现大部分个人业务的自动化处理。在智能柜员机上，客户仅需进行简单的点击或输入信息，配合银行大堂经理的现场指纹授权、人脸识别、远程集中授权，就可以自助完成申领新卡、卡激活、换卡、电子银行签约、医保通签约、大额转账汇款等传统高柜业务办理。

数字化的创新和再造，实现了银行业务处理的数据化、智能化和生态化，提升了银行业务处理的效率和服务水平，降低了运营成本，同时，也对银行柜员的岗位素养提出了更新、更高的要求。银行柜员在掌握基本的会计原理和各项业务逻辑的同时，也需要理解数字化新趋势，掌握数字化新技术，适应在技术推动下新的银行柜面服务模式。

典型案例

［例1-11］2023年8月1日营业终了时，柜员赵燕出现出纳长款200元，经批准编制了现金收入传票。该传票已经经过了收款、记账、复核几个操作环节，加盖了相关的业务用章和有关人员名章，如表1-3-13所示。

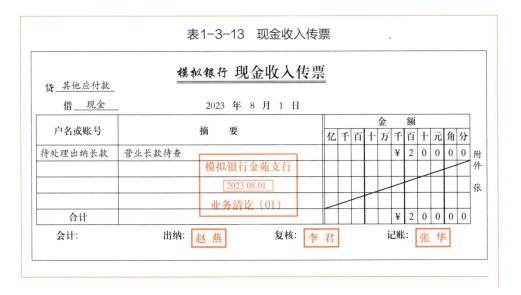

表1-3-13　现金收入传票

动动脑

列举商业银行会计处理中所使用的业务用章。

动动手

（1）2023年8月1日营业终了时，柜员张华出现出纳短款100元，经批准编制现金付出传票。该业务记账员为王玲、复核员为丁倩。请根据业务编制现金付出传票，并在凭证上加盖相关的业务用章。

（2）2023年8月1日开户单位宝丽电子有限公司（001200101000100）向模拟银行金苑支行交存了现金50 000元，编制了现金交款凭证，若该凭证已经经过了赵燕收款、张华记账、李君复核等几个操作环节，要求在该现金交款单上加盖相关的业务用章。

任务活动4　会计凭证传递

凭证传递是指从会计部门受理或编制凭证开始，直到业务处理完毕、凭证装订保管为止的整个过程。银行会计凭证传递的过程也是业务处理和会计核算的过程。科学组织会计凭证的传递，不仅是正确、迅速处理业务和账务的关键，而且对加速社会资金周转具有重要意义。

银行业务量大，凭证种类多，各种业务凭证的性质和内容不同，因而凭证传递的程序也不尽相同。必须根据各项业务的特点，分别制订不同业务凭证的传递程序。一般来说，外来凭证首先要经接柜员审核，然后交记账员确定会计分录，记入明细账，再交复核员复核；自制凭证经有关人员签章并记账后，也交复核员复核。会计凭证的传递必须做到准确及时、手续严密、先外后内、先急后缓，并遵守以下规定：

（1）现金收入业务必须先收款、后记账，以防止漏收或错收款项，保证账款一致；

（2）现金付出业务必须先记账、后付款，以防止透支、冒领事故的发生；

（3）转账业务必须先记付款人账户、后记收款人账户，以贯彻银行不垫款原则；

（4）代收他行票据必须坚持收妥抵用，以防止票据退票而造成银行垫款。

此外，银行内部凭证应由专门人员负责传递，不得通过客户传递。

典型案例

[例1-12]开户单位菲勒集团有限公司（账号：001200101000061）于2023年8月1日向模拟银行金苑支行提交现金交款，交存营业收入现金45 000元，本行临柜会计人员赵燕受理该业务，则应按现金收入凭证传递流程（图1-3-1）来传递有关会计凭证。

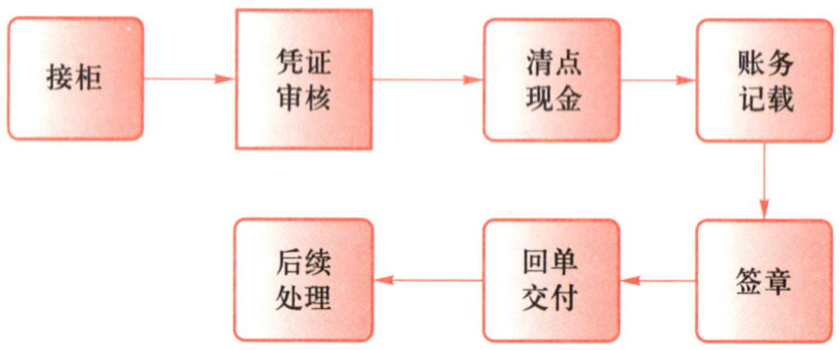

```
┌────┐   ┌────┐   ┌────┐   ┌────┐
│接柜│ → │凭证│ → │清点│ → │账务│
│    │   │审核│   │现金│   │记载│
└────┘   └────┘   └────┘   └────┘
                               ↓
┌────┐   ┌────┐   ┌────┐
│后续│ ← │回单│ ← │签章│
│处理│   │交付│   │    │
└────┘   └────┘   └────┘
```

图1-3-1　现金收入凭证传递流程

动动脑

银行会计凭证传递过程中应遵循哪些规定？为什么？

👐 **动动手**

开户单位泰华贸易有限公司（账号：001201010000718）于2023年8月1日向模拟银行金苑支行提交现金支票，要求提取现金7 645元，临柜人员李君受理该业务，要求作出该业务操作过程中有关会计凭证传递的流程图。

任务活动5　会计凭证装订与保管

会计凭证是会计档案的重要组成部分，为了保证其完整无缺和便于事后查考，核算完毕的会计凭证应每日按方便查阅的原则整理装订，妥善保管。依据各行会计核算系统、劳动组合方式和业务处理流程等方面的变化，日终会计凭证的整理方式大体经历了按会计科目编号到按交易流水序号整理两种模式。随着会计核算电子化程度越来越高，以及柜面操作手续的简化，银行一般都选择日终按交易流水序号整理会计凭证。

在按交易流水序号整理会计凭证的模式下，营业机构日终应该按日整理会计凭证。先按机构轧账单、柜员轧账单、现金轧库单、凭证轧库单，然后按柜员号、业务受理编号由小到大顺序排列。日终装订时应加具封面、封底，封面上注明机构名称、档案日期、机构号、柜员号和传票张数等，加盖装订人员和营业主管人员个人名章。当日全部凭证超过规定厚度的，应分册装订，并在封面上注明第几册共几册；如不足一册厚度的，可按工作日加具封面、封底后顺序够册装订。会计凭证除采取线绳装订方式外，也可采取塑封（即塑料袋真空封口）方式装订。采取塑封方式装订的，应保持封套的密封并袋装加编档案编号。

已装订的会计凭证，不得随意拆封，任何人不得抽换、涂改，并登记"会计档案保管登记簿"。会计凭证作为重要的会计档案，要按照会计档案保管的期限和存储的方式入库后妥善保管。随着计算机技术的发展，会计档案的保管除采用纸介质方式外还有电子介质的保管方式。而目前银行业务处理过程中会产生大量的电子凭证以及经过相关业务处理环节留存的会计凭证影像，这部分会计业务电子数据，应以光盘形式比照银行电子介质会计档案方式存储和保管。

任务四　账务记载处理

【知识储备】

1. 银行账务组织

银行账务组织要求结构严密，能够保证核算资料系统准确，反映情况完整并符合经营管理的要求。合理、科学地设置账务组织，能使银行会计核算工作有条不紊地进行，避免和减少核算差错，提高核算质量和工作效率。银行账务组织包括明细核算和综合核算两个系统。由于两个系统都是根据同一会计凭证进行核算，因而它们在反映情况方面相互配合、相互补充，在数字方面相互核对、相互制约。综合核算对明细核算具有概括和统驭的作用，明细核算对综合核算具有补充说明的作用，两者相互联系、彼此制约，构成了银行会计核算完整的账务组织体系。计算机处理的账务核算，是根据记账凭证按账户登记明细账，再由明细账按会计科目生成总账。

（1）明细核算。明细核算是在各个科目下按每个账户进行详细、系统的核算。其作用是具体反映各单位或各项资金的增减变动情况。明细核算由分户账、登记簿、现金收入日记簿与现金付出日记簿、余额表、流水账组成。

① 分户账。分户账是明细核算的主要形式，是各科目的明细记录，也是同其他银行和单位进行对账的依据。分户账按货币种类、单位、个人或资金性质开立账户，根据会计凭证逐笔、顺序、连续记载。随着计算机记账的普及，目前分户账的格式一般有两种：

a. 分户式账页（如表1-4-1所示），设有借方发生额、贷方发生额、余额三栏。分户式账页适用于日常由计算机打印的存款、贷款账务和内部账务。

b. 销账式账页（如表1-4-2所示），设有借方发生额、贷方发生额、余额和销账四栏。销账式账页适用于逐笔记账、逐笔销账的一次性账务。

② 登记簿。登记簿是明细核算中的一种辅助性账簿，是为了适应某些业务需要，起备忘、控制和管理作用而分户设置的辅助性账簿和账卡。账页格式无统一规定，视业务需要而定。

③ 现金收入日记簿（如表1-4-3所示）与现金付出日记簿。现金收入日记簿与现金付出日记簿是逐笔记载和控制现金收入、现金付出数额及现金传票张数的序时账簿，也是现金收付的明细记录。一般按照现金收付款项的先后顺序，并根据现金收入和付出传票逐笔登记，于每天营业终了加计现金收入、现金付出的

表1-4-1 分户式账页

模拟银行 （　　　　　　）							
分户账 第　页							
年		凭证	摘要	借方发生额	贷方发生额	借或贷	余额
月	日						

表1-4-2 销账式账页

模拟银行 （　　　　　　）									
分户账 第　页									
年		账号	户名	摘要	借方发生额	销账			贷方发生额	借或贷	余额
月	日					年	月	日			

表1-4-3 现金收入日记簿

模拟银行 （　　　　　　）												
现金收入日记簿												
凭证编号	科目代码	账号或户名	金额									
			千	百	十	万	千	百	十	元	角	分

合计数，以控制当天现金收付总数，并与当天现金科目日结单和总账的现金收付发生额核对相符。

④ 余额表。余额表是用来归集分户账余额的一种明细表，是用以连接总账和分户账并进行两者核对的工具，更是计算利息的重要工具。余额表分为计息余额表（如表1-4-4所示）和一般余额表两种。

表1-4-4　计息余额表

模拟银行　（　　　　　　　）

计息余额表　　　　　　第　页

账号				合计
金额	（位数）	（位数）	（位数）	（位数）
上月底止累计应计息积数				
— 10天小计 — 20天小计 —				
本月合计计息积数				
应加积数				
应减积数				
本期累计应计息积数				

⑤ 流水账。流水账是每日按会计事项发生时间的先后顺序逐笔登记的明细记录。在商业银行大量会计核算依托计算机完成的情况下，流水账一般由计算机按会计业务处理的先后顺序自动记录生成。

（2）综合核算。综合核算是各科目的总括记录，按科目进行核算。其作用是综合反映各部门、各类资金变化情况和控制各科目明细账的数额。综合核算由科目日结单、总账、日计表组成。

① 科目日结单（如表1-4-5所示）。科目日结单是每个会计科目当天借、贷发生额和传票张数的汇总记录，是据以监督明细账户发生额，轧平当日账务的重要工具，也是登记总账的依据。

② 总账（如表1-4-6所示）。总账是综合核算的主要形式，是各科目的总括记录，是综合核算与明细核算相互核对及统驭分户账的主要工具，也是编制各种会计报表的依据。总账按科目设置。

微课：
综合核算

表1-4-5 科目日结单

模拟银行 （　　　　）

科目日结单

年　　月　　日

凭证种类	借　方											贷　方											附件张
	传票张数	金　额										传票张数	金　额										
		百	十	万	千	百	十	元	角	分			百	十	万	千	百	十	元	角	分	
现金																						
转账																						
合计																						

事后监督：　　　　复核：　　　　记账：　　　　制单：

表1-4-6 总　账

模拟银行 （　　　　）

总　账

科目代码：

科目名称：　　　　　　　　　　　　　　　第　　页

年　　月份	借方（位数）	贷方（位数）
上年底余额		
本年累计发生额		
上月底余额		
上月底累计未计息积数		

| 日　期 | 发　生　额 | | 余　额 | | 核对盖章 |
	借　方（位数）	贷　方（位数）	借　方（位数）	贷　方（位数）	复核员
1					
—					
10天小计					
—					
20天小计					
—					
月　计					
自年初累计					

会计：　　　　复核：　　　　记账：

③ 日计表（如表1-4-7所示）。日计表是综合反映各科目当日发生额和余额的报表，也是平衡当日全部账务的重要工具。

表1-4-7　日　计　表

模拟银行　（　　　　　　　）

日　计　表

年　月　日编制　　　　　共　　页第　　页

科目代码	科目名称	发　生　额		余　额		科目号
		借　方	贷　方	借　方	贷　方	
		（位数）	（位数）	（位数）	（位数）	

2. 账务核对

为保证业务处理及会计核算的真实性、准确性，必须由各级会计人员通过一定方法对各类账务进行核查、证实，即进行账务核对。账务核对是防止内外账务发生差错，确保账务准确、真实的重要措施，是保证"账账、账据、账实、账款、账表、内外账"相符的重要手段。账务核对方法分每日核对和定期核对两种。

（1）每日核对。每日营业终了结账后，必须核对下列账务：

① 核对账务平衡。营业终了，柜员必须分类轧打凭证，将笔数、金额分别与柜员轧账表核对一致后，打印柜员轧账表并加盖个人名章。全部柜员轧账平衡后，由有权人员进行机构轧账，平衡后打印机构轧账单，核对营业网点轧账表，轧平标志均为已轧平，临时存欠借、贷发生额平衡，主管应在轧账单上签章确认。

② 账款核对。现金经办柜员清点核对现金实物后，应与柜员现金轧库单进行核对，并确保一致。现金经办柜员日终核对时，检查是否超过尾箱库存限额，超过的应上交给主出纳。现金经办柜员的尾箱现金应换人复点，复点人员在登记簿上签章确认。复点后柜员应当着复点人员的面立即加锁交主出纳入库保管。

主出纳集中收妥柜员尾箱后，应清点尾箱个数，无误后库箱实行双人双锁及定向交接管理。与代理行办理网点现金库箱交接时，应严密库箱交接和身份确认手续。

③ 检查核对其他事项。柜员检查核对往来报文、查询查复等是否存在需处理而未处理业务或事项；对未处理的应及时处理。主管或指定柜员检查核对挂账户、临时存欠、应解汇款等内部账户的核算是否正确。或有事项类和备忘登记类账务，应与其有勾稽关系的表内账户进行核对。跨行支付、系统内汇划往来报文与清单核对一致。

④ 表外科目余额应与有关登记簿核对相符。每日营业终了，各柜员应清点保管的重要空白凭证，将实物与系统输出的柜员库存量核对，确保数量和起讫编号相符。柜员对当日领用、使用或作废的重要空白凭证进行表外核算。柜员表外核算应建立登记簿，并对重要票据和重要空白凭证进行换人复点、签章确认，确保账、实、簿核对一致。

⑤ 对存折户，应坚持账折见面，当时核对。

（2）定期核对。对于不能纳入每日核对的账务，应建立定期核对的制度。定期核对的内容主要包括以下各项：

① 有价单证、重要空白凭证及抵质押物等至少每月进行账实、账簿核对相符。

② 使用销账式账页记载的账户，应定期加计未销账的金额总数与该账户的余额核对相符。

③ 各种卡片账每月与该科目总账及有关登记簿核对相符。

④ 对系统内往来、同业往来、中国人民银行往来账务，应定期核对发生额、余额相符。

⑤ 与行内其他业务部门往来账务应分别与各业务部门台账核对相符。

⑥ 应对结息信息进行核对，包括利率、积数、计息方式等。

⑦ 固定资产在年终决算前账、卡、簿、实核对相符；固定资产卡片上的折旧额合计与"固定资产折旧"科目余额核对相符。

⑧ 银企账务核对。银企对账指按月或按季对客户单位本外币结算账户、定期（通知）存款户、保证金账户、贷款账户及表内外欠息账户等进行对账。可以根据与客户的约定采取电子对账、邮寄对账和面对面对账等对账方式。

账务核算程序与账务核对程序的关系如图1-4-1所示。

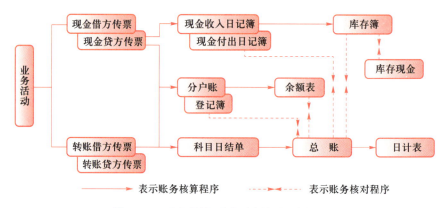

图 1-4-1 账务核算程序与账务核对程序的关系

【任务活动】

任务活动1　日初工作准备

各银行网点对外营业之前必须做好各项准备工作，并遵循以下营业前准备工作规范。① 网点营业前必须由网点主管进行主机开机；② 柜员签到在柜员终端进行，必须对其进行操作权限认定；③ 操作柜员密码必须定期更换；④ 严格遵守现金出库和重要空白凭证管理规定。

操作流程：

日初工作准备工作流程如图1-4-2所示。

图 1-4-2　日初工作准备工作流程

1. 签到

网点主管开启主机后，柜员打开终端，在系统界面上录入事先设定的柜员号和密码进行注册并进入相关操作系统。

2. 现金出库

现金出库步骤如图1-4-3所示。

图 1-4-3　现金出库步骤

临柜柜员在办理日常业务前，首先要根据前日匡算所需现金数，填写"现金出库单"并从库管处领取备用金。在领取的过程中应该注意柜员钱箱的出库手续必须由两名柜员一起办理，并且应在录像监控之下进行。出库时应检查柜员钱箱封口是否完好，钱箱与登记簿记录是否一致。从库管处领取的现金要当面点清大数，并与出库单逐项核对无误后进行"柜员领用现金"交易，确认后将款项归类放入钱箱保管。

3. 重要空白凭证出库

重要空白凭证出库步骤如图 1-4-4 所示。

图 1-4-4　重要空白凭证出库步骤

柜员首先要向库管员发出领用重要空白凭证、有价单证申请，确定领用的种类和数量。库管员根据申请登记账簿，并将单证交付给柜员，柜员接受并会同库管员在监控设备下清点无误后进行"柜员领用凭证、有价单证"交易并确认。柜员根据领用重要空白凭证、有价单证的品种、数量登记账簿，入箱入库妥善保管。

 动动脑

> 简述商业银行日初现金出库和重要空白凭证出库的步骤。

 动动手

> （1）以银行柜员赵燕的身份签到，进入业务处理系统。
>
> （2）以银行柜员赵燕的身份办理现金出库业务，领取 50 000 元备用金。
>
> （3）以银行柜员赵燕的身份办理重要空白凭证出库业务，领取空白现金支票 1 本，号码是 003470~003494 号。

任务活动 2　分户式账页登记

业务发生后，根据凭证及时逐笔记载，账户登记前必须切实核对户名、账号、印鉴、余额等，防止串户、透支、冒领等事故的发生；摘要填写简明扼要，根据重要凭证记账时应填写凭证号码，准确登记发生额，随时结记余额；对同一收付单位的多笔借方或贷方凭证，可编制汇总传票记账，将原来的记账凭证作汇总传票附件；账页记满时应及时更换新账页，并及时或定期与单位对账，发现不符，及时查明。

典型案例

[例1–13] 模拟银行金苑支行开户单位长河电器有限公司（001200101000181）发生以下业务，请根据业务内容登记长河电器有限公司活期存款分户账（如表1–4–8所示）。

表1–4–8　长河电器有限公司活期存款分户账

模拟银行 （金苑支行）

长河电器有限公司活期存款分户账　　第　　页

2023年		凭证	摘要	借方发生额	贷方发生额	借或贷	余额
月	日						
8	1		承前页			贷	578 000
8	2		转贷		12 000	贷	590 000
8	2	4568	转借	30 000		贷	560 000
8	3	4569	转借	20 000		贷	540 000

① 该单位分户式账页记满，于2023年8月1日更换新的账页，7月31日该单位存款账户余额为578 000元；

② 2023年8月2日该单位收到一笔款项，金额为12 000元；

③ 2023年8月2日该单位签发4568号转账支票转出30 000元；

④ 2023年8月3日该单位签发4569号转账支票转出20 000元。

 **动动手**

模拟银行金苑支行开户单位凯悦集团发生以下业务，请根据业务内容登记凯悦集团（0012001010000915）活期存款分户账。

（1）该单位分户式账页记满，于2023年8月1日更换新的账页，7月31日该单位存款账户余额为788 000元；

（2）2023年8月2日该单位收到一笔款项，金额为500 000元；

（3）2023年8月3日该单位签发5689号转账支票转出28 000元；

（4）2023年8月3日该单位签发5690号转账支票转出40 000元。

任务活动3   销账式账页登记

业务发生后，销账式账页的登记基本规范与分户式账页基本相同，不同之处在于使用销账式账页记载的，在销记某笔款项时，应在原发生业务的销账栏内填明销账日期。

如遇一次不能销账而需要分次销账时，可另设专户登记。

典型案例

[例1-14] 模拟银行金苑支行其他应收款——待处理出纳短款分户账如表1-4-9所示。

表1-4-9   其他应收款——待处理出纳短款分户账

模拟银行 （金苑支行）
其他应收款——待处理出纳短款分户账   第   页

2023年 月	2023年 日	账号	户名	摘要	借方发生额	销账 年	销账 月	销账 日	贷方发生额	借或贷	余额
8	1			承前页						借	150
8	5		张华	短款	200		7	11		借	350
8	9		李君	短款	100					借	450
8	11		张华	林立退款					200	借	250

2023年8月发出以下业务：

① 该分户式账页记满，于2023年8月1日更换新的账页，7月31日该账户余额为150元；

② 柜员张华8月5日发生出纳短款200元；

③ 柜员李君8月9日发生出纳短款100元；

④ 8月11日客户林立退回8月5日银行多付给他的现金200元。

动动手

模拟银行金苑支行其他应付款——待处理出纳长款分户账发生以下业务，请根据业务内容登记该分户账。

（1）该分户账账页记满，于2023年8月1日更换新账页，7月31日该账户余额为700元；

（2）2023年8月2日柜员张华发生出纳长款300元；

（3）2023年8月3日柜员赵燕发生出纳长款100元；

（4）2023年8月8日柜员赵燕多收的100元退给客户张三林。

任务活动4　计息余额表编制

计息余额表适用于计息的各存、贷款科目，按月、按科目分别设立。每日营业终了，根据各分户账当天的最后余额填列，当日未发生业务或遇节假日，应根据上日余额填列。当日应按科目加计各账户余额，与该科目总账余额核对相符。月末要结出合计，并与同科目总账余额核对相符。如遇应加应减积数要分别填入应加、应减积数栏，以保证利息计算的正确。

典型案例

［例1-15］模拟银行金苑支行2023年8月1日—10日开户单位长立电器有限公司（0012001010000813）活期存款账户余额变动情况如下，8月1日50 000元、8月2日150 000元、8月3日150 000元、8月4日100 000元、8月5日50 000元、8月6日50 000元、8月7日150 000元、8月8日150 000元、8月9日120 000元、8月10日110 000元。根据资料填制计息余额表，如表1-4-10所示。

表1-4-10　计息余额表

模拟银行（金苑支行）
计息余额表

第　页

2023 年 8 月

账号	0012001010000813			合计
金额	（位数）	（位数）	（位数）	（位数）
上月底止累计应计息积数	456 790 000			
1	50 000			
2	150 000			
3	150 000			
4	100 000			
5	50 000			
6	50 000			
7	150 000			
8	150 000			
9	120 000			
10	110 000			
10天小计	1 080 000			
—				
20天小计				
—				
本月合计计息积数				
应加积数				
应减积数				
本期累计应计息积数				

🖐 动动手

模拟银行金苑支行2023年8月1日—10日开户单位浙东贸易有限公司（00120010001745）上月底止累计应计息积数为568 087 900，其活期存款账户余额变动情况如下：8月1日150 000元、8月2日150 000元、8月3日550 000元、8月4日450 000元、8月5日560 000元、8月6日560 000元、8月7日550 000元、8月8日350 000元、8月9日620 000元、8月10日710 000元。要求根据上述资料填制计息余额表。

任务活动5 科目日结单编制

当日发生业务的科目均要编制科目日结单，且每个科目编制一张科目日结单。一般科目日结单的编制方法是：每日营业终了，将当天经过明细处理的传票按科目整理清分，将同一科目的现金收入（贷方）、现金付出（借方）、转账借方、转账贷方传票各自加总张数和金额，分别填入科目日结单的各有关栏内。现金科目日结单的编制方法有其特殊性。由于现金科目没有传票，因此现金科目日结单的编制是根据其他各科目日结单的现金收付数各自加总，反向填记（即将其他科目日结单中的现金借方数加总，填在现金科目日结单的贷方；将其他科目日结单中的现金贷方数加总，填在现金科目日结单的借方）。随着银行会计处理电子化程度越来越高，许多银行操作系统采用机制科目日结单，营业终了根据系统内的信息由计算机自动编制各科目日结单后再与实际会计凭证进行核对。另外，根据银行日终轧账方式的变化，目前有很多银行已经不再在营业终了时编制各科目的日结单，而是按照柜员的流水来整理当天的会计凭证。

典型案例

[例1-16] 模拟银行金苑支行2023年8月1日营业终了时，经清分活期存款科目当天传票张数及金额情况是：现金借方10张，合计金额586 000元；现金贷方9张，合计金额450 000元；转账借方28张，合计金额5 906 897元；转账贷方34张，合计金额6 587 983元。根据资料编制当日活期存款科目日结单，如表1-4-11所示。

表1-4-11 活期存款科目日结单

模拟银行　（金苑支行）
活期存款　科目日结单

2023 年 8 月 1 日

凭证种类	借　方										贷　方										附件张
	传票张数	金　额									传票张数	金　额									
	张数	百	十	万	千	百	十	元	角	分	张数	百	十	万	千	百	十	元	角	分	
现金	10		5	8	6	0	0	0	0	0	9		4	5	0	0	0	0	0	0	
转账	28	5	9	0	6	8	9	7	0	0	34	6	5	8	7	9	8	3	0	0	
合计	38	6	4	9	2	8	9	7	0	0	43	7	0	3	7	9	8	3	0	0	

 **动动手**

模拟银行金苑支行2023年8月1日营业终了时，经清分活期存款科目当天传票张数及金额情况是：现金借方0张；现金贷方2张，合计金额50 000元；转账借方28张，合计金额7 806 997元；转账贷方14张，合计金额8 897 990元。根据资料编制当日活期存款科目日结单。

任务活动6　总账登记

每日营业终了，根据各科目日结单的借、贷方发生额合计数登记各科目总账的发生额栏，并结出余额。单方反映余额的科目，本日余额直接在总账上结计，并与分户账或余额表各户余额合计数核对相符；双方反映余额的科目，其总账余额应根据分户账或余额表的借、贷方余额合计数分别填列，不得轧差，并就总账本身有关数字进行轧差核对。对当天未发生业务的科目，也须将上日余额填入当日余额栏内。

典型案例

［例1-17］承上例，登记模拟银行金苑支行2023年8月1日活期存款科目总账如表1-4-12所示。假设2023年7月31日该科目贷方余额为40 500 000元。

表1-4-12　活期存款科目总账

模拟银行 （金苑支行）

总　账

科目代码：2001
科目名称：活期存款　　　　　　　　　　　　　　　　第　　　页

2023年7月	借方	贷方
	（位数）	（位数）
上年底余额	/	/
本年累计发生额	/	/
上月底余额		40 500 000
上月底累计未计息积数	/	/

续表

| 日　期 | 发　生　额 | | 余　额 | | 核对盖章 |
	借　方（位数）	贷　方（位数）	借　方（位数）	贷　方（位数）	复核员
1	6 492 897	7 037 983		41 045 086	
—					
10天小计					
—					
20天小计					
—					
月　计					
自年初累计					

会计：　　　　　　　　　　　复核：　　　　　　　　　　　记账：

动动手

承项目活动5科目日结单编制"动动手"内容，登记模拟银行金苑支行2023年8月1日活期存款（2001）科目总账。假设2023年7月31日该科目贷方余额为550 500 000元。

任务活动7　日计表编制

日计表按日编制，于营业终了，根据各科目总账当天的发生额和余额填记，当天全部科目的借、贷方发生额合计数和余额合计数必须各自平衡。

典型案例

[例1-18] 假设模拟银行2023年7月31日各科目总账余额情况如表1-4-13所示（单位：元）。

表1-4-13　各科目总账余额情况

科目名称	余额	科目名称	余额
现金	借方100 000	活期存款	贷方600 000
短期贷款	借方150 000	定期存款	贷方150 000
存放中央银行款项	借方500 000		

2023 年 8 月 1 日发生业务后，根据各科目日结单显示当日的发生额如下（单位：元）：

现金：借方发生额为 200 000　　　　　贷方发生额为 5 000

短期贷款：借方发生额为 100 000　　　贷方发生额为 0

存放中央银行款项：借方发生额为 0　　贷方发生额为 200 000

活期存款：借方发生额为 155 000　　　贷方发生额为 100 000

定期存款：借方发生额为 0　　　　　　贷方发生额为 150 000

根据以上资料编制 2023 年 8 月 1 日的日计表如表 1-4-14 所示。

表1-4-14　日　计　表

模拟银行　（金苑支行）

日　计　表

2023 年 8 月 1 日编制　　　　　共　　页第　　页

科目代码	科目名称	发　生　额		余　　额		科目代码
		借　方	贷　方	借　方	贷　方	
		（位数）	（位数）	（位数）	（位数）	
1001	现金	200 000	5 000	295 000		1001
1101	存放中央银行款项		200 000	300 000		1101
1203	短期贷款	100 000		250 000		1203
2001	活期存款	155 000	100 000		545 000	2001
2005	定期存款		150 000		300 000	2005
	合　计	455 000	455 000	845 000	845 000	

动动手

假设模拟银行金苑支行 2023 年 7 月 31 日各科目总账余额情况如表 1-4-15 所示（单位：元）。

表1-4-15　各科目总账余额情况

科目名称	余额	科目名称	余额
现金	借方 200 000	活期存款	贷方 468 000
短期贷款	借方 658 000	定期存款	贷方 521 500
固定资产	借方 152 000	利息收入	贷方 20 500

2023年8月1日发生业务后，根据各科目日结单显示当日的发生额如下（单位：元）：

现金：借方发生额为5 210　　　　　　　贷方发生额为2 000

短期贷款：借方发生额为80 000　　　　贷方发生额为5 000

活期存款：借方发生额为64 000　　　　贷方发生额为92 000

定期存款：借方发生额为0　　　　　　　贷方发生额为50 000

根据以上资料编制2023年8月1日的日计表。

任务活动8　错账冲正处理

微课：
错账冲正

错账冲正办法一般有以下几种：

1. 当日发生的差错

（1）手工登记账簿上写错日期和金额，应以一道红线划销全行数字，将正确数字写在划销数字上方，由经办柜员在红线左端盖章证明。如果划错红线，可在红线两端用红色墨水划"×"销去，并由经办柜员在右端盖章证明。文字写错或签章错误，只需将错字或签章用红线划销，将正确文字或签章写在划销文字或签章上方，并由经办柜员在更正处盖章。

（2）凭证填错账号和金额而发生的错账，应先更正凭证，并按照（1）项办法更正账簿。

（3）账页记载错误无法更改时，不得撕毁，须经主管同意，另换账页记载，经过业务主办复核并在错误账页上划交叉红线注销，由经办柜员、业务主办、主管盖章证明。注销的账页另行保管，待装订账页时附于该户账页之后备查。

（4）计算机系统输入差错由原录入人员进行冲正处理。同一账户当日冲正应序时办理，严禁隔笔冲正。现金业务冲正需同时清点钱箱。

2. 次日或以后发现的差错

（1）记账串户，应填制错账冲正凭证办理冲正。红字凭证的摘要中注明"冲销×月×日错账"字样（文字、数字均为红字），蓝字凭证的摘要中注明"补记冲正×月×日账"字样，经办柜员将红、蓝字传票分别录入，经复核人员确认并复核后按红字凭证记入错账串户账户，按蓝字凭证记入正确的账户。原错账凭证上用红字注明"已于×月×日冲正"字样。

（2）科目、账户或金额因凭证填制错误，账簿随之记错的，经办柜员应填制红字错账冲正凭证将错误账务全数冲销，再按正确的科目、账户、金额重新填制蓝字凭证补记入账，摘要栏均应写明情况。同时在原错误凭证上用红字注明"已

于 × 月 × 日冲正"字样。

（3）发现上年度及以前年度错账，填制蓝字反方向凭证冲正。发现上年度错账，应填制蓝字反方向凭证冲正，不得更改决算报表。凭证的摘要栏应注明情况，原错账凭证上应用红字注明"已于 × 年 × 月 × 日冲正"字样。

（4）更正错账影响利息的，应及时调整计息积数。所谓计息积数就是每日存贷款余额的累计数，它是计算利息的依据。办理错账冲正和调整积数，应经过会计主管人员的批准。

所有错账冲正业务必须经主管审批。冲正传票，必须经会计主管人员审查盖章后才能办理冲账，并对错账的日期、情况、金额以及冲正的日期等进行登记以便考核、分析原因进而改进工作。由于系统运行造成的错账以及由于柜员操作失误造成的自身无法处理的错账，按照总行的有关规定办理。

典型案例

[例1-19]模拟银行临柜会计人员2023年8月3日在办理开户单位棉纺厂（简称：宏大，账号：001200101000078）向开户单位宏大副食品公司（账号：001200101000084）支付购货款1 200元时记账串户至开户单位远大副食品加工厂（简称：远大，账号：001200101000064），8月3日银行转账时：

借：活期存款——棉纺厂 1 200
　　贷：活期存款——远大副食品加工厂 1 200

8月9日发现错账，填制冲正会计凭证（如表1-4-16所示）进行冲正。

表1-4-16　冲正凭证1

模拟银行 冲正凭证1

2023 年 8 月 9 日　　　　　第　号

借方（凭证）账	冲正账确户	付单款位	户 名 账 号		贷方（凭证）账	正账确户	收单款位	户 名	宏大副食品公司
	借账记户	冲单出位	户 名 账 号					账 号	001200101000084
						贷账记户	冲单出位	户 名	远大副食品加工厂
								账 号	001200101000064

十亿千百十万千百十元角分
¥1 2 0 0 0 0

大写金额	（币种）壹仟贰佰元整				

会计分录：
正确
（借或贷）
错误
（借或贷）

原日期	2023.8.3	调整积数	天数	积　数	
				调 增	调 减
冲正日期 2023 年 8 月 9 日			6	7 200（宏大）	7 200（远大）
冲正原因	记账串户				

原经手人	授权	复核	记账

会计主管　　　授权　　　复核　　　记账　　　制单

第一联作错误账户记账凭证（金额用红字）　　附件 张

错账冲正的会计分录为：

贷：活期存款——远大副食品加工厂　　　　　　1 200（红字）

贷：活期存款——宏大副食品公司　　　　　　　1 200

积数调整：1 200×6＝7 200（元）。

远大副食品加工厂调减积数7 200元。

宏大副食品公司调增积数7 200元。

动动脑

简述银行会计有哪几种错账冲正方法？各在什么情况下使用？

动动手

模拟银行金苑支行临柜会计人员7月25日发现7月5日的一笔错账，将机床厂（001200101000145）签发的一张转账支票，误记入机电厂（001200101000451）账户，金额为30 000元，立即冲正，填制冲正的会计凭证并作出冲账的分录，计算和调整计息积数。

任务活动9　日终工作处理

各银行网点营业终了，普通柜员应对日间业务进行轧账处理，使用碰库交易核对现金、有价单证和重要空白凭证，做到账实、账款、账证相符。业务主管负责本网点轧账，检测本网点各柜员当日业务处理完整、账务处理平衡并在本网点平账后结束当日工作。若本网点不能正常签退时，必须及时通知上级账务机构。

操作流程：

1. 柜员

（1）交现金。普通柜员向业务主管尾箱交款，普通柜员操作，业务主管输入密码。（说明：当尾箱中的现金余额超过尾箱限额时，先做上交现金，再做上交尾箱，交尾箱前应做最后一次轧账。）

（2）交凭证。普通柜员向业务主管上交凭证，普通柜员操作，业务主管授权。（说明：上交尾箱时，允许留有凭证。）

（3）轧账。普通柜员轧账包括现金日结、单证日结、日结打印等内容。现金轧账的方法是输入钱箱中的实物现金并提交轧账；单证轧账则是逐一输入尾箱中单证对应的实际数量并提交轧账。

（4）打印轧账单。轧账交易随时都可以进行，但做完所有交易，上交尾箱前则应打印最后一次轧账单。

（5）上交尾箱。轧账正确后向业务主管上交尾箱。

（6）签退。上交尾箱完成后必须从操作系统中正常签退。

2. 业务主管

待所有柜员上交尾箱并签退后，保管主尾箱的业务主管，对自己的尾箱做完轧账后，做"网点轧账"，并直接做"网点签退"，将本网点签退。

职业素养提升

遵守会计职业道德　恪守金融职业操守

党的二十大报告指出，"弘扬诚信文化，健全诚信建设长效机制。"2022年中共中央办公厅、国务院办公厅印发的《关于推进社会信用体系建设高质量发展　促进形成新发展格局的意见》指出，"以坚实的信用基础促进金融服务实体经济。"银行业作为信用中介，是金融体系的核心，承担着为实体经济提供资金支持、促进经济发展的重要职责，其诚信体系的建设尤为重要。而银行柜员作为金融机构的基层员工，是金融机构与客户之间的重要桥梁，是社会诚信体系建设的重要参与者和执行者，承担着维护金融秩序和保障客户利益的重要责任。银行柜员在工作过程中，要塑造正确的价值观，自觉遵守《银行从业人员职业操守》，坚持行业自律，坚持诚实守信的基本原则，严格遵守为客户保守秘密的制度。同时，作为会计工作人员，银行柜员应真实、准确地记录和报告客户的交易信息，不得故意隐瞒、篡改或伪造业务数据，不搞虚假，不做假账，不为个人利益而损害客户和社会的利益，始终遵守会计职业道德，保持良好的职业形象和职业声誉，从而赢得客户的信任和支持，传播正能量，为金融业的发展、为社会的和谐稳定做出积极贡献。

项目二

单位存款业务处理

【学习目标】

素养目标：
- 恪守柜员岗位职责，遵纪守法，强化社会责任感，维护社会公众利益
- 构建金融风险防范意识，维护经济金融秩序稳定

知识目标：
- 熟悉单位活期存款业务与单位定期存款业务的结算规定
- 熟悉单位活期存款业务与单位定期存款业务凭证的格式、具体的填写与审核要求

能力目标：
- 能够按照单位活期存款业务规定规范进行单位活期存款账户开立、现金存入、现金支取、结息等各业务环节的操作处理与会计核算
- 能够按照定期存款业务规定规范进行单位定期存款开户、销户、结息等各业务环节的操作处理与会计核算

【内容导航】

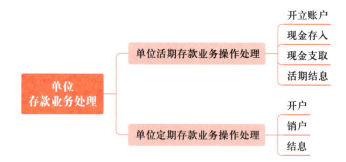

任务一　单位活期存款业务操作处理

【知识储备】

按照《人民币银行结算账户管理办法》的规定，单位银行结算账户按用途分为基本存款账户、一般存款账户、专用存款账户和临时存款账户。

1. 基本存款账户

基本存款账户是存款人因办理日常转账结算和现金收付需要开立的银行结算账户。单位银行结算账户的存款人只能在银行开立一个基本存款账户，是存款人的主办账户。存款人日常经营活动的资金收付及其工资、奖金和现金的支取，只能通过本账户办理。

2. 一般存款账户

一般存款账户是指存款人为在基本存款账户开户行以外的金融企业借款转存，以及与基本存款账户的存款人不在同一地点的附属非独立核算单位开立的账户。存款人可以通过本账户办理结算和现金交存，但不能办理现金支取。

3. 专用存款账户

专用存款账户是指按国家法律、法规和行政规章，对特定用途的资金进行专项管理和使用而开立的银行账户。该账户用于办理各项专用资金的收付。

4. 临时存款账户

临时存款账户是存款人因临时需要并在规定期限内使用而开立的银行结算账户。有下列情况的，存款人可以申请开立临时存款账户：设立临时机构、异地临时经营活动、注册验资或增资验资。临时存款账户的有效期最长不得超过2年。存款人可以通过临时存款账户办理转账结算，并根据国家现金的管理规定办理现金收付。

此外，金融企业为各单位开立的账户，按其存款的形式分为支票户和存折户。支票户适用于财务制度比较健全、存款额大、存取款频繁的单位，并凭交款单和支票办理存取款；存折户适用于业务规模小、存款额少、存取款业务不多的单位，并凭存折和存取款凭条办理存、取款。

【任务活动】

任务活动1 开立账户

业务引入：

2023年6月3日，海康科技有限责任公司来行申请开立基本存款账户。模拟银行金苑支行为其办理账户开立手续。

操作流程：

单位活期存款基本存款户账户开立操作流程如图2-1-1所示。

动画：
企业银行结算
账户管理

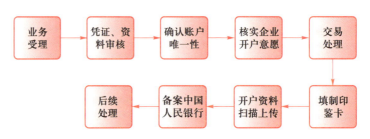

图 2-1-1 单位活期存款基本存款户账户开立操作流程

动画：
基本存款
账户开户

1. 业务受理

单位客户申请开立基本存款账户时，应按《人民币银行结算账户管理办法》以及《企业银行结算账户管理办法》的有关规定，提供相应的开户资料，具体包括：

（1）由当地工商行政机关核发的加载法人和其他组织统一社会信用代码的营业执照；

（2）法人或单位负责人的有效身份证件。

以上材料均需提供原件及两份复印件。经开户行初步审核符合开户条件的单位客户填写单位银行结算账户开户申请书一式三联，加盖单位公章，并由企业法人或企业负责人签名（需两名柜员亲见），连同有关证明文件原件及两份复印件提交给开户银行，开户申请书样式见表2-1-1。

学习资料：
《企业银行结算
账户管理办法》

2. 凭证、资料审核

会计经办人员应会同会计主管共同审核企业开户证明文件以及开户申请书的真实性、完整性和合规性，开户申请人与开户证明文件所属人的一致性。审核无误后在复印件上注明"与原件核对相符"，经办人员和会计主管分别加盖人名章，

表2-1-1　开立单位银行结算账户申请书

模拟银行　开立单位银行结算账户申请书						
银行打印	本人已确认银行打印记录正确无误。　客户确认签字：＿＿＿＿＿＿＿＿＿＿					
存款人名称			电　话			
地　址			邮　编			
存款人类别			组织机构代码			
□法定代表人 □单位负责人	姓　名					
	证件种类		证件号码			
行业分类	□A　□B　□C　□D　□E　□F　□G　□H　□I　□J					
	□K　□L　□M　□N　□O　□P　□Q　□R　□S　□T					
注册资金			地区代码			
经营范围						
证明文件种类			证明文件编号			
税务登记证（国税或地税）编号						
关联企业	关联企业信息列在"关联企业登记表"上					
账户性质	□基本　　□一般　　□专用　　□临时					
资金性质			有效日期至		年　月　日	
以下为存款人上级法人或主管单位信息：						
上级法人或主管单位名称						
基本存款账户开户许可证核准号						
□法定代表人 □单位负责人	姓　名					
	证件种类		证件号码			
以下栏目由开户银行审核后填写：						
开户银行名称			开户银行代码			
账户名称			账号			
基本存款账户开户许可证核准号				开户日期		
本存款人申请开立单位银行账户，并承诺所提供的资料真实、有效。 存款人（签章） 年 月 日		开户银行审核意见： 经办人（签章） 银行（签章） 年 月 日		人民银行审核意见： （非核准类账户除外） 经办人（签名） 人民银行（签章） 年 月 日		

第一联　开户银行储存

会计主管在开户申请书银行意见栏签署意见并加盖银行业务公章。企业法人或企业负责人身份证原件退还给客户。

3. 确认账户唯一性与核实企业开户意愿

会计经办人员登录人民币银行结算账户管理系统，准确录入企业名称、统一社会信用代码、注册地地区代码等信息，审核企业基本存款账户的唯一性，未通过唯一性审核的不得为其开立基本存款账户。除此之外，开户行还需向企业法定代表人或单位负责人核实企业开户意愿的真实性，并留存相关工作记录。

4. 交易处理与填制印鉴卡

经办人员登录业务操作系统，进行开户信息录入，生成单位基本存款户账号，系统自动登记开销户登记簿。账号生成后，开户单位向开户行填制印鉴卡，印鉴卡分为正卡和副卡。正卡一张，由经办人员保管；副卡两张，一张交事后监督，另一张由银行加盖业务公章后退给开户单位，同时将印鉴卡信息维护到电子验印系统。印鉴卡填制样式见表2-1-2。

表2-1-2 存款户支款印鉴卡

模拟银行 **存款户支款印鉴卡**				编号 No **00000018**	
账号	001200101000117		户名	海康科技有限责任公司	主管 李君
地址	杭州市江干区学源街100号		邮政编码	310018	
电话	0571-88668866	财务联系人	刘娜	是否通兑 是	
印鉴	公章或财务专用章 专用章 公司 有限责任 海康科技 财务		法定代表人 授权代理人私章 陈凯之印	启用日期 2023 年 7 月 3 日	经办人 张华
				备注	

5. 开户资料扫描上传

系统自动联动影像补扫交易，应拍摄保存的电子影像包括：营业执照、法人或单位负责人身份证、开户申请书、尽职调查表等开户资料。

6. 备案中国人民银行和后续处理

银行为企业开立基本存款账户后，应立即或至迟于当日登录中国人民币银行结算账户管理系统，录入开户信息，向当地中国人民银行分支机构备案，并在两个工作日内将开户资料复印件或影像报送到当地中国人民银行分支机构。完成企业基本存款账户信息备案后，账户管理系统生成基本存款账户编号，银行应通过账户管理系统打印《基本存款账户信息》和存款人查询密码，并交付企业。

　　开户申请书第一联由开户行留存归档，开户申请书第二联以及证明材料原件一并交还给客户，账户自开立之日起即可办理收付款业务。申请书样式见表2-1-1。

行业观察

本外币合一银行结算账户体系

　　从2021年7月开始，中国人民银行在广州市、深圳市、福州市和杭州市四个城市正式启动本外币合一银行结算账户体系试点。之后，本外币合一银行结算账户体系试点便有序进行、稳步推进。本外币结算账户体系统一了过去多种银行账户，包括中国人民币银行结算账户、外汇账户、境外机构账户、自由贸易账户等多种账户，存款人可以根据自身经营和财务管理的需要，选择使用多币种结算的账户管理本外币资金，从而提升了市场主体本外币银行结算账户业务的便利性。

　　本外币合一银行结算账户体系具有以下特征：一是以人民币单位银行结算账户体系为基础，构建本外币合一的银行结算账户体系；二是以人民币银行结算账户业务基本规则为基础，统一本外币银行结算账户开立、变更、年检、撤销等全生命周期账户管理规则；三是支持本外币账户多币种结算；四是建立健全覆盖事前、事中、事后的本外币银行结算账户全生命周期管理机制；五是加强对本外币银行结算账户的监管和监测，实施银行结算账户协同监管；六是适当实行"资金管理"与"账户管理"分离，不附加相关资金试点政策。

　　本外币合一银行结算账户体系试点以来，简化了银行结算账户的开立流程，提升了本外币银行结算业务的便利性，便于企业进行账户的管理和使用，方便企业统一资金管理，节约了财务成本和管理成本，提高了企业跨境贸易结算效率，营造了良好的营商环境，为推动人民币国际化，完善宏观审慎管理框架奠定了账户基础。目前，中国人民银行在评估试点效果的基础上，试点不断扩围，本外币结算账户管理体系逐步落地全国各个地区。

动动脑

　　1. 简述银行存款账户的种类以及每类账户的特点。
　　2. 简述单位基本存款账户的开立操作流程以及该账户开户过程中应向银行提交的证明文件。

动动手

2023年9月4日，盛大科技有限公司持加载统一社会信用代码的营业执照以及法人身份证来行申请开立基本存款账户（001200101000103）。

要求：以模拟银行金苑支行经办人员以及客户身份进行相应的业务处理，包括开户资料审核、开户凭证填制与审核、业务数据录入、印鉴卡填制、凭证签章与凭证处理等。

任务活动2 现 金 存 入

业务引入：

2023年8月1日，模拟银行金苑支行开户单位海康科技有限责任公司（001200101000117）王林前来交存营业收入现金63 000元。模拟银行金苑支行为其办理存款手续。

操作流程：

单位活期存款现金存入业务操作流程如图2-1-2所示。

图2-1-2 单位活期存款现金存入业务的操作流程

1. 业务受理与凭证审核

开户单位存入现金时，应填制一式两联的现金交款单，连同现金一并提交给银行。现金交款单填制式样见表2-1-3。

经办人员接到客户提交的现金交款单表2-1-4，应认真审查以下内容：交款单日期是否正确；单位名称、账号、开户行名称、款项来源、券别登记是否完全、清楚；大小写金额填写是否准确相符；凭证联次有无缺少、是否套写。

表2-1-3 现金交款单

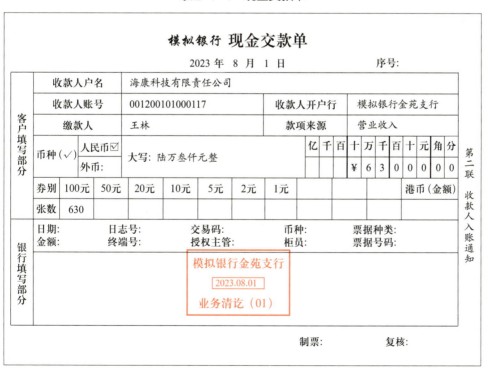

表2-1-4 现金交款单

2. 清点现金

根据券别明细先点大数，无误后清点细数；先点主币，后点辅币；先点整把，后点尾零。将清点后的现金总额与现金交款单所填现金总额核对相符。

3. 收款交易处理

现金清点无误后，经办人员进行业务数据录入，现金交款单第一联作为现金收入传票，贷记存款人账户，系统自动结计余额，现金收入日记簿自动生成相关记载。该笔交易的会计分录为：

借：现金   63 000

  贷：活期存款——海康科技有限责任公司   63 000

4. 签章并交付回单、后续处理

账务记载完毕后，经办人员在第二联现金交款单上加盖业务清讫章后作为回单交付给客户。现金交款单第一联加盖业务清讫章、经办及复核人员个人名章后放入记账凭证保管箱内。

 动动脑

简述单位活期存款现金存入业务操作流程。

 动动手

活期存款
存入处理

模拟银行金苑支行当月发生下列业务：

（1）2023年9月4日，开户单位盛大科技有限公司（001200101000103）交存营业收入现金45 000元，交款人为张乐。

（2）2023年9月25日，开户单位华依化工有限公司（001200101000102）交存营业收入现金67 200元，交款人为李坦。

要求：以模拟银行金苑支行经办人员的身份进行相应业务的处理，包括凭证审核、业务数据录入、凭证签章与凭证处理。

任务活动3 现金支取

业务引入：

2023年8月2日，海康科技有限责任公司（001200101000117）签发现金支票，支付差旅费3 600元。模拟银行金苑支行为其办理支取手续。

微课：
单位活期存款
现金支取业务

操作流程：

单位活期存款现金支取业务流程如图2-1-3所示。

图 2-1-3 单位活期存款现金支取业务流程

1. 业务受理与凭证审核

开户单位支取现金时，应在账户存款余额内签发现金支票，注明用途和支取金额，并在支票上加盖预留印鉴，由收款员背书后将支票交银行的会计部门。现金支票填制样式见表2-1-5，背书样式如表2-1-6所示。

表2-1-5 现 金 支 票

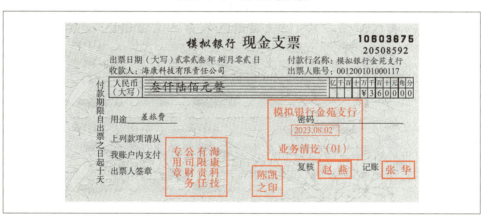

表2-1-6 背 书 样 式

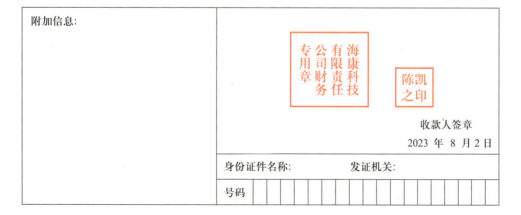

经办人员接入客户提交的现金支票，应认真审查：

（1）支票是否为统一印制的凭证，支票是否真实，提示付款期限是否超过。

（2）支票填明的收款人名称是否为该收款人，收款人是否在支票背面"收款人签章"处签章，其签章是否与收款人名称一致；收款人为个人的，还应审查其身份证，以及是否在支票背面收款人签章处注明身份证件名称、号码及发证机关。

（3）出票人的签章是否符合规定，并折角核对其签章与预留银行签章是否相符，使用支付密码的，其密码是否正确。

（4）支票的大小写金额是否一致。

（5）支票必须记载的事项是否齐全；出票金额、出票日期、收款人名称是否更改；其他记载事项的更改是否由原记载人签章证明。

（6）出票人账户是否有足够支付的款项。

（7）支取的现金是否符合国家现金管理的规定。

2. 付款交易处理

现金支票审核无误后，以支票作为现金付出传票进行业务数据录入，借记出票人账户，系统自动结计余额，并自动生成现金付出日记簿相关账务记载。会计分录为：

借：活期存款——海康科技有限责任公司　　　　　3 600
　　贷：现金　　　　　　　　　　　　　　　　　　　3 600

3. 配款

账务记载完毕后，以支票为依据凭以配款，搭配主辅币。配款时，先点辅币，后点主币。

4. 签章并付现、后续处理

将配好的款项再次复点无误，在支票上加盖业务清讫章，经办、复核人员个人名章，然后将复点无误的款项支付给客户，付出的款项与客户当面点清。已办理付款手续的支票放入记账凭证保管箱内。

行业观察

电子验印系统

电子验印系统是针对银行对公业务中的印鉴卡电子化管理需要而开发的，它可以对客户的账户信息及印鉴信息进行电子化存储、管理和识别，并且能够对客户信息和印鉴信息进行网络数据传输，以实现异地调用客户信息和印鉴的需要。电子验印系统替代了传统繁复的人工翻找印鉴册的印鉴管理方式和手工折角的验印方式，为银行实现对公业务的通存通兑提供了有力支持。电子验印系统能够存储和管理账户信息及预留印鉴图像，系统支持扫描、导入的印鉴图像，在验印时可以自动判别票据上印鉴的真伪。

动动脑

1. 简述单位活期存款现金支取业务操作流程。
2. 简述现金支票填写过程中应注意哪些要点。
3. 比较单位活期存款现金存入和支取业务操作流程，并说明有何不同。

动动手

模拟银行金苑支行当日发生下列业务：

（1）2023年9月18日，开户单位盛大科技有限公司（001200101000103）签发00657864号现金支票，支付差旅费5 400元。

（2）2023年9月19日，开户单位华依化工有限公司（001200101000102）签发00318625号现金支票，支取备用金1 500元。

要求：以模拟银行金苑支行经办人员的身份进行相应业务的处理，包括凭证审核、业务数据录入、凭证签章与凭证处理。

任务活动4　活期结息

业务引入：

开户单位海康科技有限责任公司（001200101000117）2023年6月21日至9月17日账户余额累计数为6 600 000元，9月18日、19日、20日账户余额分别为4 000元、4 000元、5 000元，年利率为0.35%。9月20日为银行结息日，模拟银行金苑支行为其办理结息。

操作流程：

单位活期存款结息业务操作流程如图2-1-4所示。

图2-1-4　单位活期存款结息业务操作流程

1. 计算利息

银行对各种存款应在规定的结息日结计利息。活期存款结息时按结息日或销户日挂牌公告的利率计息。单位活期存款按季计息，结息日为每季度末月的 20 日，季度末月的 21 日办理利息的入账手续。结息期是从上季度末月 21 日开始，至本季度末月 20 日止。计息方法有两种：计息余额表计息和明细账页上计息，其中明细账计息已不再使用，现在计算机自动结息的原理是余额表计息。

本业务中，2023 年 9 月 20 日营业终了，系统自动结息，其结息原理为余额表计息。

利息的计算公式为：

$$应付利息 = 累计日积数 \times 日利率$$
$$= （6\,600\,000 + 4\,000 + 4\,000 + 5\,000）\times 0.35\% \div 360$$
$$= 64.29（元）$$

其中"累计日积数"是存款账户每日余额相加之和。

2. 交易处理

2023 年 9 月 20 日结息后，9 月 21 日系统自动将结计的利息入账，其会计分录为：

借：利息支出　　　　　　　　　　　　　　　　　　64.29
　　贷：活期存款——海康科技有限责任公司　　　　　　64.29

3. 凭证打印及签章、后续处理

利息入账后，会计工作人员打印利息清单一式三联，第一、二联分别作为借、贷方凭证，加盖业务清讫章、经办及复核人员名章后同其他业务凭证一起装订保管。第三联作为给客户的收账通知，加盖业务清讫章后放入客户回单箱内。利息清单样式如表 2-1-7 所示。

表 2-1-7　存（贷）款利息传票

模拟银行 存（贷）款利息传票					
币种　人民币		2023 年 9 月 21 日			
借方	户名	利息支出——活期存款利息支出	贷方	户名	海康科技有限责任公司
	账号	001502101000001		账号	001200101000117
实收(付)金额	￥64.29			计息户账号	001200101000117
借据编号				借据序号	
备注	起息日期	止息日期	积数	利率	利息
	20230621	20230920	6613000	0.35%	￥64.29
	调整利息：		冲正利息：		
应收(付)利息合计:陆拾肆元贰角玖分					
事后监督	会计主管	授权		复核　赵燕	经办　张华

（模拟银行金苑支行 2023.09.21 业务清讫（01）印章，第一联 借方凭证）

动动脑

1. 简述单位活期存款结息业务操作流程。
2. 简述单位活期存款利息计算的有关规定、计算方法以及计息积数的概念。

 动动手

2023年6月21日至9月20日，模拟银行金苑支行开户单位盛大科技有限公司（001200101000103）和华依化工有限公司（001200101000102）的活期存款账户余额如表2-1-8所示。

表2-1-8　活期存款账户余额　　　　　年利率：0.35%

账号	户名	6/21—9/17余额累计数	9/18	9/19	9/20
001200101000103	盛大科技	8 800 000	6 000	6 000	8 000
001200101000102	华依化工	4 500 000	2 500	2 500	3 000

要求：以模拟银行金苑支行经办人员的身份进行相应的业务处理，包括利息计算、账务处理、凭证签章与凭证处理。

职业素养提升

恪守柜员岗位职责　维护社会公众利益

　　账户管理关系到百姓福祉，商业银行有义务持续强化账户管理工作，切实防范对公账户管理风险，遏制和打击网络违法犯罪行为，维护社会公众利益。作为柜员应严格遵守《人民币银行结算账户管理办法》和《企业银行结算账户管理办法》，恪守岗位职责，严格审核账户开立相关内容，扎实落实开户前的尽职调查，把好客户准入关，守好风险防范第一道防线。对于同一人作为法定代表人注册多个企业、法定代表人身份异常、单位名称明显异常、注册地址不存在、预留电话空号或停机、电话无人接听等情况，我们需高度警觉，采取必要措施进行全面详细的调查核实，确保客户身份、开户意愿和开户资料的真实性、合规性及完整性，做好业务核实后严格按要求办理开户，对于有明显理由怀疑开立账户从事违法犯罪活动的，坚决拒绝开户，有效遏制和防范涉案账户的开立。

任务二　单位定期存款业务操作处理

【知识储备】

（1）单位定期存款1万元起存，多存不限。期限有3个月、半年、1年、2年、3年、5年六个档次。

（2）单位定期存款一次存入，到期支取。到期时，存款单位不能从定期存款账户中支取现金，也不能用于转账结算，只能将其转入活期存款账户或用于转期续存。

（3）单位定期存款一般不能提前支取，特殊情况允许提前支取一次，可以全部也可以部分提前支取。全部提前支取的，按支取日挂牌公告的活期存款利率计息；部分提前支取的，提前支取的部分按支取日挂牌公告的活期存款利率计息，其余部分如不低于起存金额起点的，由银行按原存期开具新的证实书，按原存款开户日挂牌公告的同档次定期存款利率计息；不足起存金额的则予以清户。逾期支取的部分按支取日挂牌公告的活期存款利率计息。

（4）开户证实书不能流通转让。

（5）单位定期存款开户证实书丧失、密码泄密或印鉴遗失，应持单位正式公函向原存款行办理挂失止付。

（6）单位定期存款采取利随本清的方式计算利息。计息时按照对年、对月、对日方法计算存期，对年一律按360天，对月则按30天，零头天数按实际天数计算。单位定期存款利率在存入日约定，遇利率调整不分段计息；全部提前支取的，按支取日挂牌公告的活期存款利率计息；部分提前支取的，支取部分按支取日挂牌公告的活期存款利率计息；单位定期存款逾期支取，其逾期部分按支取日挂牌公告的活期利率计息。

通常情况下，单位定期存款存入日约定的利率是按照银行当日挂牌公告的相应档次的定期存款利率执行，额度较大的可以由商业银行内部进行定价审批，根据审批结果进行相应比例的上浮。

【任务活动】

任务活动1　开　　户

业务引入：

瑞可医药有限公司（出票人账号001200101000116，收款人账号001200501000147）2022年10月8日存入1年期定期存款500 000元，年利率为1.50%。模拟银行金苑支行为其办理开户存入手续。

操作流程：

单位定期存款开户业务处理流程如图2-2-1所示。

图 2-2-1　单位定期存款开户业务处理流程图

1. 业务受理与凭证审核

单位存入定期存款时，应填写单位定期存款开户申请书一联，同时签发转账支票（如表2-2-1所示）、填写一式三联进账单（如表2-2-2～表2-2-4所示），提交银行，并在开户申请书及转账支票上加盖单位预留印鉴。

表2-2-1　转 账 支 票

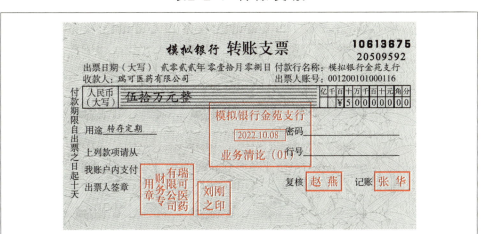

商业银行会计

表2-2-2　进账单（回单）

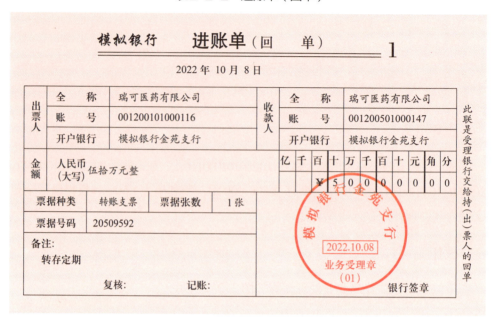

表2-2-3　进账单（贷方凭证）

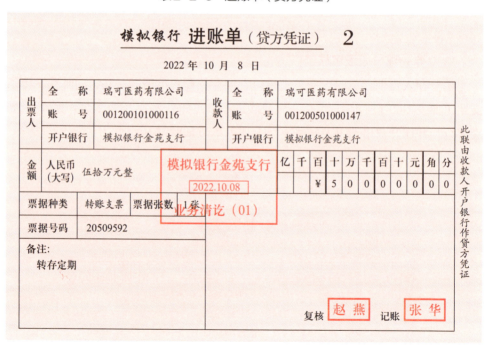

表2-2-4　进账单（收账通知）

模拟银行 进账单（收账通知）　3																		
2022 年 10 月 8 日																		
出票人	全　称	瑞可医药有限公司		收款人	全　称	瑞可医药有限公司												此联是收款人开户银行交给收款人的收账通知
	账　号	001200101000116			账　号	001200501000147												
	开户银行	模拟银行金苑支行			开户银行	模拟银行金苑支行												
金额	人民币（大写）	伍拾万元整		模拟银行金苑支行 2022.10.08 业务清讫（01）		亿	千	百	十	万	千	百	十	元	角	分		
									¥	5	0	0	0	0	0	0	0	
票据种类	转账支票	票据张数	1张															
票据号码	20509552																	
备注：转存定期																		
复核：　　　记账：				收款人开户银行签章														

经办人员受理单位提交的定期存款开户申请书、转账支票及三联进账单时应认真审查：开户申请书、转账支票内容是否正确、完整，进账单填写的内容是否与支票相符，支票的付款期限是否有效，支票印鉴是否与预留印鉴相符，大小写金额是否一致，付款人账户是否有足够支付的余额。

2. 转存交易处理

经办人员依据存款人提交的转账支票、进账单及定期存款开户申请书，为其开立单位定期存款账户。转账支票作借方传票、进账单第二联作贷方传票，将相关信息录入业务操作系统进行转账交易。该笔业务会计分录为：

借：活期存款——瑞可医药有限公司　　　　　　　500 000

　　贷：定期存款——瑞可医药有限公司　　　　　　　500 000

开户申请书专夹保管，作日后支取时核对印鉴用。

3. 出具开户证实书

办理转账手续后，为存款人开具一式三联的"单位（定期存款）开户证实书"，第二联证实书作为开户凭证，第一联证实书为正联（如表2-2-5所示），加盖业务公章后交给存款人作为存款依据，进账单第一联加盖业务受理章、第三联加盖业务清讫章退还给客户。

4. 后续处理

将第三联开户证实书作卡片账按顺序专夹保管，转账支票和进账单第二联加盖业务清讫章、经办及复核人员名章后与其他记账凭证一并保管。

表2-2-5　单位（定期存款）开户证实书

银行签发的开户证实书不能作为质押权证，若存款人因办理质押贷款的需要，可以向银行办理开户证实书换开定期存款存单。单位定期存款存单样式如表2-2-6所示。

表2-2-6　单位定期存款存单

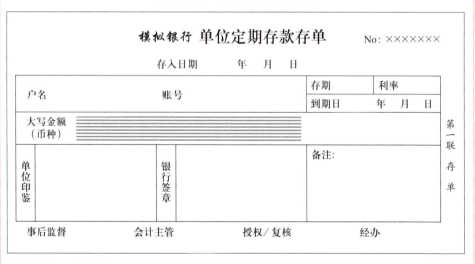

定期存款开户处理

动动脑

1. 简述单位定期存款开户业务操作流程。
2. 简述单位定期存款的有关规定。

动动手

模拟银行金苑支行发生下列业务：

（1）2022年7月12日，开户单位利泰漆业有限公司（001200101000123）提交转账支票及三联进账单，存入定期存款50万元，存期三年，年利率2.75%，定期存款账号为001200501000256。

（2）2022年8月15日，开户单位万兴房地产公司（001200101000134）提交转账支票及三联进账单，存入定期存款30万元，存期一年，年利率1.50%，定期存款账号为001200501000478。

要求：以模拟银行金苑支行经办人员的身份进行相应业务的处理，包括凭证审核、业务数据录入、凭证签章与凭证处理。

任务活动2　销　　户

业务引入：

瑞可医药有限公司在2022年10月8日存入的1年期定期存款500 000元（年利率为1.50%），利息为7 597.22元，于2023年10月28日来行支取。模拟银行金苑支行为其办理销户手续。

操作流程：

单位定期存款销户业务流程如图2-2-2所示。

图2-2-2　单位定期存款销户业务流程

1. 业务受理与凭证审核

单位定期存款到期办理销户时，存款人应填写一式三联单位定期存款支取凭证，加盖预留印鉴，并在定期存款开户证实书背面加盖预留印鉴，一并提交给开户银行。单位定期存款支取凭证样式见表2-2-7。

经办人员接入存款人提交的开户证实书和支取凭证，应认真审查支取凭证填写的内容是否准确、完整，调出专夹保管的开户证实书卡片联及开户申请书，客

表2-2-7 单位定期存款支取凭证

模拟银行 单位定期存款支取凭证																
2023 年 10 月 28 日																
存款人名称	瑞可医药有限公司		定期存款账号		001200501000147											第一联 借方凭证
活期存款账号	001200101000116	模拟银行金苑支行 2023.10.28 业务清讫（01）	活期存款账号开户行名称		模拟银行金苑支行											
存款本金	¥500 000.00		利息		¥7 597.22											
本息合计	人民币（大写） 伍拾万零柒仟伍佰玖拾柒元贰角贰分		亿	千	百	十	万	千	百	十	元	角	分			
					¥	5	0	7	5	9	7	2	2		
上列款项请从我账户内支付		财务专用章 有瑞可医药限公司	刘刚之印			赵燕			记账		张华					
支款人预留印鉴		会计主管			复核										

户提交的开户证实书与卡片联核对无误，客户提交的开户证实书背面加盖的预留印鉴以及支取凭证上的预留印鉴与开户申请书上的预留印鉴核对无误。

2. 存款到期转回交易处理

按规定计付利息，在支取凭证上填写利息金额、本息合计金额。支取凭证第一联作借方凭证，第二联作贷方凭证。两联开户证实书上加盖"结清"戳记，第一联作借方凭证附件，第二联作销户凭证，将相关信息录入业务操作系统进行转账交易。会计分录为：

借：定期存款——瑞可医药有限公司 　　　　500 000

　　应付利息——应付定期存款利息 　　　　　 7 597.22

　　　贷：活期存款——瑞可医药有限公司 　　507 597.22

3. 回单交付、后续处理

支取凭证第三联加盖业务清讫章后作为业务回单交付给客户。

支取凭证第一、二联加盖业务清讫章、经办及复核人员名章，证实书第一联加盖附件章后，与其他记账凭证一并保管。

 动动脑

1. 简述单位定期存款销户业务操作流程。

2. 简述单位定期存款销户业务过程中所涉及的凭证及其处理。

动动手

模拟银行金苑支行发生下列业务：

开户单位万兴房地产公司（001200101000134）2022年8月15日存入一年期定期存款300 000元，年利率1.50%。该单位于2023年9月4日来开户行支取，支取日挂牌公告的活期存款年利率为0.35%。

要求：以模拟银行金苑支行经办人员的身份进行相应业务的处理，包括凭证审核、计息、业务数据录入、凭证签章与凭证处理。

定期存款销户处理

任务活动3 结 息

业务引入：

瑞可医药有限公司2022年10月8日存入1年期定期存款500 000元，年利率为1.50%，2023年10月28日来行支取，支取日挂牌公告活期存款利率为0.35%，模拟银行金苑支行为其办理结息。

操作流程：

单位定期存款结息业务操作流程如图2-2-3所示。

图2-2-3 单位定期存款结息业务操作流程

1. 计算利息

到期利息 = 500 000 × 1.50% = 7 500（元）

逾期利息 = 500 000 × 0.35% ÷ 360 × 20 = 97.22（元）

利息总额 = 7 597.22（元）

2. 账务处理

单位定期存款利息的支付采取利随本清的方式。利息支付的会计分录为：

借：应付利息——应付定期存款利息　　　　　　　　7 597.22

　　贷：活期存款——瑞可医药有限公司　　　　　　　　7 597.22

3. 后续处理

具体操作处理见任务活动2"销户"。

知识链接

为了准确反映各期的成本和利润水平，按照权责发生制原则，在定期结息的结息日，银行按单位定期存款总额计提应付利息，计提时会计分录为：

借：利息支出——定期存款利息支出户

　　贷：应付利息——应付定期存款利息户

支取时，银行按实际支付的利息冲减应付利息，其会计分录为：

借：应付利息——应付定期存款利息户

　　贷：活期存款——存款人户

动动手

模拟银行金苑支行发生下列业务：

开户单位万兴房地产公司（001200101000134）2022年8月15日存入一年期定期存款300 000元，年利率1.50%。该单位于2023年9月4日来开户行支取，支取日挂牌公告的活期存款年利率为0.35%。

要求：以模拟银行金苑支行经办人员的身份进行相应业务的处理，包括计息、业务系统操作、凭证签章与凭证处理。

知识链接

其他种类单位存款

1. 单位通知存款业务

单位通知存款是指单位在银行办理存款时不约定存期，支取时需提前通知银行，约定支取存款日期和金额方能支取的存款。单位通知存款有一天通知存款和七天通知存款两种。单位通知存款人民币起存金额为50万元，最低支取金额为10万元。外币最低起存金额为50万美元或等值外币，最低支取金额为50万美元或等值外币。通知存款部分支取留存部分高于最低起存金额的，按留存金额、原起存日期、原约定通知存款品种出具新的存款证实书，原证实书收回。留存部分低于起存金额的予以清户，按清户日挂牌公告的活期存款利率计息或根据存款人意愿为其转为其他存款。存款的实际取款网点与通知时约定的取款网点一致。通知存款存入时，存单或存款凭证上不注明存期和利率，金融机构按支取日挂牌公告的相应利率和实际存期计息，利随本清。

2. 单位协定存款业务

单位协定存款是指开户单位与银行签订协定存款合同，约定期限、商定其结算账户需保留的基本存款额度，由银行对基本存款额度内的存款按结息日或支取日活期存款利率计息，超过基本存款额度部分的存款按结息日或支取日中国人民银行公布的高于活期存款、低于6个月定期存款利率的协定存款利率给付利息的一种存款。单位开立协定存款账户应与银行签订协定存款合同，约定合同期限，规定基本存款额度。合同期限最长为1年（含1年），到期任何一方若无提出终止或修改，则自动延期。银行对协定存款按"一个账户、一个余额、两个结息积数、两种利率"的方式管理，协定存款账户下设结算户与协定户，但不分户核算，会计核算都比照单位活期存款处理。开户单位在办理协定存款账户支取业务时，若协定存款账户的余额（大于零）低于基本存款额度不属于透支；若协定存款账户的余额不足以支付票款时，开户行不予办理业务。

3. 保证金存款业务

保证金是商业银行在办理银行承兑汇票、保函、信用证等融资业务时，为降低风险而按客户信用等级和信贷管理规定收取的业务保证金。保证金存款账户实行封闭管理，严禁发生保证金专户与客户结算户串用、各保证金子账户之间相互挪用等行为，不得提前支取保证金。

4. 大额存单业务

大额存单（Certificates of deposit，CD），是指银行业存款类金融机构面向个人、非金融企业、机关团体等发行的一种大额存款凭证。与一般存单不同的是，大额存单在到期之前可以转让，期限不低于7天，投资门槛高，金额为整数。我国大额存单于2015年6月15日正式推出，以人民币计价。作为一般性存款，大额存单比同期限的定期存款利率更高。我国大额存单采用标准期限的产品形式，机构投资人认购的大额存单起点金额不低于1 000万元，期限包括1个月、3个月、6个月、9个月、12个月、18个月、2年、3年和5年共9个产品。

学习资料：
《大额存单管理暂行办法》

人民币大额和可疑支付交易管理

人民币大额支付交易，是指规定金额以上的人民币支付交易，即单位、个人在社会经济活动中通过票据、银行卡、汇兑、托收承付、委托收款、网上支付和现金等方式进行的以人民币计价的货币给付及其资金清算的交易。可疑支付交易，是指交易的金额、频率、流向、用途、性质等有异常情形的人民币支付交易。为加强对人民币支付交易的监督管理，规范人民币支付交易报告行为，防范利用银行支付结算进行洗钱等违法犯罪活动，中国人民银行根据《中华人民共和国中国人民银行法》等有关法律、行政法规，制定了《人民币大额和可疑支付交易报告管理办法》。经中国人民银行批准在中华人民共和国境内设立的政策性银行、商业银行、城乡信用社及其联合社、邮政储汇机构（以下简称金融机构）办理支付交易业务应遵守该办法。

1. 大额支付交易

大额支付交易包括如下几种：

（1）法人、其他组织和个体工商户（以下统称单位）之间金额100万元以上的单笔转账支付；

（2）金额20万元以上的单笔现金收付，包括现金交存、现金支取和现金汇款、现金汇票、现金本票解付；

（3）个人银行结算账户之间以及个人银行结算账户与单位银行结算账户之间金额20万元以上的款项划转。

2. 可疑支付交易

可疑支付交易包括如下几种：

（1）短期内资金分散转入、集中转出或集中转入、分散转出；

（2）资金收付频率及金额与企业经营规模明显不符；

（3）资金收付流向与企业经营范围明显不符；

（4）企业日常收付与企业经营特点明显不符；

（5）周期性发生大量资金收付与企业性质、业务特点明显不符；

（6）相同收付款人之间短期内频繁发生资金收付；

（7）长期闲置的账户原因不明地突然启用，且短期内出现大量资金收付；

（8）短期内频繁地收取来自与其经营业务明显无关的个人汇款；

（9）存取现金的数额、频率及用途与其正常现金收付明显不符；

（10）个人银行结算账户短期内累计100万元以上现金收付；

（11）与贩毒、走私、恐怖活动严重地区的客户之间的商业往来活动明显增多，短期内频繁发生资金支付；

（12）频繁开户、销户，且销户前发生大量资金收付；

（13）有意化整为零，逃避大额支付交易监测；

（14）中国人民银行规定的其他可疑支付交易行为；

（15）金融机构经判断认为的其他可疑支付交易行为。

注：以上所称"短期"，指10个营业日以内。

3. 大额和可疑支付交易管理

大额和可疑支付交易管理规定有如下几点：

（1）存款人申请开立银行结算账户时，金融机构应审查其提交的开户资料的真实性、完整性、合法性，并建立存款人信息数据档案，保存银行结算账户存款人的信息资料，包括单位银行结算账户存款人的名称、法定代表人或负责人姓名及其有效身份证件的名称和号码、开户的证明文件、组织机构代码、住所、注册资金、经营范围、主要资金往来对象、账户的日平均收付发生额等信息和个人银行结算账户存款人的姓名、身份证件的名称和号码、住所等信息。

（2）大额转账支付由金融机构通过相关系统与支付交易监测系统连接报告。大额现金收付由金融机构通过其业务处理系统或书面方式报告。可疑支付交易由金融机构进行柜面审查，通过书面方式或其他方式报告。

（3）金融机构办理大额转账支付，由各金融机构于交易发生日起的第2个工作日报告中国人民银行总行。大额现金收付，由金融机构于业务发生日起的第2个工作日报送人民银行当地分支行，并由其转报中国人民银行总行。

（4）金融机构在办理支付结算业务时，发现其客户有可疑支付交易时，应记录、分析该可疑支付交易，填制"可疑支付交易报告表"后及时向中国人民银行进行报告，中国人民银行查询可疑支付交易时，有关金融机构应负责查明，及时回复，并记录存档。

金融机构的营业机构经过分析人民币支付交易，对明显涉嫌犯罪需要立即侦查的，应立即报告当地公安机关，同时报告其上级单位。

支付结算方式处理

【学习目标】

素养目标：
- 严格遵守相关制度规范和支付结算纪律
- 树立风险防范意识，养成依法合规的操作习惯

知识目标：
- 熟悉汇兑、委托收款、托收承付业务的结算规定
- 熟悉汇兑、委托收款、托收承付业务的凭证格式和具体的填制与审核要求

能力目标：
- 能够按汇兑业务规定规范进行汇兑汇出与汇兑汇入各业务环节的操作处理与会计核算
- 能够按委托收款业务规定规范进行收款行受理委托收款、付款行付款、收款行款项收回各业务环节的操作处理与会计核算
- 能够按托收承付业务规定规范进行全额承付、逾期付款、拒绝付款等各业务环节的操作处理与会计核算

【内容导航】

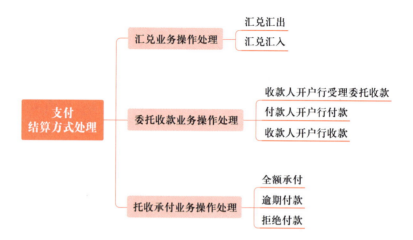

任务一 汇兑业务操作处理

【知识储备】

1. 支付结算

（1）支付结算的概念。支付结算是指单位、个人在社会经济活动中使用银行汇票、银行本票、商业汇票、信用卡和汇兑、托收承付、委托收款（三票一卡三方式）等结算方式进行货币给付及其资金清算的行为。本项目结算方式指"三票一卡三方式"中的三方式，即汇兑、委托收款和托收承付。

（2）支付结算的分类。支付结算按支付方式不同分为现金结算和转账结算。现金结算是收付双方直接使用现金收付款项的资金清算行为。转账结算是指通过银行将款项从付款人账户划转到收款人账户的货币给付及其资金清算行为。转账结算的实质是以存款货币的流通代替现金流通。

（3）支付结算原则。支付结算原则是银行和客户在办理支付结算业务时应共同遵守的行为准则。现行的支付结算原则是："恪守信用，履约付款；谁的钱进谁的账，由谁支配；银行不垫款。"

（4）支付结算的结算纪律。单位和个人在办理支付结算业务的过程中，必须严格遵守的结算纪律有如下四条：第一，不准套取银行信用，不准签发空头支票、签章与预留签章不符的支票、支付密码不符的支票、远期支票，以及没有资金保证的票据；第二，不准签发、取得和转让没有真实交易和债权债务的票据，套取银行和他人资金；第三，不准无理拒绝付款，任意占用他人资金；第四，不准违反规定开立和使用账户。

银行办理支付结算业务，应遵守"十不准"的结算纪律：第一，不准以任何理由压票、任意退票、截留客户和他行资金；第二，不准无理拒绝支付应由银行支付的票据款项；第三，不准受理无理拒付、不扣少扣滞纳金；第四，不准违章签发、承兑、贴现票据，套取银行资金；第五，不准签发空头银行汇票、银行本票和办理空头汇款；第六，不准在支付结算制度之外规定附加条件，影响汇路畅通；第七，不准违反规定为单位和个人开立账户；第八，不准拒绝受理、代理他行的正常业务；第九，不准放弃对企事业单位和个人违法结算纪律的制裁；第十，不准逃避向人民银行转汇大额汇划款项。

为了保证结算原则和结算纪律的执行，必须明确结算当事人各方面的结算责任。结算当事人包括出票人、付款人、收款人、持票人、背书人、承兑人、保证人和银行等，凡是未按有关法律法规的规定处理，而影响他人利益的责任人，应视具体情况承担票据责任或民事责任、行政责任、刑事责任。

2. 汇兑

汇兑是汇款人委托银行将其款项支付给收款人的结算方式。汇兑适用于单位和个人的各种款项的结算。签发汇兑凭证必须记载下列事项：表明"汇兑"的字样；无条件支付的委托；确定的金额；收款人名称；汇款人名称；汇入地点、汇入行名称；汇出地点、汇出行名称；委托日期；汇款人签章。

汇兑业务包括汇兑汇出与汇兑汇入两个操作环节，如图3-1-1所示。

图 3-1-1　汇兑汇入和汇兑汇出

【任务活动】

任务活动1　汇　兑　汇　出

业务引入：

2023年6月5日模拟银行金苑支行开户单位西子电梯公司（001200101000008）来行申请将500 000元货款电汇给模拟银行厦门站前支行开户单位厦门飞驰公司（018200101000015）。模拟银行金苑支行工作人员按规定为其办理汇款手续。

操作流程：

汇兑汇出业务操作流程如图3-1-2所示。

图 3-1-2　汇兑汇出业务操作流程

1. 业务受理与凭证审核

汇款人委托银行办理汇兑时，应向银行填交一式三联业务委托书：第一联为借方联（见表3-1-1）；第二联为贷方联；第三联为银行给客户的回单。

表3-1-1 业务委托书

| 模拟银行 | | 业务委托书 APPLICATION FOR MONEY TRANSFER | | | | |

（此处为业务委托书表单图像，包含以下信息：）

日期 Date 2023 年Y 6 月M 5 日D × × × × × ×

业务类型 Type ☑电汇 T/T □信汇 M/T □汇票申请书 D/D □本票申请书 Promissory Note 其他 Others ___

汇款人 Applicant
- 全称 Full Name：西子电梯公司
- 账号或地址 A/C No.or Address：001200101000008
- 开户银行 A/C Bank：模拟银行金苑支行

收款人 Payee
- 全称 Full Name：厦门飞驰公司
- 账号或地址 A/C No.or Address：018200101000015
- 开户银行 A/C Bank：模拟银行厦门站前支行

金额（大写）Amount in words：人民币伍拾万元整 ¥ 5 0 0 0 0 0 0 0

密码 S.C.

加急汇款签字 Signature For Express Payment

用途 In Payment of：货款

备注 Remarks：

模拟银行金苑支行 2023.06.05 业务清讫（01）

上列款项及相关费用请从我账户内支付。
The above remittance and related charges are to be drawn on my account.

西子电梯公司财务专用章 李海之印

客户签章 Applicant Signature and/or Stamp:

第一联 借方联

事后监督： 会计主管： 复核：李君 记账：赵燕

汇出行受理汇款人提交的一式三联的业务委托书后，应认真审查：业务委托书记载的各项内容是否齐全、正确；汇款人账户内是否有足够支付的余额；汇款人的印章是否与预留银行印鉴相符。

2. 汇款交易处理

转账汇款的，经办人员以第一联业务委托书作借方传票，将相关信息录入业务处理系统办理转账，会计分录为：

借：活期存款——西子电梯公司户　　　　　　　500 000

　　贷：清算资金往来　　　　　　　　　　　　500 000

转账后，汇出行根据第二联业务委托书生成电子汇兑资金汇划往账信息通知汇入行。第三联回单上加盖业务清讫章或受理凭证专用章退给汇款人。

3. 后续处理

银行经办人员在相关记账凭证上加盖业务清讫章及经办人员名章，作为办理业务的凭证与其他凭证装订并保管。

 动动脑

汇出行办理空头汇款会产生什么后果？

🤚 动动手

模拟银行金苑支行2023年6月5日当日发生下列业务：

（1）开户单位永信电子有限公司（00120010100935）提交业务委托书申请办理汇兑业务，金额153 000元，向模拟银行湖州支行开户的泰康进出口贸易有限公司（216204201009911）支付货款，本行审核后予以办理。

（2）开户单位顺飞贸易有限公司（001200102000785）提交业务委托书申请办理汇兑业务，金额45 000元，向模拟银行湖州支行开户的新益工贸公司（231200102007412）支付货款，本行审核后予以办理。

要求：以模拟银行金苑支行柜员的身份进行相应业务的处理，包括凭证审核、业务数据录入、凭证盖章与凭证处理。

任务活动2 汇 兑 汇 入

业务引入：

2023年6月5日模拟银行厦门站前支行工作人员收到一笔汇入款项，金额为500 000元，汇款人为西子电梯公司（001200101000008），汇出行是模拟银行金苑支行，收款人为厦门飞驰公司（018200101000015），审核无误进行账务处理。

操作流程：

汇兑汇入业务操作流程如图3-1-3所示。

图3-1-3 汇兑汇入业务操作流程

1. 来账确认与凭证审核

汇入行收到汇出行的汇款信息审核无误后打印资金汇划补充凭证（见表3-1-2），审核相关信息内容。

2. 收款交易处理

凭证审核无误，经办人员以一联资金汇划补充凭证作为贷方传票，另填转账借方传票，将相关信息录入业务处理系统办理转账。会计分录为：

表3-1-2 资金汇划补充凭证

<table>
<tr><td colspan="3" align="center">模拟银行 资金汇划补充凭证</td><td rowspan="8">第一联 银行记账凭证</td></tr>
<tr><td colspan="3" align="center">2023 年 6 月 5 日</td></tr>
<tr><td>发报日期 20230605</td><td colspan="2">业务种类 汇兑</td></tr>
<tr><td>发报流水号 120071</td><td colspan="2">收报流水号 253326</td></tr>
<tr><td>发报行行号 00001</td><td colspan="2">发报行名称 模拟银行金苑支行</td></tr>
<tr><td>收报行行号 00676</td><td colspan="2">收报行名称 模拟银行厦门站前支行</td></tr>
<tr><td>收款人账号 018200101000015</td><td colspan="2">收款人名称 厦门飞驰公司</td></tr>
<tr><td>收款人地址</td><td colspan="2"></td></tr>
<tr><td>付款人账号 001200101000008</td><td>付款人名称 西子电梯公司</td><td rowspan="3">模拟银行厦门站前支行
2023.06.05
业务清讫（01）</td></tr>
<tr><td>付款人地址</td><td></td></tr>
<tr><td>货币种类金额 CNY500 000.00</td><td>人民币 伍拾万元整</td></tr>
<tr><td>附言: 货款</td><td colspan="2"></td></tr>
<tr><td colspan="3">网点号 001   交易码 1911   流水号 10378   柜员号 01002</td></tr>
<tr><td colspan="4">授权: 复核: 李 刚   记账: 赵 林</td></tr>
</table>

借: 清算资金往来   500 000
  贷: 活期存款——厦门飞驰公司户   500 000

一联资金汇划补充凭证加盖业务清讫章作为收账通知交收款人。

3. 后续处理

经办人员在相关记账凭证上加盖业务清讫章及经办人员名章,作为办理业务的凭证与其他凭证一起装订并保管。

行业观察

企业网上银行

汇兑业务除了柜面办理,还可以通过企业网上银行(简称企业网银)完成。企业网银是银行面向企业用户开发的一种网上银行服务。相对于个人网银而言,企业网银拥有更高的安全级别,更多针对企业的功能。目前,国有商业银行和股份制银行均推出了各自富有特色的企业网银,不仅基本覆盖传统会计柜台除现金以外的业务,而且涉及自助贷款、票据业务、国际业务、缴税、报关、电子商务、现金池管理和企业理财等多项综合性金融领域。通过系统直连方式还可经专线或互联网实现企业财务软件系统、ERP系统与企业网上银行系统的无缝连接,客户直接通过财务系统或ERP系统就可以享受账户查询、明细下载、转账付款、资金归集管理等服务。

企业网上银行的特点如下:

第一,安全可靠。采用网银盾或动态令牌作为证书介质,提供交易限额、操作流程、密码等多种安全措施，保障客户操作、资金安全。

第二，方便快捷。为客户提供7×24小时的全天候服务，只要有可接入互联网的计算机，无论何时，即可轻松享受管理账户、划转资金、投资理财、信贷融资等银行服务。

第三，友好易用。企业网银以互联网为载体，充分考虑客户体验效果，展示简洁明了，操作步骤简单。同时提供常见问题解答、在线邮件等辅助功能，实现了银企之间良好的在线互动。

第四，节约成本。使用企业网银可节省客户往返银行的成本；通过系统管理企业内部运作，减少企业管理成本支出；通过企业网银办理业务可享受手续费打折等优惠；通过企业网银交易实时性强，可灵活掌握企业资金流转。

企业网上银行提升了各商业银行的整体竞争力，服务的地域、时间等渠道的延伸使客户的忠诚度不断提高。针对大型集团公司全国乃至全世界范围内的资金管理需求，企业网上银行更显现出重要性，其跨区域、全天候的资金归集、现金池、收支双线管理等应用功能，成为商业银行争夺和维护重点集团客户的必备手段。

动动脑

"清算资金往来"科目的性质是什么？

动动手

模拟银行湖州支行2023年6月5日发生下列业务：

（1）收到模拟银行金苑支行汇来的款项一笔，金额153 000元，汇款人为模拟银行金苑支行开户的永信电子有限公司（00120010100935），是支付本行开户的泰康进出口贸易有限公司（216204201009911）货款，审查无误立即办理。

（2）收到模拟银行金苑支行汇来的款项一笔，金额45 000元，汇款人为模拟银行金苑支行开户的顺飞贸易有限公司（001200102000785），是支付本行开户的新益工贸公司（231200102007412）货款，审查无误立即办理。

要求：以模拟银行湖州支行柜员的身份进行相应的业务处理，包括凭证审核、业务数据录入、凭证盖章与凭证处理。

职业素养提升

树立反洗钱风险意识　有效识别可疑交易

　　2021年，JS银行某支行的柜员在柜面日常业务中发现，一个长期闲置的对公账户不明原因地突然启用，且该账户交易存在快进快出、交易金额大、汇出地点集中等显著特点。在机构信用代码系统中，了解到持有该账户的公司在当地另外一家银行开有基本账户，2021年1月在JS银行又开立了一般账户，总部设在深圳，主要业务活动区域也在深圳，在当地没有营业场所，工作人员仅有几人，注册资金500万元，其经营范围主要是化工产品，注册地点也在当地石化工业区范围内，但却没有与当地的石化企业及相关工商户发生资金往来的交易记录。该账户往来资金单笔金额大，大部分单笔达千万以上，短短几天内，资金汇进汇出过亿元，账户资金往来与自身的经营规模明显不符。该账户的种种异常行为引起了银行网点柜员的关注，并向当地中国人民银行分行报送了重点可疑交易报告。

　　党的二十大报告指出，"我们必须增强忧患意识，坚持底线思维，做到居安思危、未雨绸缪，准备经受风高浪急甚至惊涛骇浪的重大考验。"银行工作人员应牢固树立反洗钱风险防范意识。无论是柜员、会计主管，还是营业经理，对银行的每一个客户，都应该多观察、多询问，每一笔业务都应该认真审核，时刻保持高度的职业敏感性，密切关注客户交易特点，及时发现可疑交易。对于一些金额巨大，快进快出或频繁进行网银交易、固定账户之间频繁进行大额转账交易等客户，柜员应及时对实际控制人、交易受益人开展尽职调查，了解其交易目的、交易背景、交易性质，从蛛丝马迹中发现洗钱线索，最大限度地控制风险。金融机构经识别分析，有合理理由怀疑客户账户交易涉及违法犯罪活动，应及时报送可疑交易报告，为中国人民银行及公安机关防范和打击犯罪活动提供线索。

任务二　委托收款业务操作处理

【知识储备】

委托收款是收款人委托银行向付款人收取款项的结算方式。单位和个人凭债券、存单、已承兑的商业汇票等付款人的债务证明办理款项结算，均可以使用委托收款结算方式。

委托收款在同城、异地均可以使用。委托收款结算款项的划回方式，分为邮寄和电报两种，由收款人选用。

签发委托收款凭证必须记载下列事项：表明"托收"的字样；确定的金额；付款人名称；收款人名称；委托收款凭据名称及附寄单证张数；托收日期；收款人签章。欠缺记载上列事项之一的，银行不予受理。

在同城范围内，收款人收取公用事业费或根据国务院的规定，可以使用同城特约委托收款。

【任务活动】

任务活动1　收款人开户行受理委托收款

业务引入：

微课：
委托收款——
收款行受理委
托收款业务

2023年6月5日模拟银行上海黄浦区支行开户单位上海新荣公司（056200101000563）来行申请向模拟银行金苑支行开户的西子电梯公司（001200101000008）办理委托收款500 000元，模拟银行上海黄浦区支行工作人员按规定为其办理委托收款手续。

操作流程：

收款人开户行受理委托收款操作流程如图3-2-1所示。

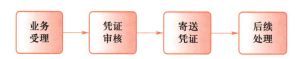

图3-2-1　收款人开户行受理委托收款操作流程

1. 业务受理与凭证审核

收款人委托银行办理委托收款时，应填写一式五联的托收凭证（见表3-2-1）：第一联受理回单；第二联收款凭证，是收款人开户行作贷方传票；第三联支款凭证，是付款人开户行作借方传票；第四联收账通知，是收款人开户行在款项收妥后给收款人的收账通知（电划的作付款人开户行的发电依据）；第五联付款通知。

表3-2-1　托 收 凭 证

模拟银行 托收凭证（贷方凭证）　　2																
委托日期　2023 年 6 月 5 日

业务类型	委托收款（□邮划、☑电划）　　托收承付（□邮划、□电划）

付款人	全称	西子电梯公司	收款人	全称	上海新荣公司
	账号	001200101000008		账号	056200101000563
	地址	浙江 省 杭州 市县　开户行 模拟银行金苑支行		地址	省 上海 市县　开户行 模拟银行黄浦区支行

金额	人民币（大写）	伍拾万元整	亿	千	百	十	万	千	百	十	元	角	分
					¥	5	0	0	0	0	0	0	0

款项内容	货款	托收凭据名称	商业承兑汇票	附寄单证张数	1
商品发运情况			合同名称号码		

备注：　　　　　　上列款项随附有关债务证明，请予办理。

（上海新荣公司财务专用章）　（何平之印）

收款人开户银行收到日期　　　　　　　　收款人签章　　　复核　　记账
年　　月　　日

此联收款人开户银行作贷方凭证

同时提供足以证明委托收款的依据，在第二联委托收款凭证上加盖单位印章后一并送交开户银行审查。

收款人开户行收到收款人提交的凭证及其所附的托收依据后，应审查托收凭证各栏是否按规定填写清楚、齐全、正确；第二联上是否加盖收款单位印章；所附单证是否与凭证所填一致。凭证审查无误后，托收凭证第一联加盖业务受理章后退给收款人。

2. 寄送凭证

凭证审查无误，经办人员在第三联托收凭证上加盖结算专用章后，连同第四、第五联托收凭证及有关收款依据一并寄付款人开户行。收款人开户行如不办理全国或省辖资金汇划业务，款项划回时需通过有关行处划转，因此在委托收款凭证的备注栏应加盖"款项收妥请划收××（行号）转划我行（社）"戳记，以便付款人开户行向指定的划转行划转资金。

3. 后续处理

经办人员将第二联托收凭证单独保管，登记发出委托收款凭证登记簿。

动动脑

托收凭证一式五联，每一联的用途是什么？

动动手

模拟银行金苑支行2023年6月5日发生下列业务：

（1）开户单位华盈集团有限公司（001200101000651）持商业承兑汇票来行申请办理托收，向承兑人在模拟银行常州和平路支行开户的华隆装饰公司（231204502000676）办理委托收款1 800 000元，模拟银行金苑支行工作人员按规定为其办理委托收款手续。

（2）开户单位永信电子有限公司（001200101000935）持商业承兑汇票来行申请办理托收，向承兑人在模拟银行常州和平路支行开户的新益工贸公司（231200102007412）办理委托收款2 000 000元，模拟银行金苑支行工作人员按规定为其办理委托收款手续。

要求：以模拟银行金苑支行柜员的身份进行相应业务的处理，包括凭证审核、业务数据录入、凭证盖章与凭证处理。

任务活动2　付款人开户行付款

业务引入：

2023年6月6日模拟银行金苑支行收到模拟银行上海黄浦区支行寄来的托收凭证，收款人为模拟银行上海黄浦区支行开户单位上海新荣公司（056200101000563），金额500 000元，系向本行办理商业承兑汇票到期托收，商业承兑汇票出票人为本行开户单位西子电梯公司（001200101000008），经办人员凭证审核无误，予以处理。

操作流程：

付款人开户行处理委托收款的操作流程见图3-2-2。

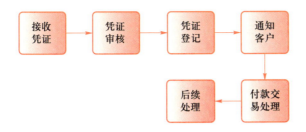

图3-2-2 付款人开户行处理委托收款的操作流程

1. 接收凭证与凭证审核

付款人开户行经办人员接到收款人开户行寄来的邮划或电划托收凭证第三、第四、第五联，以及有关单证后，应审查是否属于本行的凭证，所附单证张数与托收凭证上所填的是否相符。审查无误后，在凭证上填注收到日期。

2. 凭证登记并通知客户

托收凭证第三、第四联逐笔登记"收到委托收款凭证登记簿"后专夹保管。第五联加盖业务公章后连同有关单证一并及时送交付款人签收，通知付款。

3. 付款交易处理

银行为付款人的，银行经办人员按规定付款时，以第三联托收凭证作借方凭证，有关债务证明作借方凭证附件，将相关信息录入业务处理系统办理转账。会计分录为：

借：应解汇款——付款人户
　　贷：清算资金往来

单位为付款人的，银行在接到托收凭证和有关债务证明时，应及时通知付款人。

付款人收到有关单证经审查后，应及时通知银行付款。银行接到付款人通知付款或未接到付款人通知付款的，在发出通知的次日起第四天上午开始营业时（遇法定节假日顺延），付款人账户足够支付全部款项的，以第三联托收凭证（见表3-2-2）作借方凭证，有关债务证明作借方凭证附件，将相关信息录入业务处理系统办理转账。会计分录为：

借：活期存款——西子电梯公司户　　　　　　　　500 000
　　贷：清算资金往来　　　　　　　　　　　　　　500 000

4. 后续处理

转账后，付款银行经办人员在登记簿上填明转账日期，并按规定依据第四联托收凭证将款项划转信息通知收款行。异地银行通过网内系统或大（小）额系统进行款项划转，在同城情况下通过票据交换业务办理。最后在相关记账凭证上加盖业务清讫章及经办人员名章，作为办理业务的凭证与其他凭证一起装订并保管。

表3-2-2　托收凭证（借方凭证）

动动脑

　　付款人开户行接到收款人开户行寄来的邮划或电划托收凭证第三、四、五联以及有关单证后，应审查哪些项目？

动动手

　　模拟银行常州和平路支行2023年6月7日发生下列业务：

　　（1）收到模拟银行金苑支行寄来的第三、四、五联托收凭证及商业承兑汇票，金额1 800 000元，收款人是模拟银行金苑支行开户的华盈集团有限公司（001200101000651），付款人是在本行开户的华隆装饰公司（231204502000676），经审查无误通知付款人，且商业汇票已到期，付款人同意付款，予以划款。

　　（2）收到模拟银行金苑支行寄来的第三、四、五联托收凭证及商业承兑汇票，金额2 000 000元，收款人是模拟银行金苑支行开户的永信电子有限公司（001200101000935），付款人是在本行开户的新益工贸公司（231200102007412），经审查无误通知付款人，且商业汇票已到期，付款人同意付款，予以划款。

　　要求：以模拟银行常州和平路支行柜员的身份进行相应业务的处理，包括凭证审核、业务数据录入、凭证盖章与凭证处理。

任务活动3　收款人开户行收款

业务引入：

2023年6月9日，模拟银行上海黄浦区支行开户单位上海新荣公司（056200101000563）4天前来行申请向模拟银行金苑支行开户的西子电梯公司（001200101000008）办理委托收款500 000元划回，模拟银行上海黄浦区支行工作人员按规定为其办理入账手续。

微课：
委托收款——
收款行收款

操作流程：

收款人开户行收到划回款项的操作流程见图3-2-3。

图 3-2-3　收款人开户行收到划回款项的操作流程

1. 来账确认与凭证审核

收款人开户行经办人员收到付款人开户行通过网内系统或大（小）额系统发来的划款信息，审核无误后打印资金汇划补充凭证，并将留存的第二联托收凭证抽出，认真核对。

2. 收款交易处理并通知客户

凭证经核对无误后，经办人员在第二联托收凭证上填注转账日期。以资金汇划补充凭证作转账贷方传票，托收凭证作为附件（见表3-2-3），将相关信息录入业务处理系统办理转账。会计分录为：

借：清算资金往来　　　　　　　　　　　　500 000

　　贷：活期存款——上海新荣公司　　　　　　500 000

转账后，将一联资金汇划补充凭证加盖业务清讫章作收账通知送交收款人。

3. 后续处理

银行经办人员在相关记账凭证上加盖业务清讫章及经办人员名章，作为办理业务的凭证与其他凭证一起装订并保管，同时销记发出委托收款凭证登记簿。

表3-2-3　托收凭证（贷方凭证）

模拟银行 **托收凭证**（贷方凭证）																		**2**	

委托日期　2023 年 6 月 5 日　　　　　　　　　　　　　　附　件

业务类型	委托收款（□邮划、☑电划）　　托收承付（□邮划、□电划）												
付款人	全称	西子电梯公司			收款人	全称	上海新荣公司						
	账号	001200101000008				账号	056200101000563						
	地址	浙江省 杭州市县	开户行	模拟银行金苑支行		地址	省 上海市县	开户行	模拟银行黄浦区支行				

金额	人民币（大写）	伍拾万元整	亿	千	百	十	万	千	百	十	元	角	分
				¥	5	0	0	0	0	0	0	0	0

款项内容	货款	托收凭据名称	商业承兑汇票	附寄单证张数	1

商品发运情况		合同名称号码	

备注：　　　　　　　　　上列款项随附有关债务证明，请予办理。

上海新荣公司财务专用章　何平之印

收款人开户银行收到日期
2023 年 6 月 9 日　　　　　　　　　　　收款人签章　　　　复核　　　记账

此联收款人开户银行作贷方凭证

知识链接

1. 无款支付的处理

付款人为单位的，付款行办理划款时，付款人银行存款账户不足以支付全部款项的，付款行在委托凭证和收到委托收款凭证登记簿上注明退回日期和"无款支付"字样，并填制三联付款人未付款通知书（用异地结算通知书代），将第一联通知书和第三联委托收款凭证留存备查，将第二、第三联通知书连同第四联委托收款凭证邮寄收款人开户行。留存债务证明的，其债务证明一并邮寄收款人开户行。如系电报划款的，不另拍发电报。

收款人开户行若收到无款支付而退回的委托收款凭证及有关单据时，应抽出第二联委托收款凭证，注明"无款支付"字样，销记发出委托收款凭证登记簿，将第四、第五联委托收款凭证及债务证明退交收款人。收款人在未付款通知书上签收后，收款人开户行将第二联未付款通知书连同第三联委托收款凭证一并保管备查。

2. 拒绝付款的处理

付款人若拒绝付款，应在规定的时间内向开户行提交四联拒绝付款理由书以及债务证明和第五联委托收款凭证，付款人开户行经核对无误后，在委托收款凭证和收到委托收款凭证登记簿备注栏注明"拒绝付款"字样。然后将第一联拒绝付款理由书加盖业务公章作为回单退还付款人，将第二联拒绝付款理由书连同第三联委托收款凭证一并留存备查，将第三、第四联拒绝付款理由书连同付款人债务证明和第四、第五联委托收款凭证一并寄收款人开户行，如系电报划款的，不另拍发电报。

收款人开户行接到第四、五联委托收款凭证及有关债务证明和第三、第四联拒绝付款理由书，经核对无误后，抽出第二联委托收款凭证，并在该凭证备注栏注明"拒绝付款"字样，与第三联拒绝付款理由书一并存查，销记发出委托收款凭证登记簿。然后将第三、第四联委托收款凭证及有关债务证明和第四联拒付理由书一并退给收款人。

 动动脑

> 付款人无款支付时如何处理？

动动手

> 模拟银行金苑支行2023年6月7日发生下列业务：
> （1）收到模拟银行常州和平路支行发来的委托收款贷报信息，金额1 800 000元，是在本行开户的华盈集团有限公司（001200101000651）委托本行向模拟银行常州支行开户的华隆装饰公司（231204502000676）收取的商业承兑汇票款划回，经审查无误，立即处理。
> （2）收到模拟银行常州和平路支行发来的委托收款贷报信息，金额2 000 000元，是在本行开户的永信电子有限公司（001200101000935）委托本行向模拟银行常州支行开户的新益工贸公司（231200102007412）收取的商业承兑汇票款划回，经审查无误，立即处理。
> 要求：以模拟银行金苑支行柜员的身份进行相应的业务处理，包括凭证审核、业务数据录入、凭证盖章与凭证处理。

托收划回处理

任务三　托收承付业务操作处理

【知识储备】

托收承付是根据购销合同由收款人发货后，委托银行向异地付款人收取款项，由付款人向银行承认付款的一种结算方式。它适用于国有企业等相互之间的商品交易以及由商品交易引起的劳务供应结算。

办理托收承付结算的收付双方，必须签有符合《中华人民共和国民法典（合同编）》要求的购销合同，并在合同上注明使用托收承付结算方式；收付双方办理托收承付结算，必须重合同、守信用，收款单位要提供货物确已发运的证件，包括铁路、航运、公路等承运部门签发的运单、运单副本和邮局包裹回执等；托收承付结算每笔的金额起点为10 000元，新华书店系统每笔的金额起点为1 000元；收款单位对同一付款单位发出托收累计三次收不回货款的，银行应暂停其向该付款单位办理托收。

签发托收承付凭证必须记载下列事项：表明"托收承付"的字样；确定的金额；付款人名称及账号；收款人名称及账号；付款人开户行和收款人开户行名称；托收附寄单证张数或册数；合同名称、号码；委托日期；收款人签章。欠缺记载上列事项之一的，银行不予受理。

【任务活动】

任务活动1　全额承付

业务引入：

2023年6月5日模拟银行金苑支行开户单位西子电梯公司（001200101000008）来行申请办理托收承付，付款人为模拟银行厦门站前支行开户单位厦门飞驰公司（018200101000015），金额500 000元。7天后，该款项划回。银行工作人员按规定为其办理托收承付手续。

操作流程：

托收承付全额承付业务操作流程如图3-3-1所示。

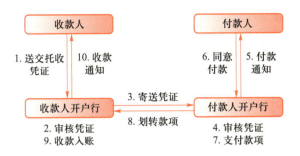

图 3-3-1　托收承付全额承付业务操作流程

1. 收款人开户行受理业务、审核凭证、寄送凭证

收款单位申请办理托收承付结算时，应填制一式五联托收承付凭证（见表 3-3-1，其联次和各联顺序、用途与委托收款结算凭证相同）连同有关交易单证、发运证件一并提交开户银行。

表3-3-1　托收凭证（贷方凭证）

模拟银行 托收凭证（贷方凭证）　**2**																				
委托日期　2023 年 6 月 5 日																				此联收款人开户银行作贷方凭证
业务类型	委托收款（□邮划、□电划）			托收承付（□邮划、☑电划）														
付款人	全称	厦门飞驰公司				收款人	全称	西子电梯公司										
	账号	018200101000015					账号	001200101000008										
	地址	福建省 厦门 市县	开户行	模拟银行厦门站前支行		地址	浙江省 杭州 市县	开户行	模拟银行金苑支行									
金额	人民币（大写）	伍拾万元整						亿	千	百	十	万	千	百	十	元	角	分	
									¥	5	0	0	0	0	0	0	0	0	
款项内容	货款		托收凭据名称	发货票			附寄单证张数			2								
商品发运情况	已发货				合同名称号码			105号										
备注：　收款人开户银行收到日期　年　月　日		上列款项随附有关债务证明, 请予办理。　西子电梯公司财务专用章　李海之印　收款人签章					复核			记账									

收款人开户行经办人员收到收款人提交的托收凭证及其托收依据，除按规定审查凭证的完整性、正确性以外，还应审查所办托收款项是否符合结算办法规定的范围和条件；凭证是否注明合同号码、发运日期和发运证件号码，有无发运证件；属于验货付款的，是否已加盖了"验货付款"戳记等。如单位交验发运证件后需取回的，银行应在托收凭证上加盖"已验发运证件"戳记后退交收款单位。审查无误后，登记"发出托收凭证登记簿"。

2. 付款人开户行汇划款项

付款单位开户行收到收款单位开户行寄来的托收凭证及有关交易单证经审查无误后，应在各联托收凭证上注明承付期限。验单付款的承付期限为3天，从银行发出承付通知的次日算起（中间遇节假日顺延）；验货付款的承付期限为10天，从运输部门向付款人发出提货通知的次日算起。银行对收到的托收凭证，应逐笔登记"定期代收结算凭证登记簿"。其余处理手续与委托收款的按期付款手续相同。

承付期满日次日，付款人开户行按规定办理划款手续。会计分录为：

借：活期存款——厦门飞驰公司户   500 000

  贷：清算资金往来   500 000

3. 收款人开户行收款入账

收款人开户行经办人员收到付款人开户行通过网内系统或大额小额系统发来的划款信息，审核无误后打印资金汇划补充凭证，将留存的第二联托收凭证抽出并认真进行核对。如为同城业务，则将第四联托收凭证提回。其余处理手续与委托收款收款人开户行收款入账手续相同。

会计分录为：

借：清算资金往来   500 000

  贷：活期存款——西子电梯公司户   500 000

转账后，将一联资金汇划补充凭证加盖业务清讫章作收账通知送交收款人，同时销记发出托收结算凭证登记簿。

 动动脑

银行收到办理托收承付的托收凭证后，应重点审查哪些项目？

 动动手

模拟银行金苑支行当日发生下列业务：

收到模拟银行广州天河支行发来的托收承付贷报信息，金额780 000元，收款人是在本行开户的华盈集团有限公司（001200101000651），付款人为广州天河支行开户的外贸公司（201120700001973），审核无误予以收款入账。

要求：以模拟银行金苑支行柜员的身份进行相应的业务处理，包括凭证审核、业务数据录入、凭证盖章与凭证处理。

全额承付处理

任务活动2　逾 期 付 款

业务引入：

模拟银行厦门站前支行开户的厦门飞驰公司（018200101000015）向模拟银行金苑支行开户单位西子电梯公司（001200101000008）办理托收承付，金额500 000元，2023年6月5日付款期满后西子电梯公司账户余额为180 000元。模拟银行金苑支行工作人员按规定为其办理托收承付部分逾期付款手续。

操作流程：

托收承付逾期付款业务操作流程如图3-3-2所示。

图3-3-2　托收承付逾期付款业务操作流程

1. 收款人开户行办理托收

收款人申请办理托收承付结算时，应填制一式五联托收承付凭证连同有关交易单证、发运证件一并提交开户银行。

收款行受理业务、审核凭证、寄送凭证的相关处理与前面相同。

2. 付款人开户行通知付款

付款人开户行收到收款人开户行寄来的托收凭证及有关交易单证经审查无误后，按照验单或验货的不同计算承付期，及时通知付款单位付款，并逐笔登记"定期代收结算凭证登记簿"。

付款人在付款期满日银行营业终了，账户无足够资金，不能全部支付托收款项的，即为部分延付；如付款人账户没有资金的，即为全部延付。

3. 付款人开户行划转款项

（1）部分逾期。付款行应于付款期满次日上午开业后，先从付款单位账户中扣收一部分款项划转收款人开户行。经办人员应填制三联特种转账借贷方传票，注明原托收凭证号码和金额后，以一联特种转账借方传票办理转账，一联特种转账贷方传票凭以录入资金汇划信息将款项划转收款单位开户行，一联特种转账借方传票（见表3-3-2）作支款通知交付款人。会计分录为：

借：活期存款——西子电梯公司户　　　　　　180 000
　　贷：清算资金往来　　　　　　　　　　　　　　180 000

表3-3-2　特种转账借方传票

模拟银行　特种转账借方传票				总字第　　号
2023 年 6 月 5 日				字第　　号

付款人	全　称	西子电梯公司	收款人	全　称	厦门飞驰公司
	账号或地址	001200101000008		账号或地址	018200101000015
	开户银行	模拟银行金苑支行　行号 00001		开户银行	模拟银行厦门站前支行　行号 02557

金额(大写)	人民币　壹拾捌万元整	亿 千 百 十 万 千 百 十 元 角 分
		¥ 1 8 0 0 0 0 0 0

原凭证金额	伍拾万元整	赔偿金		科目（借）_____
原凭证名称	托收承付	号码	129	对方科目（贷）_____

转账原因	托收承付部分逾期付款	模拟银行金苑支行 2023.06.05 业务清讫（01）(银行盖章)	会计　复核 李君　记账 赵燕

代借方凭证或收账通知　附件　张

原托收凭证第三、第四联需暂时留存作为继续扣款的依据，在凭证上批注已付金额和日期后，仍专夹保管。"定期代收结算凭证登记簿"备注栏应分别注明已承付和未承付金额及"部分支付"字样。

俟付款人账户有足够款项支付时，付款人开户银行除按以上处理手续划转剩余款项外，还应按规定扣收逾期付款赔偿金并划转给收款人。扣收逾期付款赔偿金时，应填制特种转账借贷方传票办理划转手续。原托收凭证在注明情况后作特种转账借贷方传票附件。

（2）全部逾期。如果承付期满付款人账户无款，则为全部逾期。付款人开户行应在托收凭证第三、第四联注明"逾期支付"字样，并注销"定期代收结算凭证登记簿"，另行登记"到期未收登记簿"。填制一式三联"异地托收承付结算到期未收通知书"（用异地结算通知书改用），将第一、第二联通知书寄收款人开户行（电划的，不另拍发电报），第三联通知书与托收凭证第三、第四联一并保管，俟付款人账户有款时，再一次或分次扣款。其处理手续参照部分支付的有关手续办理。

4. 收款人开户行收款入账

收款人开户行接到部分划回的资金汇划贷报信息，打印资金汇划补充凭证，抽出原保管的第二联托收凭证，在原第二联托收凭证上加盖"部分支付"字样并批注部分支付的金额及划回的日期，然后以一联资金汇划补充凭证作为贷方传票将款项转入收款人账户，另一联资金汇划补充凭证加盖业务清讫章作收账通知交收款人。会计分录为：

借：清算资金往来　　　　　　　　　　　　　　　　180 000

贷：活期存款 ——厦门飞驰公司户　　　　　　　　180 000

其余手续与委托收款全部划回时相同。如果收款人开户行收到付款人开户行划回的逾期付款赔偿金，应将其及时转入收款人账户并通知收款人，俟最后清偿完毕，应在原托收凭证第二联上注明最后收款日期及金额，将托收凭证第二联作传票附件，一联资金汇划补充凭证作最后一次收款通知的附件交收款人，同时销记发出托收结算凭证登记簿。

如果收款人开户行接到付款人开户行寄来的全部逾期两联通知书，应在原托收凭证第二联上批注"逾期付款"字样及日期，然后将一联通知书交收款人，另一联附在第二联托收凭证后面一并保管，以后收到付款人开户行一次或分次划回的贷报信息时，参照部分划回的有关手续处理。

知识链接

对延期付款的部分，付款单位开户行应根据延期付款的金额，按每天万分之五的比例，在每个月的月底向付款单位扣收延付赔偿金，并于次月3日内划转收款单位开户行。在月内部分支付货款的，应计收当月1日至部分支付日的延付赔偿金，连同部分支付款一并划转收款单位开户行。在特种转账传票上应注明赔偿金金额和部分支付金额。对付款单位无款支付延付赔偿金的，开户行对该付款单位实行"只收不付"，等一次足够扣付延付赔偿金后，才准予办理其他款项的支付。

赔偿金的计算方法是：承付期满日银行营业终了前，单位账户如无足够资金支付的，其不足部分应计赔偿金的天数为一天，在承付期满次日（如遇节假日，逾期付款赔偿金的天数计算相应顺延，但在以后遇到节假日应照算延付天数）银行营业终了前仍无足够资金支付，其不足部分，应计赔偿金的天数为2天，依此类推。计算公式为：

赔偿金 = 逾期付款金额 × 逾期付款天数 × 0.05%

付款单位开户行只承担3个月的延付扣款期及扣收滞纳金的责任。逾期付款期满3个月的，开户银行应及时通知付款人退回有关单证和托收凭证或出具"应付款项证明单"。付款人逾期未退回有关单证的，银行应按规定自发出通知单的第三天起每天按托收金额处以万分之五但不低于50元的罚款，并暂停其委托银行对外办理结算业务，直到退回有关单证为止。

动动脑

赔偿金的逾期付款天数如何计算？

动动手

模拟银行金苑支行当日发生下列业务：

收到模拟银行南京玄武支行寄来的托收承付结算凭证1份（验单付款），金额400 000元，付款人为模拟银行金苑支行开户的永信电子有限公司（001200101000935），7月5日发出承付通知（7月8日、9日为双休日，余类推），承付期满日营业终了，永信电子有限公司存款账户只能支付170 000元，款项于次日划出，余款于7月26日付清。

要求：以模拟银行金苑支行柜员的身份进行相应的业务处理，包括凭证审核、业务数据录入、凭证盖章与凭证处理。

任务活动3　拒　绝　付　款

业务引入：

2023年6月5日模拟银行南京鼓楼支行开户的南京凯乐公司（018200101000015）向模拟银行金苑支行开户单位西子电梯公司（001200101000008）办理托收承付，金额600 000元，由于货物数量不足，西子电梯公司部分拒付200 000元。模拟银行金苑支行工作人员经审查，其理由合规，按规定为其办理托收承付部分拒付手续。

操作流程：

托收承付拒绝付款业务操作流程如图3-3-3所示。

图3-3-3　托收承付拒绝付款业务操作流程

1. 收款人开户行办理托收

收款人开户行受理业务、审核凭证、寄送凭证的相关处理与前面相同。

2. 付款人开户行通知付款

付款人开户行接受托收凭证、通知付款单位付款的相关处理与前面相同。

3. 付款人开户行受理拒绝付款

付款人收到其开户行的付款通知，如果提出拒付，应在规定的承付期内填制一式四联拒绝付款理由书（见表3-3-3）连同原托收凭证及拒付部分的债务证明一并送交开户银行。

表3-3-3　拒绝付款理由书

模拟银行	托收承付委托收款	结算	全部部分	拒绝付款理由书	（回单或付款通知）	1

拒付日期 2023 年 6 月 5 日　　　原托收号码：125

付款人	全　称	西子电梯公司	收款人	全　称	南京凯乐公司
	账　号	001200101000008		账　号	018200101000015
	开户银行	模拟银行金苑支行		开户银行	模拟银行南京鼓楼支行

托收金额	人民币陆拾万元整	拒付金额	人民币贰拾万元整	部分付款金额	亿 千 百 十 万 千 百 十 元 角 分　¥ 4 0 0 0 0 0 0 0

附寄单证	2 张	部分付款金额（大写）	人民币肆拾万元整

拒付理由：货物数量不足

（西子电梯公司财务专用章）（李海之印）付款人签章

此联给付款行作通知或拒付通知书

付款人开户行经办人员收到付款人提交的拒绝付款理由书后，应认真审查拒付理由是否符合结算办法的规定。经审查同意拒付的，银行经办人员应在拒绝付款理由书上签批意见，在托收凭证和登记簿备注栏分别注明"全部拒付"或"部分拒付"字样。付款人开户行应严格审查拒付理由，无理由拒付的，应强制扣款，并按延期付款的天数扣收逾期付款赔偿金。

部分拒绝付款的，经办人员将第一联拒绝付款理由书加盖业务清讫章后退还付款人作部分付款的支付通知，以第二联拒绝付款理由书作借方凭证，第三联托收凭证作借方凭证附件，将相关信息录入业务处理系统办理支付。会计分录为：

借：活期存款——西子电梯公司户　　　　　　400 000

　　贷：清算资金往来　　　　　　　　　　　　　400 000

支付部分的款项通过资金汇划转收款人开户行。另将第三联、第四联拒绝付款理由书连同原托收凭证第四联、拒付部分的商品清单和有关证明一并寄还收款人开户行。

全部拒绝付款的，付款人开户行经办人员将第一联拒绝付款理由书加盖业务公章后退还付款人，第二联拒绝付款理由书连同第三联托收凭证一并保管备查，第三联、第四联拒绝付款理由书加盖业务公章后连同原托收凭证第四联、第五联及其债务证明书一并退还给收款人开户行。

4. 收款人开户行后续处理

收款人开户行接到部分划回的资金汇划贷报信息，打印资金汇划补充凭证，抽出原保管的第二联托收凭证，在该联备注栏注明"部分拒付"字样并批注部分支付的金额及划回的日期，然后以第一联资金汇划补充凭证作贷方传票，原第二联托收凭证作贷方记账凭证附件，将相关信息录入业务处理系统办理入账，会计分录为：

借：清算资金往来 400 000
    贷：活期存款——厦门飞驰公司户 400 000

另一联资金汇划补充凭证加盖业务清讫章作收账通知交收款人。

如果收款人开户行收到第三联、第四联拒绝付款理由书、原托收凭证第四联、拒付部分的商品清单和有关证明，第三联拒绝付款理由书备查，第四联拒绝付款理由书连同原托收凭证第四联、拒付部分的商品清单和有关证明一并退还给收款人。

在全部拒绝付款的情况下，经办人员收到第三联、第四联拒绝付款理由书，原托收凭证第四联、第五联及其债务证明后，抽出原保管的第二联托收凭证，在该联备注栏注明"全部拒付"字样，将第四联拒绝付款理由书连同托收凭证第四联、第五联及所附单证一并退还给收款人。收款人在第三联拒绝付款理由书上签收后连同第二联托收凭证一并保管备查。

知识链接

1. 关于拒绝付款的有关规定

付款单位在承付期内经过验单或验货，对下列情况可向银行提出全部或部分拒付：托收款项不是双方签订的合同所规定的款项；未经双方事先达成协议，收款单位逾期交货，付款单位不再需要该货物，或收款单位提前交货，提前收款，未按合同规定的到货地址发货；验单发现所列货物的品种、质量、规格、数量、价格与合同规定不符，或货物已到，经查验货物与合同规定或发货清单不符；验货付款，经查验货物与合同规定或发货清单不符；款项已经支付，或计算有误。

2. 多付款和提前付款的处理

付款单位因商品价格、数量或金额变动等原因，要求多付款时，也应填具一式四联"多付款理由书"提交开户行，开户行比照前述部分划款手续处理。

承付期未满，付款单位通知开户行提前承付的，银行应立即办理划款，在有关凭证上注明"提前承付"字样，除将通知书作为借方传票附件外，其余手续比照全额承付处理。

动动脑

付款人在承付期内经过验单或验货后，在何种情况下可向银行提出全部或部分拒付？

动动手

模拟银行金苑支行某日发生下列业务：

模拟银行丽江支行开户单位祥云公司（00352001020009021）向开户单位百货公司（001200101000049）办理托收承付，金额1 000 000元，由于货物数量不足，百货公司部分拒付300 000元。模拟银行金苑支行工作人员经审查，其理由合规，按规定为其办理托收承付部分拒付手续。

要求：以模拟银行金苑支行柜员的身份进行相应业务的处理，包括凭证审核、业务数据录入、凭证盖章与凭证处理。

拒绝付款处理

项目四

支付结算票据业务处理

【学习目标】

素养目标:

- 严格遵守相关法律法规使用票据结算,培养遵纪守法的职业品格
- 能够准确识别票据结算中存在的风险点,树立风险意识,培养严谨细致的工作态度
- 理解与票据相关的经济活动,关注现实经济问题,勇于社会实践,知行合一全面发展

知识目标:

- 熟悉支票、银行汇票、银行本票、商业汇票业务的结算规定
- 熟悉支票、银行汇票、银行本票、商业汇票业务的相关业务凭证格式,掌握具体的填制和审核要求

能力目标:

- 能够按照支票业务的具体规定规范进行同行内转支票、跨行贷记支票、跨行借记支票、支票退票等各业务环节的操作处理与会计核算
- 能够按照银行汇票和银行本票业务的具体规定规范进行银行汇票和银行本票出票、兑付、结清等各业务环节的操作处理与会计核算
- 能够按照商业汇票业务的具体规定规范进行商业汇票到期托收、银行承兑汇票承兑、银行承兑汇票到期托收、银行承兑汇票到期扣款与款项划付等各业务环节的操作处理与会计核算

【内容导航】

任务一 支票业务操作处理

【知识储备】

支票是出票人签发的，委托办理支票存款业务的银行或者其他金融机构在见票时无条件支付确定的金额给收款人或者持票人的票据。

支票分为现金支票、转账支票和普通支票。现金支票只能用于支取现金；转账支票只能用于转账；普通支票可以用于支取现金，也可以用于转账。在普通支票左上角画两条平行线称为划线支票，它只能用于转账，不能支取现金。

单位和个人的各种款项结算，均可以使用支票。支票的出票人为在经中国人民银行当地分支批准办理支票业务的银行机构开立可以使用支票存款账户的单位和个人。

签发支票必须记载下列事项：表明"支票"的字样；无条件支付的委托；确定的金额；付款人名称；出票日期；出票人签章。支票的金额、收款人名称，可以由出票人授权补记，未补记前不得背书转让和提示付款。签发支票应使用碳素墨水或墨汁填写，支票的金额、日期、收款人不得更改，其他内容若更改，须由出票人加盖预留银行印鉴证明。

出票人签发支票的金额不得超过付款时在付款人处实有的存款金额，禁止签发空头支票。出票人签发空头支票、签章与预留签章不符的支票、支付密码不符的支票，银行应予以退票，并按票面金额处以5%但不低于1 000元的罚款，持票人有权要求出票人赔偿支票金额2%的赔偿金，对屡次签发的，银行应停止其签发支票。

支票的提示付款期限自出票日起10天（到期日遇节假日顺延）。持票人可以委托开户银行收款或直接向付款人提示付款。用于支取现金的支票仅限于收款人向付款人提示付款。持票人委托银行收款时，应作委托收款背书。支票丧失，失票人可以向付款人申请挂失，并向法院申请公示催告或提起诉讼。

背书是指以转让票据权利或者将一定的票据权利授予他人行使为目的，在票据背面或者粘单上记载有关事项并签章的票据行为。出票人在票据上记载"不得转让"字样的，其后手再背书转让时，原背书人对后手的被背书人不承担保证责任。背书不得附有条件，《中华人民共和国票据法》（以下简称《票据法》）规定，背书附有条件的，所附条件不具有《票据法》上的票据效力。支票可以背书转让，但用于支取现金的支票不能背书转让。

支票出票人与持票人不在同一银行开户情况下，持票人委托其开户银行向出票人提示付款的支票业务称为借记支票业务，反之称为贷记支票业务。

【任务活动】

任务活动1　同一行处开户内转支票处理

业务引入：

模拟银行金苑支行开户单位泰润金融科技公司（001200102002609）2023年8月1日签发01321567号转账支票，金额38 400元，是支付给同一银行开户单位华成电子有限公司（001200101001518）货款。模拟银行金苑支行经办人员按规定办理转账手续。

操作流程：

微课：
同行内转支票处理

出票人与持票人在同一行处开户内转支票业务操作流程如图4-1-1所示。

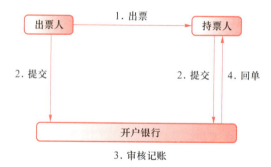

图4-1-1　出票人与持票人在同一行处开户内转支票业务操作流程

1. 业务受理与凭证审核

转账支票出票人签发票据之前，应在开户银行备有足额存款，按规定签发支票，并交与持票人，持票人应在规定时间填写转账支票和三联进账单（见表4-1-1和表4-1-2）提交银行。

表4-1-1　转账支票

模拟银行　转账支票　001021537　01321567

| 出票日期（大写）　贰零贰叁　年　捌月　零壹日 | 付款行名称：模拟银行金苑支行 |
| 收款人：华成电子有限公司 | 出票人账号：001200102002609 |

付款期限自出票之日起十天

人民币（大写）　叁万捌仟肆佰元整　　　　　亿千百十万千百十元角分　¥3840000

用途　货款

密码＿＿＿＿＿＿＿

行号＿＿＿＿＿＿＿

上列款项请从我账户内支付　出票人签章

（泰润金融科技公司　财务专用章）（徐华之印）

复核　　　记账

表4-1-2　进账单（回单）

模拟银行　进账单（回　　单）　1

2023 年 8 月 1 日

出票人	全　　称	泰润金融科技公司	收款人	全　　称	华成电子有限公司
	账　　号	001200102002609		账　　号	001200101001518
	开户银行	模拟银行金苑支行		开户银行	模拟银行金苑支行

金额	人民币（大写）叁万捌仟肆佰元整	亿	千	百	十	万	千	百	十	元	角	分
						¥	3	8	4	0	0	0	0

票据种类	转账支票	票据张数	1
票据号码	01321567		

货款

复核：　　　　记账：　　　　　　　　　　　银行签章

此联是受理银行交给持（出）票人的回单

　　开户银行经办人员受理持票人提交的支票与进账单时应审查以下内容：

　　（1）转账支票必须记载的事项是否齐全，是否用墨汁或碳素墨水填写，出票日期、出票金额、收款人有无涂改，其他内容涂改是否由原记载人签章证明。

　　（2）转账支票是否为统一规定印制的凭证（2010版支票防伪特点见图4-1-2），支票是否真实，提示付款期为自出票日起10天，到期日为节假日顺延，是否在有效期内，是否属远期支票。

微课：
支票审核

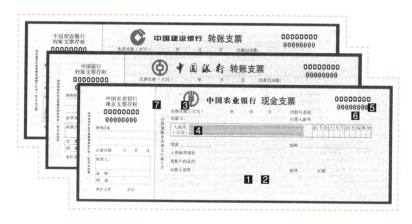

动画:
电子验印操作方法

防伪特点:

纸张:
现金支票和转账支票用纸为满版人民币符号"¥"和"ZP"字样的黑白水印纸;清分机转账支票用纸为清分机专用纸

荧光纤维:
所有支票纸张中含有无色荧光纤维,在紫外线灯光下呈红蓝双色

行徽:
采用红色荧光油墨印制,在紫外线灯光下呈现桔色

无色荧光:
在紫外线灯光下可见团花及主题花卉的荧光图案

水线:
采用水溶性红色荧光油墨印制。在紫外线灯光下有微弱的红色荧光反应,被涂改后会发生变化

号码:
采用棕黑色渗透性油墨印制。号码正面显示为棕黑色,背面有红色渗透效果

微缩文字:
由汉语拼音字母"ZHIPIAO"组成

图 4-1-2 防伪特点

（3）转账支票大小写金额是否一致,与进账单上相关要素是否相符,出票人账户余额是否足够支付。

（4）背书转让的支票是否按规定的范围转让,背书转让是否连续有效,签章是否符合规定,使用粘单的是否在粘接处签章。

（5）是否挂失票据,核对其签章与预留银行签章是否相符。使用支付密码的支票还应审查密码是否正确。

经审查无误后,进账单第一联加盖业务受理章作业务受理证明交持票人（见表4-1-3）,同时送别客户。

表4-1-3　进账单（回单）

模拟银行	进账单（回　单）							1	

2023 年 8 月 1 日

出票人	全称	泰润金融科技公司	收款人	全称	华成电子有限公司	此联是受理银行交给持（出）票人的回单
	账号	001200102002609		账号	001200101001518	
	开户银行	模拟银行金苑支行		开户银行	模拟银行金苑支行	
金额	人民币（大写）	叁万捌仟肆佰元整	亿 千 百 十 万 千 百 十 元 角 分　　　¥3 8 4 0 0 0 0			
票据种类	转账支票	票据张数	1	（业务受理章 2023.08.01 业务受理章（02））		
票据号码	01321567					
货款						
复核：		记账：		银行签章		

2. 内部转账交易处理

银行经办人员将支票作转账借方传票，进账单第二联作转账贷方传票，将相关信息录入业务处理系统办理转账。会计分录为：

借：活期存款——泰润金融科技公司户　　　　　　　　38 400

　　贷：活期存款——华成电子有限公司户　　　　　　　　38 400

3. 后续处理

银行经办人员在相关记账凭证上加盖业务清讫章及经办人员名章（见表4-1-4、表4-1-5），作为办理业务的凭证与其他凭证一起装订保管。进账单第三联加盖业务清讫章作收账通知交持票人（见表4-1-6）。

表4-1-4

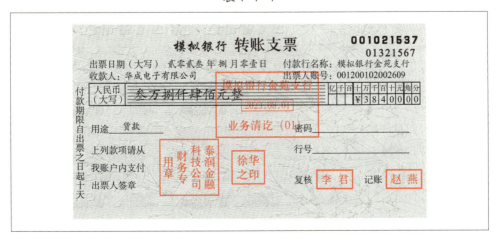

表4-1-5　进账单（贷方凭证）

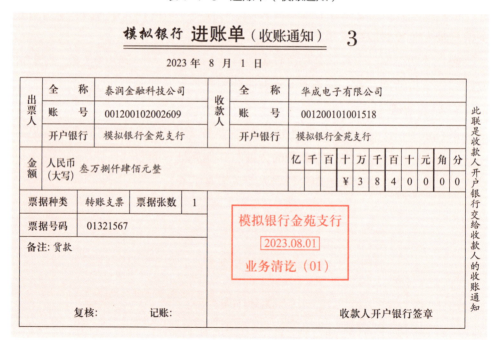

表4-1-6　进账单（收账通知）

　　如果银行经办人员受理出票人送交的转账支票和三联进账单时，按前述要求认真审查无误后，支票作转账借方传票，进账单第二联作转账贷方传票，办理转账。会计分录同前，进账单第一联加盖业务受理章作回单交出票人，进账单第三联加盖业务清讫章作收账通知交持票人。

知识链接

支票挂失处理

支票丧失，失票人到付款行挂失时，应提交两联挂失止付通知书（见表4-1-7）。付款行按规定审核无误并确未付款的，方可受理。第一联挂失止付通知书加盖业务公章作为受理回单交给失票人，第二联挂失止付通知书登记支票挂失登记簿后专夹保管，并在出票人账户账首明显处用红笔注明"×年×月×日第×号支票挂失止付"字样，凭以控制付款。

表4-1-7　挂失止付通知书

<table>
<tr><td colspan="3" style="text-align:center">模拟银行 挂失止付通知书</td><td rowspan="11">第一联　银行给挂失止付人的受理回单</td></tr>
<tr><td colspan="3" style="text-align:center">填写日期　　年　　月　　日</td></tr>
<tr><td>挂失止付人：</td><td rowspan="8" style="writing-mode:vertical">丧失票据记载的主要内容</td><td>票据种类</td></tr>
<tr><td>票据丧失时间：</td><td>号　码</td></tr>
<tr><td>票据丧失地点：</td><td>金　额</td></tr>
<tr><td rowspan="3">票据丧失事由：</td><td>付 款 人</td></tr>
<tr><td>收 款 人</td></tr>
<tr><td>出票日期</td></tr>
<tr><td rowspan="2">失票人签章
　
　
年　月　日</td><td>付款日期</td></tr>
<tr><td>挂失止付人联系地址（电话）：</td></tr>
<tr><td colspan="3">会计主管　　　授权　　　　　复核　　　　　经办</td></tr>
</table>

知识链接

（1）票据具有以下法律特征：票据为设权证券、票据为要式证券、票据为有价证券、票据为流通证券、票据为文义无因证券、票据为提示返还证券。

（2）票据行为是引起票据权利义务关系发生的法律行为，是确定票据当事人之间权利义务关系有效成立的重要条件。票据行为是否规范，直接影响着票据权利的行使和票据义务的履行，是票据得以正常使用和流通的关键。具体的票据行为包括：出票、背书、承兑、保证、付款。

（3）票据权利是指票据持票人以取得票据金额为目的，凭票据向票据债务人行使的权利。票据权利是由票据行为所产生的，与票据同时存在，不占有票据，就不能行使票据权利。票据权利包括付款请求权和追索权。

（4）票据抗辩是指票据债务人以一定合法的事由而拒绝履行票据义务的行为。票据抗辩所根据的这种合法事由，称为抗辩事由，票据债务人依法享有的这种基于抗辩原因而拒绝向债权人履行债务的权利，称为抗辩权。

（5）票据丧失的补救措施包括挂失止付、公示催告、提起诉讼。

① 挂失止付。挂失止付指失票人将丧失票据的情况通知付款人并由接受通知的付款人暂停支付的一种方法。挂失止付的票据应是记载付款人或可以确定付款人及其代理付款人的票据。如支票、现金银行汇票等。挂失止付只是失票人丧失票据后可采取的一种临时性防范措施。

② 公示催告。公示催告是指在票据丧失后，失票人申请法院以公告的方法通知不确定的利害关系人限期申报权利，逾期未申报者，则权利失效，而由法院通过除权宣告所丧失票据无效的一种制度或程序。公示催告的期限由法院决定，公示催告期间转让票据权利的行为无效。

③ 提起诉讼。提起诉讼是指丧失票据的失票人直接向人民法院提起诉讼，要求法院判令付款人向其支付票据金额的活动。失票人在向法院提起诉讼时，应提供有关书面证明，以证明其对票据的所有权。

❥ 动动手

模拟银行金苑支行某日发生下列业务：

（1）华盈集团有限公司（001200101000651）签发03126936号转账支票，金额26 700元，系支付给同一行处开户单位永信电子有限公司（001200101000935）货款。

（2）美达电器有限公司（001200101000860）签发03123212号转账支票，金额40 000元，系支付给同一行处开户单位华盈集团有限公司（001200101000651）货款。

要求：以模拟银行金苑支行柜员的身份进行相应业务的处理，包括凭证审核、业务数据录入、凭证盖章与凭证处理。

任务活动2 跨行贷记支票处理

业务引入：

模拟银行金苑支行开户单位泰润金融科技公司（001200102002609）2023年

7月5日签发01321568号转账支票，金额17 900元，系支付给杭州市工行第一支行开户单位天源生物科技公司（200200102000736）的货款。经办人员按规定为其办理转账手续。

操作流程：

出票人与持票人在不同系统银行开户的情况下贷记转账支票业务操作流程如图4-1-3所示。

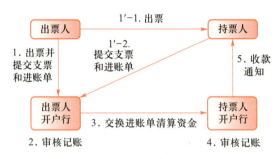

图 4-1-3　贷记转账支票业务操作流程

出票人按照前述规定签发转账支票，并交与持票人，持票人可以在规定时间填写三联进账单连同转账支票一并提交开户行；出票人也可以代持票人填写三联进账单连同转账支票一并提交出票人开户行。

1. 出票人开户行业务受理与凭证审核

持票人开户银行经办人员受理持票人提交的支票与进账单时应认真审查，审查要点同前述。经审查无误后，进账单第一联加盖业务受理章作业务受理证明交持票人，如为出票人提交支票和进账单的，则将进账单第一联加盖业务受理章作业务受理证明交出票人，送交客户。

2. 出票人开户行提出票据交换交易处理

审查无误后，出票人开户行经办人员将支票作转账借方传票（见表4-1-8），将相关信息录入业务处理系统办理转账。会计分录为：

借：活期存款——泰润金融科技公司户　　　　　　　17 900

　　贷：存放中央银行款项　　　　　　　　　　　　　　17 900

进账单第二联加盖票据交换专用章（见表4-1-9），连同第三联按票据交换规定及时提出交换。

经办人员在相关记账凭证上加盖业务清讫章及经办人员名章，作为办理业务的凭证与其他凭证一起装订保管。

3. 持票人开户行提回交换票据交易处理

持票人开户行收到交换提入的两联进账单，审查无误，进账单第二联作转

表4-1-8 转 账 支 票

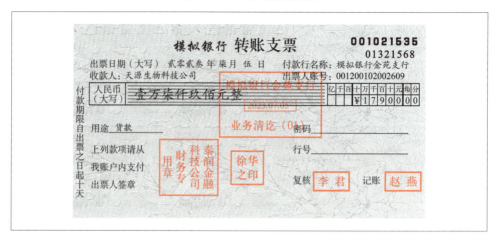

表4-1-9 进账单（贷方凭证）

账贷方凭证（见表4-1-10），将相关信息录入业务处理系统办理转账。会计分录为：

借：存放中央银行款项　　　　　　　　　　　　　　　17 900

　　贷：活期存款——天源生物科技公司户　　　　　　　　　　　　17 900

进账单第三联加盖业务清讫章作收账通知交持票人。

经办人员在相关记账凭证上加盖业务清讫章及经办人员名章，作为办理业务的凭证与其他凭证一起装订保管。

表4-1-10　进账单（贷方凭证）

模拟银行 进账单（贷方凭证）　2

2023 年　7 月 5 日

<table>
<tr><td rowspan="3">出票人</td><td>全　称</td><td colspan="2">泰润金融科技公司</td><td rowspan="3">收款人</td><td>全　称</td><td colspan="2">天源生物科技公司</td></tr>
<tr><td>账　号</td><td colspan="2">001200102002609</td><td>账　号</td><td colspan="2">200200102000736</td></tr>
<tr><td>开户银行</td><td colspan="2">模拟银行金苑支行</td><td>开户银行</td><td colspan="2">杭州市工行第一支行</td></tr>
<tr><td rowspan="2">金额</td><td>人民币
（大写）</td><td colspan="3">壹万柒仟玖佰元整</td><td colspan="3">亿 千 百 十 万 千 百 十 元 角 分</td></tr>
<tr><td colspan="3"></td><td colspan="3">￥ 1 7 9 0 0 0 0 0</td></tr>
<tr><td>票据种类</td><td>转账支票</td><td>票据张数</td><td>1</td><td colspan="4" rowspan="3"></td></tr>
<tr><td>票据号码</td><td colspan="3">01321568</td></tr>
<tr><td>备注: 货款</td><td colspan="3"></td></tr>
</table>

（印章：模拟银行金苑支行 票据交换专用章 贰（001）交）

（印章：杭州市农行 票据交换专用章 105）

中国工商银行
杭州市第一支行
2023.07.06
业务清讫（01）

复核　卢 平　　记账　邹 凌

（竖排：此联由收款人开户银行作贷方凭证）

🤚 动动手

模拟银行金苑支行某日发生下列业务：

（1）顺飞贸易有限公司（001200102000785）签发03129375号转账支票，金额21 600元，支付同城工行第二支行开户单位宜佳广告公司（201300105004711）的广告费。

（2）永信电子有限公司（001200101000935）签发03126041号转账支票，金额17 000元，支付同城建行城北支行开户单位通键物流公司（401200502003361）的运输费。

（3）经小额支付系统提入进账单信息一份，是本市农行开户单位家电批发市场（300204501008923）签发20751682号转账支票向本行开户单位美达电器有限公司（001200101000860）支付货款，支票出票日期为三天前，金额69 730元，审核无误，予以记账。

要求：以模拟银行金苑支行柜员的身份进行相应的业务处理，包括凭证审核、业务数据录入、凭证盖章与凭证处理。

贷记支票处理

任务活动3 跨行借记支票处理

业务引入：

模拟银行金苑支行开户单位泰润金融科技公司（001200102002609）2023年7月4日提交01573019号转账支票与进账单，金额58 000元，支票是商业银行中山支行开户单位宏远信息咨询有限公司（901200103000560）7月4日签发的，用于支付货款。模拟银行金苑支行经办人员按规定办理相关业务处理手续。

操作流程：

出票人与持票人在不同系统银行开户的情况下借记转账支票业务操作流程如图4-1-4所示。

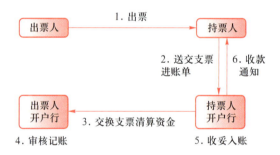

图4-1-4　借记转账支票业务操作流程

出票人签发票据之前，应在开户银行备有足额存款，按规定签发支票，并交与持票人，持票人应在规定时间内填写三联进账单连同转账支票一并提交开户行。

1. 持票人开户行业务受理与凭证审核

持票人开户行经办人员受理持票人提交的支票与进账单时应认真审查，审查要点同前述。经审查无误后，进账单第一联加盖业务受理章作业务受理证明交持票人，送别客户。

2. 持票人开户行提出票据交换交易处理

持票人开户行经办人员在第二联进账单上按票据交换场次加盖"收妥入账"戳记与第三联进账单暂存，根据跨行借记支票业务的处理规定将相关信息录入业务处理系统办理转账。

借：存放中央银行款项　　　　　　　　　　　　　　58 000
　　贷：其他应付款——同城交换暂收款项　　　　　　　　　58 000

支票加盖票据交换专用章（见表4–1–11）按票据交换规定及时提出交换。

表4–1–11　转 账 支 票

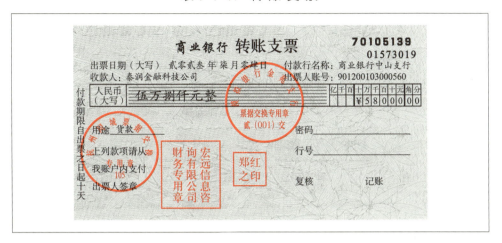

3. 出票人开户行提回交换票据交易处理

出票人开户行收到交换提入的支票后，经审查无误，支票作转账借方传票（见表4–1–12），将相关信息录入业务处理系统办理转账。会计分录为：

借：活期存款——宏远信息咨询有限公司户　　　　　　58 000

　　贷：存放中央银行款项　　　　　　　　　　　　　　 58 000

表4–1–12　转 账 支 票

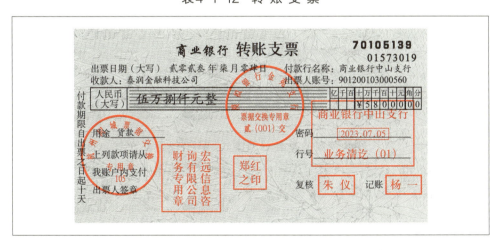

银行经办人员在相关记账凭证上加盖业务清讫章及经办人员名章，作为办理业务的凭证与其他凭证一起装订保管。

4. 持票人开户行收妥入账交易处理

持票人开户行俟退票时间过后将进账单第二联作转账贷方凭证（见表4–1–13）为持票人办理收账入户手续，根据业务处理系统的操作要求将相关信息录入业务处理系统办理转账。会计分录为：

借：其他应付款——同城交换暂收款项　　　　　　58 000

　　贷：活期存款——泰润金融科技公司　　　　　　58 000

经办人员在相关记账凭证上加盖业务清讫章及经办人员名章，作为办理业务的凭证与其他凭证一起装订保管。

进账单第三联加盖业务清讫章作收账通知交持票人。

表4-1-13　进账单（贷方凭证）

模拟银行　进账单（贷方凭证）　2

2023 年　7 月　4 日

出票人	全称	宏远信息咨询有限公司		收款人	全称	泰润金融科技公司											
	账号	901200103000560			账号	001200102002609											
	开户银行	商业银行中山支行			开户银行	模拟银行金苑支行											
金额	人民币（大写）	伍万捌仟元整				亿	千	百	十	万	千	百	十	元	角	分
								¥	5	8	0	0	0	0	0	0
票据种类	转账支票	票据张数	1														
票据号码	0157301?																
备注：																	

（印章：模拟银行金苑支行 收妥抵用 贰（001）交）

模拟银行金苑支行
2023.07.05
业务清讫（01）

复核　李君　记账　赵燕

此联由收款人开户银行作贷方凭证

知识链接

依据《中华人民共和国行政处罚法》《票据管理实施办法》的有关规定，由中国人民银行及其分支机构实施对签发空头支票出票人的行政处罚。

商业银行发现出票人有签发空头支票行为的，应立即填制空头支票报告书（以下简称《报告书》），将支票和其他足以证明出票人违规签发空头支票的资料复印并签章后作报告书附件，于当日至迟次日（节假日顺延）报送当地中国人民银行分支行支付结算管理部门（以下简称人民银行）。

中国人民银行收到《报告书》之日起3个工作日内进行核实，并作出是否进行行政处罚的决定。

（1）签发空头支票事实清楚、证据确凿的，应作出行政处罚。行政处罚决定由主管行长授权支付结算管理部门负责人批准。作出行政处罚决定后，应编制《中国人民银行行政处罚意见告知书》（以下简称《告知书》），并连同拟处罚决定一并通知举报行。

（2）签发空头支票事实不清、证据不足的，应提出纠正意见，将材料退回举报行。

商业银行应在收到中国人民银行作出的拟处罚决定和《告知书》之日起5个工作日内，填写《告知书》中出票人名称、违规事实等有关内容，并送达出票人。送达情况应在当日至迟次日（节假日顺延）报告人民银行。

中国人民银行在银行送达《告知书》之日起5个工作日内，未收到出票人陈述或申辩的书面材料的，或在对当事人提出的陈述或申辩意见复核后不予采纳的，应编制《中国人民银行行政处罚决定书》（以下简称《决定书》），并通知商业银行。对于拟进行重大行政处罚决定的，出票人在收到《告知书》3日内，要求听证的，中国人民银行应组织听证。

商业银行在收到《决定书》之日起5个工作日内填写《决定书》中出票人名称、违规事实、罚款金额等内容，送达出票人，并填制送达回证。送达情况应在当日至迟次日（节假日顺延）报告人民银行。

罚款代收机构应根据《决定书》决定的罚款金额收取罚款。对逾期缴纳罚款的出票人，中国人民银行可每日按罚款数额的3%加处罚款，或填写《中国人民银行强制执行申请书》，向人民法院申请强制执行。罚款代收机构应将所收罚款就地全额缴入中央国库。

代收机构应于每季终了后3日内，将上季代收并缴入中央国库的各项罚款汇总，填制空头支票罚款收入汇总表（附式7），分送财政部驻各地财政监察专员办事机构和作出行政处罚决定的中国人民银行分支行。中国人民银行分支行应按月与委托的代收机构就罚款收入的代收情况进行对账，对未到指定代收机构缴纳罚款的，应责成被处罚单位和个人缴纳并加处罚款。

关于票据的背书转让

票据的背书转让指收款人以转让票据权利为目的在票据背面签章（见表4-1-14）并作必要的记载所作的一种附属票据行为。

表4-1-14　票据背面签章

被背书人 泰润金融科技公司	被背书人 雅商电子有限公司	
宏运信息咨询有限公司财务专用章　　郑红之印 被背书人签章 2023 年 7 月 8 日	泰润金融科技公司财务专用章　　徐华之印 背书人签章 2023 年 7 月 11 日	（粘贴单处）
持票人向银行 提示付款签章：	身份证件名称： 号码：	发证机关：

通常在票据的背面，都事先印制好若干背书栏的位置，载明表示将票据权利转让给被背书人的文句，而留出背书人及被背书人的空白，供背书人进行背书时填写。《票据法》一般并不限制进行背书的次数，在背书栏或票据背面写满时，可以加附粘单，粘附于票据凭证之上。粘单上的第一记载人，应当在票据和粘单的粘接处签章（见表4-1-15），粘单上的记载事项与票据上的记载事项具有相同的法律效力。如果粘单上第一记载人没有在粘接处签章，粘单上记载的事项无效。

表4-1-15　票据和粘单的粘接处签章

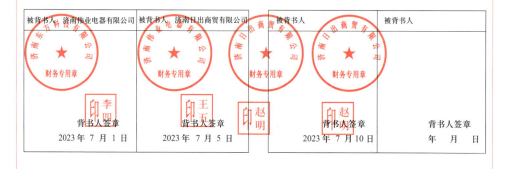

被背书人：济南伟业电器有限公司	被背书人：济南日出商贸有限公司	被背书人	被背书人
济南东方科技有限公司财务专用章　印李四 背书人签章 2023 年 7 月 1 日	济南伟业电器有限公司财务专用章　印王五 背书人签章 2023 年 7 月 5 日	济南日出商贸有限公司财务专用章　印赵明	济南日出商贸有限公司财务专用章　印赵六 背书人签章 2023 年 7 月 10 日
			背书人签章 年　　月　　日

 动动脑

借记支票处理

　　如何区分跨行借记支票与跨行贷记支票？二者之间操作处理程序有何不同？

❤️ 动动手

模拟银行金苑支行某日发生下列业务：

（1）顺飞贸易有限公司（001200102000785）提交进账单和转账支票1份（票据号码00461328），金额为62 100元，支票是同城建行城北支行开户单位通键物流公司（401200502003361）1天前签发，支付购货款。隔场无退票，按正常流程收妥入账。

（2）经小额支付系统提入转账支票影像一份，是本行开户单位永信电子有限公司（001200101000935）3天前签发，支付本市农行开户单位家电批发市场（300204501008923）货款，金额4 328元，支票号码为04946217，审核无误，予以记账。

要求：以模拟银行金苑支行柜员的身份进行相应业务的处理，包括凭证审核、业务数据录入、凭证盖章与凭证处理。

任务活动4　支票退票处理

业务引入：

模拟银行金苑支行开户单位泰润金融科技公司（001200102002609）2023年7月11日提交01575003号转账支票与进账单，金额58 000元，支票是商业银行中山支行开户单位宏远信息咨询有限公司（901200103000560）7月10日签发，支付货款。模拟银行金苑支行经办人员按规定为其办理相关业务手续。后该支票因存款不足被退票。

操作流程：

支票退票业务操作流程如图4-1-5所示。

出票人签发票据之前，应在开户银行备有足额存款，按规定签发支票，并交与持票人，持票人应在规定时间填写三联进账单连同转账支票一并提交开户行。

1. 持票人开户行业务受理、凭证审核并提出交换处理

持票人开户行经办人员受理持票人提交的支票与进账单时应认真审查，审查要点同前述。经审查无误后，进账单第一联加盖业务受理章作业务受理证明交持票人，送别客户。

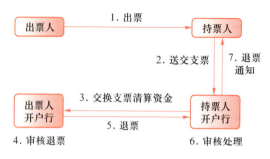

1. 出票
2. 送交支票
3. 交换支票清算资金
5. 退票
4. 审核退票
6. 审核处理
7. 退票
通知
出票人
持票人
出票人
开户行
持票人
开户行

图4-1-5　支票退票业务操作流程

同时在第二联进账单上按票据交换场次加盖"收妥入账"戳记与第三联进账单暂存，支票加盖票据交换专用章按票据交换规定及时提出交换。具体操作处理同任务活动3。

2. 出票人开户行提回票据、审核并退票处理

出票人开户行收到交换提入的支票，经审查如发现问题需退票的，应填制一式三联退票理由书（见表4-1-16），在约定时间通知持票人开户行，并以退票理由书第一联作借方凭证，通过"其他应收款"账户，将相关信息录入业务处理系统办理转账。会计分录为：

借：其他应收款——同城票据交换暂付款项　　　　58 000

　　贷：存放中央银行款项　　　　58 000

表4-1-16　退票通知书

模拟银行 退票通知书① (借方传票)								
退票日期 2023 年 7 月 11 日						第　号		
扣款人（原收款人）	全　称	泰润金融科技公司		签发人（原付款人）	全　称	宏远信息咨询有限公司		
	账　号	001200102002609			账　号	901200103000560		
	开户银行	模拟银行金苑支行			开户银行	商业银行中山支行		
退票凭证名称		凭证号码	签发日期	退票时间	退票时账面余额	￥14 000.00		
转账支票		01575003	7月10日	15时20分		亿千百十万千百十元角分		
退票金额	人民币（大写）	伍万捌仟元整				￥5 8 0 0 0 0 0		
退票理由（划√者）	1 存款金额不足	✓	6	支票大小写金额或收款人更改		科目（借）_____		
	2 印章与预留印鉴不符或模糊不清		7	专项控购商品未经批准		对方科目（贷）_____		
	3 账户与户名不符		8	2023.07.11				
	4 金额大小写不符		9	业务公章（02）		授权　复核 记账　制票		
	5 支票超过有效期或过期支票		10					
						转账日期　年 月 日		

在两联退票理由书上加盖业务公章后附支票及在下次交换时划退持票人开户行。退票时，填制转账借贷方凭证并销记"其他应收款"账户。会计分录为：

借：存放中央银行款项　　　　　　　　58 000
　　贷：其他应收款——同城票据交换暂付款项　　58 000

3. 持票人开户行处理退票交易

持票人开户行收到退票通知，冲销"其他应付款"账户。会计分录为：

借：其他应付款——同城交换暂收款项　　58 000
　　贷：存放中央银行款项　　　　　　　　58 000

银行经办人员在相关记账凭证上加盖业务清讫章及经办人员名章，作为办理业务的凭证与其他凭证一起装订保管。

4. 持票人开户行通知退票

持票人开户行将一联退票通知书连同支票退还持票人，通知退票。

行业观察

票据交换新征程

支票业务自使用以来主要依托票据实物交换实现资金清算，因此仅限于收付款人双方在同一票据区域内的使用。为突破支票地域限制实现全国通用。2006 年，中国人民银行牵头建设全国支票影像交换系统，并于 2007 年 6 月完成全国范围的推广建设。支票影像交换系统是指运用影像技术将实物支票转换为支票影像信息，通过计算机及网络将影像信息传递至出票人开户银行提示付款的业务处理系统，支票影像交换系统的建设应用，满足了社会经济活动对支票全国通用的现实需要。但是支票影像交换系统定位于影像信息交换，资金清算需要通过小额支付系统处理，主要用于处理异地支票业务，同一票据交换区域内的支票业务依然主要依托同城票据交换渠道处理。

为进一步降低支付系统运维成本，减少业务环节，提高支付效率，节约系统资源，中国人民银行决定将全国支票影像交换系统业务系统纳入小额支付系统处理。中国人民银行清算总中心在小额支付系统内设计了"支票截留"业务类型，主要处理跨区域支票业务，包括全国业务和区域业务，实现了原支票影像交换系统的功能。2017 年 9 月 3 日 20：00，清算总中心完成了全国支票影像交换系统业务权限修改，停止收发相关报文。2017 年 9 月 4 日，小额支付系统开始处理支票影像交换业务。2017 年 9 月 8 日 16：00 起全国支票影像交换系统正式关停。业务合并至小额支付系统后，这类"支票影像＋支票数据"的结算模式，可以实现支票审核、入账、退票自动化，从而进一步提高了结算效率，不仅用于处理异地支票，同一票据交换区域的支票处理也不再依托票据交换所的实物交换，改变为依托小额支付系统进行影像交换并完成资金清算，减少了大量的人力物力成本，提高了结算效率，进一步实现了支付清算体系的数字化转型。

知识链接

依托小额支付系统进行影像交换并完成资金清算，贷记支票的业务处理可比照汇兑汇出业务完成。借记支票的业务处理具体如下：

1. 收款行提出处理

收款人填写进账单，支票做成委托收款背书后，与进账单一并提交收款行，收款行审核无误（审核要点同实物交换）后，做提出交易处理，将支票和进账单信息录入核心系统，采集并上传支票正反面影像，经复核柜员复核无误后，将支票影像信息通过核心交易系统向小额支付系统提出交换。

2. 付款行提入处理

付款行收到支票影像交换提入后，应及时处理，返回同意付款或拒绝付款的回执。经办和复核柜员对提入的支票影像进行审核、验印（审核要点同实物交换提入支票），审核无误后完成付款交易处理。由于小额支付系统资金不能实时清算，暂挂"待清算支付款项"账户，会计分录为：

借：活期存款——出票人户
　　贷：待清算支付款项

待小额支付系统完成资金清算后，从"待清算支付款项"账户结转到"存放中央银行款项"账户。会计分录为：

借：待清算支付款项
　　贷：存放中央银行款项

若支票不能付款，应在核心交易系统选择拒绝付款的理由，通过小额支付系统向收款行返回拒绝付款回执。根据中国人民银行规定，付款行应在$T+2$个工作日内（遇节假日顺延）返回同意付款或拒绝付款的回执，若付款行没有在规定时间内返回回执，默认为拒绝付款。

3. 收款行收到回执后处理

收款行若收到付款行已付款回执，资金自动入账。会计分录为：

借：待清算支付款项

　　贷：活期存款——收款人户

待小额支付系统完成资金清算后，从"待清算支付款项"账户结转到"存放中央银行款项"账户，会计分录为：

借：存放中央银行款项

　　贷：待清算支付款项

动动脑

哪些情况会引起支票的退票？支票退票对持票人而言有何影响？

动动手

模拟银行金苑支行某日发生下列业务：

（1）美达电器有限公司（001200101000860）提交进账单和转账支票1份（支票号码为07369467），金额为189 100元，支票是同城工行第二支行开户单位宜佳广告公司（201300105004711）1天前签发，支付购货款。审核无误予以处理。后该支票因印鉴不符被退票。

（2）经小额支付系统提入支票影像信息一份，是本行开户单位顺飞贸易有限公司（001200102000785）2天前签发，支付本市农行开户单位家电批发市场（300204501008923）货款，金额94 320元，支票号码为04937612，经查该单位存款只有21 000元，立即办理退票手续。

要求：以模拟银行金苑支行柜员的身份进行相应的业务处理，包括凭证审核、业务数据录入、凭证盖章与凭证处理。

任务二　银行汇票业务操作处理

【知识储备】

银行汇票是出票银行签发的，由其在见票时按照实际结算金额无条件支付给收款人或持票人的票据。银行汇票的出票银行为银行汇票的付款人。

单位和个人的各种款项结算，均可以使用银行汇票。银行汇票的出票和付款，全国范围内仅限于中国人民银行和各商业银行已参加"全国联行往来"的机构办理。签发银行汇票必须记载下列事项：表明"银行汇票"的字样；无条件支付的承诺；出票金额；付款人名称；收款人名称；出票日期；出票人签章。

银行汇票的提示付款期限为自出票日起1个月。如果逾期，则代理付款行不予受理。银行汇票可以转账，也可以支取现金。申请人与收款人均为个人，并且交存现金办理的，可以申请签发现金银行汇票。

转账汇票允许背书转让，转让时以实际结算金额为准。现金银行汇票不允许背书转让。银行汇票的实际结算金额不得更改，更改则汇票无效。银行汇票的实际结算金额低于出票金额的，其多余金额由出票银行退交申请人。

银行汇票的核算过程包括汇票签发（出票）、汇票兑付（付款）和汇票结清三个阶段，如图4-2-1所示。

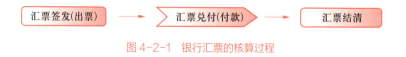

图 4-2-1　银行汇票的核算过程

【任务活动】

任务活动1　银行汇票签发

业务引入：

模拟银行金苑支行开户单位泰润金融科技公司（001200102002609）2023年7月5日提交业务委托书申请签发银行汇票，支付货款，金额135 400元，收款人为模拟银行泰州新华路支行开户单位广安电子科技公司（006201020000766）。经办人员按规定为其办理银行汇票签发业务。

操作流程：

单位银行汇票出票银行签发业务操作流程如图4-2-2所示。

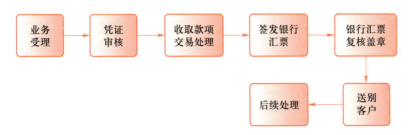

图 4-2-2 单位银行汇票出票银行签发业务操作流程

1. 业务受理与凭证审核

申请人填写"业务委托书"提交签发银行。委托书一式三联（见表4-2-1），第一联借方联，第二联贷方联，第三联回单。

表4-2-1 业务委托书

模拟银行		业 务 委 托 书 APPLICATION FOR MONEY TRANSFER		
日期 Date 2023 年Y 7 月M 5 日D			×××××	

业务类型 Type	□电汇 T/T □信汇 M/T ☑汇票申请书 D/D □本票申请书 Promissory Note 其他 Others ____				
汇款人 Applicant	全 称 Full Name	泰润金融科技公司	收款人 Payee	全 称 Full Name	广安电子科技公司
	账号或地址 A/C No.or Address	001200102002609		账号或地址 A/C No.or Address	006201020000766
	开户银行 A/C Bank	模拟银行金苑支行		开户银行 A/C Bank	模拟银行泰州新华路支行

金额（大写）Amount in words 人民币壹拾叁万伍仟肆佰元整

亿	千	百	十	万	千	百	十	元	角	分
			¥	1	3	5	4	0	0	0	0

密 码 S.C.

加急汇款签字 Signature For Express Payment

模拟银行金苑支行
2023.07.05
业务清讫（01）

用 途 In Payment of 货款

备 注 Remarks

上列款项及相关费用请从我账户内支付。
The above remittance and related charges are to be drawn on my account.

用章 财务专章 泰润金融科技公司 徐华之印

客户签章 Applicant Signature and/or Stamp:

第一联 借方联

事后监督： 会计主管： 复核： 李君 记账： 赵燕

出票行经办人员受理开户单位提交的三联业务委托书，应认真审查委托书填写的各项内容是否符合要求：委托书要素填写是否齐备；申请日期、收款人账号户名及出票金额等重要事项是否涂改；金额填写是否规范，大小写是否一致；加盖的印鉴章与该单位预留的印鉴是否一致等。

2. 收取款项交易处理

出票行经办人员审查凭证无误，收取款项。经办人员以委托书第一联作借方凭证，第二联作贷方凭证，将相关信息录入业务处理系统办理转账。会计分录为：

借：活期存款——泰润金融科技公司户　　　　　　　135 400
　贷：汇出汇款　　　　　　　　　　　　　　　　　　　135 400

3. 签发银行汇票

出票行经办人员转账完毕后，签发银行汇票（见表4-2-2）。银行汇票一式四联，第一联卡片，第二联汇票，第三联解讫通知，第四联多余款收账通知。

表4-2-2　银 行 汇 票

出票行签发银行汇票时，出票日期和金额必须大写；签发转账银行汇票的，一律不得填写代理付款行名称，申请书注明"不得转让"字样的，应在银行汇票备注栏内注明。

4. 银行汇票复核盖章与送别客户

签发的银行汇票经复核无误并按相关业务规定编制密押后，由印章管理工作人员在银行汇票第二联上加盖汇票专用章并由授权的经办人签名或盖章后，连同第三联解讫通知联一并交申请人，送别客户。目前，大多数省份依然采用手工加盖印章，电子印章主要集中机控处理。

5. 后续处理

出票行经办人员在相关记账凭证上加盖业务清讫章及经办人员名章，作为办理业务的凭证与其他凭证一起装订保管。银行汇票第一联卡片加盖经办、复核名章，逐笔登记汇出汇款明细账后与银行汇票第四联一并专夹保管。同时销记重要空白凭证登记簿。

⚡知识链接

目前，银行汇票主要包括全国银行汇票、华东三省一市银行汇票和各省省辖银行汇票三大类。

其基本的核算流程相似，主要区别在于：

全国银行汇票（见表4-2-2）在全国范围内仅在各商业银行系统内通用，跨系统不能直接使用，需要通过出票行在持票人所在地的同系统银行代为审核后才能使用，具体的使用规定由各商业银行总行负责制定。

华东三省一市银行汇票（见表4-2-3）只能在浙江、江苏、安徽、上海范围内使用，背书转让也不能超出此范围，但可以跨系统使用，即在此范围内的各商业银行可以互签互兑，具体的使用规定由中国人民银行负责制定。

表4-2-3　银行汇票

华东三省一市 **银行汇票**　2	10503375 20908472

提示付款期限自出票之日起壹个月

出票日期　　　　年　月　日 （大写）
收款人：　　　　　　　　账号：
出票金额　人民币 　　　　　（大写）
实际结算金额　人民币 　　　　　　　（大写）　　　　千百十万千百十元角分
申请人：　　　　　　　　账号：
出票行：　　　　　行号：　　　密押：
备注：　　　　　　　　　　多余金额 　　　　　　　　　　千百十万千百十元角分
凭票付款
出票行签章　　　　　　　　　　　复核　　记账

此联代理付款行付款后作联行往账借方凭证附件

动动手

银行汇票签发

模拟银行金苑支行当日发生下列业务：

（1）开户单位永信电子有限公司（001200101000935）提交业务委托书申请签发银行汇票，金额172 300元，支付货款，收款人为模拟银行长宁市支行开户单位飞特进出口贸易有限公司（216204201009911），本行审核后予以签发。

（2）开户单位顺飞贸易有限公司（001200102000785）提交业务委托书申请签发银行汇票，金额45 000元，收款人为模拟银行永州支行开户单位新益工贸公司（231200102007412），本行审核后予以签发。

要求：以模拟银行金苑支行柜员的身份进行相应的业务处理，包括凭证审核、业务数据录入、凭证盖章与凭证处理。

任务活动2　银行汇票兑付

业务引入：

模拟银行泰州新华路支行开户单位广安电子科技公司（006201020000766）2023年7月6日提交进账单和16512763号两联银行汇票申请兑付，汇票金额为135 400元，进账单及实际结算金额为135 400元，汇票是模拟银行金苑支行（00001）2023年7月3日签发，汇票申请人为模拟银行金苑支行开户单位泰润金融科技公司（001200102002609），模拟银行泰州新华路支行经办人员按规定为其办理兑付手续。

操作流程：

单位银行汇票代理付款行兑付业务操作流程如图4-2-3所示。

1. 业务受理与凭证审核

持票人应根据银行汇票内容填写三联进账单连同银行汇票、解讫通知（见表4-2-4、表4-2-5）一并提交开户银行。

图4-2-3　单位银行汇票代理付款行兑付业务操作流程

表4-2-4　银行汇票

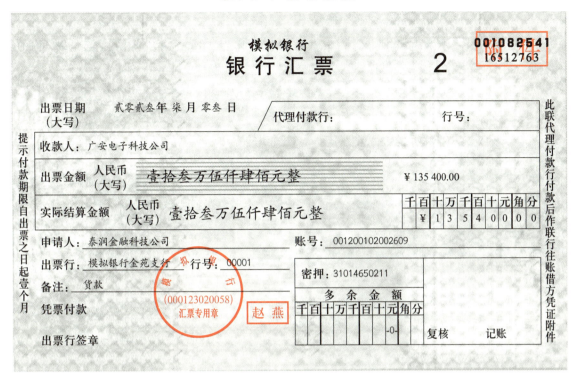

表4-2-5　进账单（贷方凭证）

代理付款行经办人员收到凭证后应认真审查以下有关内容：

（1）汇票和解讫通知的号码、内容是否一致，有无涂改。

（2）汇票是否真实，是否统一规定印制的凭证（2010版汇票防伪特点见图4-2-4），是否超过提示付款期限。

（3）汇票填明的持票人是否在本行开户，与进账单上的名称是否一致。

（4）汇票必须记载的事项是否齐全，出票金额、实际结算金额、出票日期、收款人名称等是否更改，其他记载事项的更改是否由原记载人签章证明。

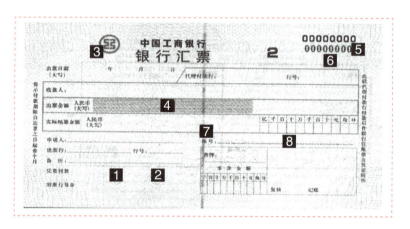

防伪特点：

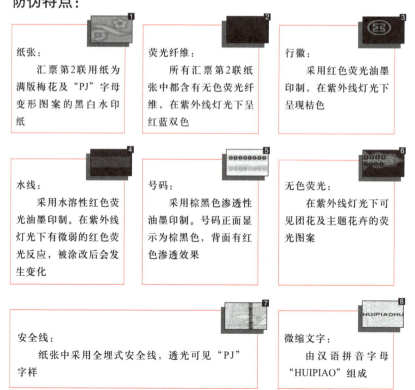

图 4-2-4 2010 版汇票防伪特点

（5）出票行的签章是否符合规定，加盖的汇票专用章是否与印模相符。

（6）出票金额大小写是否一致。

（7）汇票的实际结算金额是否在出票金额以内，与进账单金额是否一致，多余金额结计是否正确。

（8）持票人是否在背面签章（见表4-2-6）；背书转让汇票背书是否连续。

表4-2-6　票据背面签章

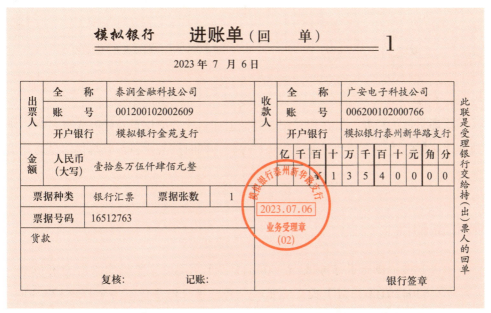

被背书人	被背书人	（贴粘单处）
背书人签章 2023 年 7 月 6 日	背书人签章 年　月　日	

持票人向银行　　　　　身份证件名称：　　　　　发证机关：
提示付款签章：　　　　　号码：

2. 交付回单

经审查无误后，银行经办人员将进账单第一联加盖业务受理章（见表4-2-7）作业务受理证明交持票人，送别客户。

表4-2-7　进账单（回单）

模拟银行　　进账单（回　　单）　1

2023 年 7 月 6 日

出票人	全　称	泰润金融科技公司	收款人	全　称	广安电子科技公司	此联是受理银行交给持（出）票人的回单
	账　号	001200102002609		账　号	006200102000766	
	开户银行	模拟银行金苑支行		开户银行	模拟银行泰州新华路支行	

金额	人民币（大写）	壹拾叁万伍仟肆佰元整	亿	千	百	十	万	千	百	十	元	角	分
						￥	1	3	5	4	0	0	0

票据种类	银行汇票	票据张数	1

票据号码	16512763

货款

（印章：模拟银行泰州新华路支行　2023.07.06　业务受理章（02））

复核：　　　　记账：　　　　　　　　　　　银行签章

3. 兑付汇票交易处理

代理付款行经办人员将审核无误的进账单第二联作贷方凭证（见表4-2-5），汇票第二联作借方凭证附件（见表4-2-4），将相关信息录入业务处理系统办理转账。会计分录为：

借：清算资金往来   135 400

  贷：活期存款——广安电子科技公司户   135 400

进账单第三联加盖业务清讫章（见表4-2-8）作收账通知交持票人。

表4-2-8   进账单（收账通知）

模拟银行 进账单（收账通知） 3																
2023 年 7 月 6 日																

<table>
<tr><td rowspan="3">出票人</td><td>全 称</td><td>泰润金融科技公司</td><td rowspan="3">收款人</td><td>全 称</td><td colspan="11">广安电子科技公司</td><td rowspan="13">此联是收款人开户银行交给收款人的收账通知</td></tr>
<tr><td>账 号</td><td>0012001002002609</td><td>账 号</td><td colspan="11">006200102000766</td></tr>
<tr><td>开户银行</td><td>模拟银行金苑支行</td><td>开户银行</td><td colspan="11">模拟银行泰州新华路支行</td></tr>
<tr><td rowspan="2">金额</td><td colspan="3" rowspan="2">人民币
（大写）壹拾叁万伍仟肆佰元整</td><td>亿</td><td>千</td><td>百</td><td>十</td><td>万</td><td>千</td><td>百</td><td>十</td><td>元</td><td>角</td><td>分</td></tr>
<tr><td colspan="2">¥</td><td>1</td><td>3</td><td>5</td><td>4</td><td>0</td><td>0</td><td>0</td><td>0</td></tr>
<tr><td>票据种类</td><td>银行汇票</td><td>票据张数</td><td>1</td><td colspan="11" rowspan="3">模拟银行
泰州新华路支行
2023.07.06
业务清讫（02）</td></tr>
<tr><td>票据号码</td><td colspan="3">16512763</td></tr>
<tr><td>备注：贷款</td><td colspan="3"></td></tr>
<tr><td colspan="4">复核：   记账：</td><td colspan="11">收款人开户银行签章</td></tr>
</table>

4. 后续处理

代理付款行经办人员在相关记账凭证上加盖业务清讫章及经办人员名章，作为办理业务的凭证与其他凭证一起装订保管，同时按规定将汇票解付信息通知出票行。

银行汇票兑付

🍂 动动手

（1）模拟银行长宁市支行（00516）开户单位飞特进出口贸易有限公司（216204201009911）提交进账单和两联银行汇票，汇票金额为172 300元，进账单及实际结算金额为172 300元，汇票是模拟银行金苑支行（00001）3日前签发，汇票申请人为模拟银行金苑支行开户单位永信电子有限公司

（001200101000935）支付货款，本行审核后予以兑付。

（2）模拟银行永州市支行（01238）开户单位新益工贸公司（231200102007412）提交进账单和两联银行汇票，汇票金额为45 000元，进账单及实际结算金额为44 600元，汇票是模拟银行金苑支行（00001）5日前签发，汇票申请人为模拟银行金苑支行开户单位顺飞贸易有限公司（001200102000785）支付货款，本行审核后予以兑付。

要求：以模拟银行相关支行柜员的身份进行相应业务的处理，包括凭证审核、业务数据录入、凭证盖章与凭证处理。

任务活动3　银行汇票结清

业务引入：

2023年7月11日模拟银行金苑支行经办人员收到泰州新华路支行发来的汇票解讫借报信息，汇票是本行开户单位泰润金融科技公司（001200102002609）2023年7月5日申请签发，支付泰州新华路支行开户单位广安电子科技公司（006201020000766）货款，汇票金额135 400元，报单金额135 400元，模拟银行金苑支行经办人员按规定办理银行汇票结清手续。

操作流程：

银行汇票出票银行结清业务操作流程如图4-2-5所示。

图4-2-5　银行汇票出票银汇结清业务操作流程

1. 来账确认与凭证打印

出票行收到代理付款行通过行内系统或中国人民银行支付清算系统发来的付款信息，审核无误后打印资金汇划补充凭证（见表4-2-9）。

2. 抽卡核对

出票行经办人员根据打印的补充报单，抽出专夹保管的汇票卡片，经核对确属本行签发，报单金额与实际结算金额相符，多余金额结计正确无误后，分不同情况处理。

表4-2-9　资金汇划补充凭证

3. 结清汇票交易处理

（1）汇票全额付款。出票行经办人员应在汇票卡片的实际结算金额栏内填入全部金额，在多余款收账通知的多余金额栏填写"–0–"，汇票卡片作借方凭证（见表4-2-10），资金汇划补充凭证与多余款收账通知作借方凭证附件（见表4-2-11、表4-2-12），将相关信息录入业务处理系统办理转账。会计分录为：

表4-2-10　银行汇票（卡片）

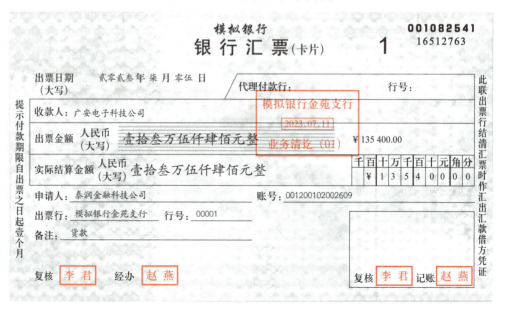

表4-2-11　资金汇划补充凭证

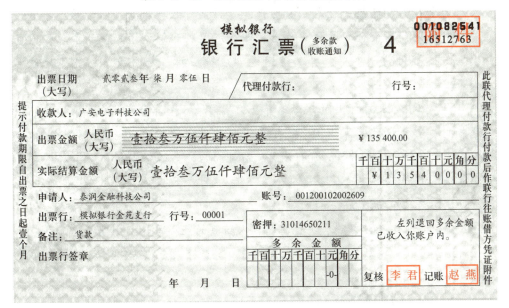

表4-2-12　银行汇票（多余款收账通知）

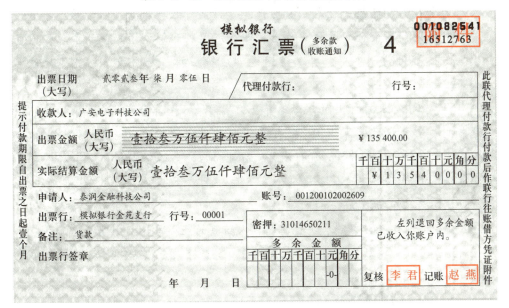

借：汇出汇款　　　　　　　　　　　　　　　　　135 400

　　　贷：清算资金往来　　　　　　　　　　　　　135 400

同时销记汇出汇款账。

（2）汇票部分付款。出票行经办人员应在汇票卡片的实际结算金额栏内填写实际结算金额，将多余金额填写在多余款收账通知的多余金额栏内，汇票卡片作借方凭证,资金汇划补充凭证作借方凭证附件;银行汇票第三联解讫通知作多余款转账贷方凭证;将相关信息录入业务处理系统办理转账。会计分录为:

借:汇出汇款　　　　　　　　　　　　汇票金额
　　贷:清算资金往来　　　　　　　　实际结算金额
　　　　活期存款——申请人户　　　　多余金额

4. 后续处理

出票行经办人员在相关记账凭证上加盖业务清讫章及经办人员名章,作为办理业务的凭证与其他凭证一起装订保管,将第四联多余款收账通知加盖业务清讫章作收账通知交申请人,同时销记汇出汇款账。

知识链接

银行汇票逾期付款处理

持票人超过提示付款期限向代理付款行提示付款不获付款的,在票据权利时效内请求付款时,应向出票行说明原因,并提交汇票二、三联。持票人为个人的,还应交验本人身份证件。出票行经与原专夹保管的汇票卡片核对无误,多余金额结计正确后,即在汇票联和解讫通知联的备注栏内填写"逾期付款"字样,并一律通过"应解汇款"账户核算。具体处理如下:

出票行应在汇票卡片的实际结算金额栏内填入全部金额,在多余款收账通知的多余金额栏填写"-0-",汇票卡片作借方凭证,解讫通知作贷方凭证,多余款收账通知作贷方凭证附件,办理转账。会计分录为:

借:汇出汇款
　　贷:应解汇款——持票人户

同时销记汇出汇款账,并根据持票人填写的业务委托书中选择的汇兑或银行汇票方式,将款项划转持票人开户行。会计分录为:

借:应解汇款——持票人户
　　贷:清算资金往来
　　或贷:汇出汇款

汇票部分付款——出票行应在汇票卡片的实际结算金额栏内填写实际结算金额,将多余金额填写在多余款收账通知的多余金额栏内,汇票卡片作借方凭证,解讫通知作多余款转账贷方凭证,另填制一联特种转账贷方传票办理转账。会计分录为:

借：汇出汇款

　　贷：应解汇款——持票人户

　　　　活期存款——原申请人户

同时销记汇出汇款账，将第四联多余款收账通知加盖业务清讫章作收账通知交原申请人。向持票人付款的手续同前。

银行汇票退款处理

银行汇票申请人由于银行汇票超过付款期限或其他原因要求退款时，应交回汇票联和解讫通知联，并提交单位证明或身份证件。出票行经核对无误，即在一式四联银行汇票实际结算金额大写栏填写"未用退回"字样，汇票卡片作借方凭证，汇票作附件，解讫通知作贷方凭证，办理转账。会计分录与签发时相反。

🤚 动动手

模拟银行金苑支行当日发生下列业务：

（1）收到模拟银行长宁市支行（00516）银行汇票解付借报信息，汇票是开户单位永信电子有限公司（001200101000935）6天前申请签发，汇票金额172 300元，报单金额172 300元，支付模拟银行长宁市支行开户单位飞特进出口贸易有限公司（216204201009911）货款，经抽卡核对无误，予以结清。

（2）收到模拟银行永州市支行（01238）银行汇票解付借报信息，汇票是开户单位顺飞贸易有限公司（001200102000785）6天前申请签发，汇票金额45 000元，报单金额44 600元，支付模拟银行永州支行开户单位新益工贸公司（231200102007412）货款，经抽卡核对无误，予以结清。

要求：以模拟银行金苑支行柜员的身份进行相应业务的处理，包括凭证审核、业务数据录入、凭证盖章与凭证处理。

银行汇票结清

任务三　银行本票业务操作处理

【知识储备】

银行本票是由出票人签发，承诺在见票时无条件支付确定的金额给收款人或持票人的票据。银行本票可以转账也可以支取现金。申请人与收款人均为个人，并且交存现金办理的，可以申请签发现金银行本票。

单位和个人在同一票据交换区域的各种款项结算，均可以使用银行本票。银行本票的出票人为经中国人民银行当地分支行批准办理银行本票业务的银行机构。签发银行本票必须记载下列事项：表明"银行本票"的字样；无条件支付的承诺；确定的金额；收款人名称；出票日期；出票人签章。

银行本票的提示付款期限自出票日起最长不超过2个月。逾期代理付款行不予受理。用于支取现金的银行本票仅限于向出票行或其系统内营业机构提示付款。银行本票可以在同一票据交换区域内背书转让，但用于支取现金的银行本票不能背书转让。

银行本票的核算过程包括出票、付款和结清三个阶段，如图4-3-1所示。

图4-3-1　银行本票的核算过程

【任务活动】

任务活动1　银行本票签发

业务引入：

模拟银行金苑支行开户单位泰润金融科技公司（001200102002609）2023年7月12日提交业务委托书申请签发银行本票，金额66 200元，是支付给市工行第一支行开户单位天源生物科技公司（200200102000736）的货款。模拟银行金苑支行经办人员按规定为其办理银行本票签发手续。

操作流程：

银行本票出票银行签发业务操作流程如图4-3-2所示。

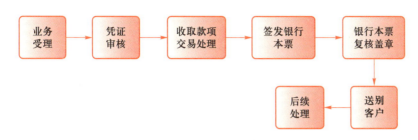

微课：
银行本票签发
处理

图4-3-2　银行本票出票银行签发业务操作流程

1. 业务受理与凭证审核

申请人填写"业务委托书"提交开户银行。业务委托书一式三联（见表4-3-1），第一联借方凭证，第二联贷方凭证，第三联回单。

出票银行经办人员收到三联业务委托书，应认真审查：

（1）委托书填写的各项内容是否符合要求。

（2）委托书要素填写是否齐备。

（3）申请日期、收款人账号、户名及出票金额等重要事项是否涂改。

（4）金额填写是否规范，大小写是否一致。

（5）加盖的印鉴章与该单位预留印鉴是否一致等。

表4-3-1　业务委托书

模拟银行				业务委托书 APPLICATION FOR MONEY TRANSFER														
日期Date　2023 年Y 7 月M 12日D								×××××										
业务类型 Type		□电汇 T/T　　□信汇 M/T　　□汇票申请书 D/D　　☑本票申请书 Promissory Note 其他 Others ____																	
汇款人 Applicant	全　称 Full Name	泰润金融科技公司			收款人 Payee	全　称 Full Name	天源生物科技公司												
	账号或地址 A/C No.or Address	001200102002609				账号或地址 A/C No.or Address	200200102000736												
	开户银行 A/C Bank	模拟银行金苑支行				开户银行 A/C Bank	市工行第一支行												
金额（大写）Amount in words		人民币陆万陆仟贰佰元整			亿	千	百	十	万	千	百	十	元	角	分	第一联 借方联
								￥	6	6	2	0	0	0	0
密　码 S.C.			上列款项及相关费用请从我账户内支付。 The above remittance and related charges are to be drawn on my account.															
加急汇款签字 Signature For Express Payment																		
用　途 In Payment of	货款	模拟银行金苑支行 2023.07.12 业务清讫（01）	用途专章 泰润金融科技公司财务专章 徐华之印															
备注：Remarks			客户签章 Applicant Signature and/or Stamp:															
事后监督：		会计主管：			复核 李君			记账 赵燕										

2. 收取款项交易处理

出票行经办人员审查凭证无误后，收取款项。以委托书第一联作借方凭证，第二联作贷方凭证，将相关信息录入业务处理系统办理转账。会计分录为：

借：活期存款——泰润金融科技公司户　　　　　　　66 200

　　贷：开出本票　　　　　　　　　　　　　　　　　　　66 200

3. 签发银行本票

收取款项后，出票银行签发一式两联银行本票（见表4-3-2），第一联卡片，第二联本票。

表4-3-2　本　　票

签发银行本票时应注意：

（1）出票日期和金额必须大写。

（2）申请人申请签发转账本票的，应在转账选择框前打钩。

（3）申请书注明"不得转让"字样的，应在银行本票备注栏内注明。

4. 银行本票复核盖章与送别客户

签发的银行本票经复核无误，按规定程序加编本票密押后，加盖银行本票专用章并由授权的经办人签名或盖章后交申请人，送别客户。目前，多数地区依然采用银行本票手工加盖印章，电子印章主要是集中机控处理。

5. 后续处理

出票行经办人员在相关记账凭证上加盖业务清讫章及经办人员名章（见表4-3-1），作为办理业务的凭证与其他凭证一起装订保管。将第一联卡片加盖经办、复核名章后专夹保管。销记重要空白凭证登记簿。

根据中国人民银行依托小额支付系统办理银行本票业务的相关规定，出票银行出票后应将银行本票出票信息实时录入本行业务处理系统。代理出票的，出票银行应于当日内将银行本票出票信息传递至代理清算行。

💛 动动手

模拟银行金苑支行当日发生下列业务：

（1）美达电器有限公司（001200101000860）提交业务委托书一份申请签发银行本票，金额14 300元，收款人为本市农行开户单位家电批发市场（300204501008923），经办人员审核后予以签发。

（2）华盈集团有限公司（001200101000651）提交业务委托书一份申请签发银行本票，金额18 700元，是支付给同一银行开户单位永信电子有限公司（001200101000935）的货款，经办人员审核后予以签发。

银行本票签发

要求：以模拟银行金苑支行柜员的身份进行相应的业务处理，包括凭证审核、业务数据录入、凭证盖章与凭证处理。

任务活动2　银行本票兑付

业务引入：

市工行第一支行开户单位天源生物科技公司（200200102000736）2023年7月14日提交进账单和37127659号银行本票，申请兑付，金额为66 200元，本票是模拟银行金苑支行开户单位泰润金融科技公司（001200102002609）7月12日申请签发，用于支付货款。市工行第一支行经办人员审核无误后按规定为其办理兑付手续。

微课：
银行本票兑付

操作流程：

银行本票代理付款行兑付业务操作流程如图4-3-3所示。

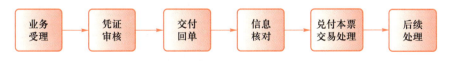

图4-3-3　银行本票代理付款行兑付业务操作流程

1. 业务受理与凭证审核

持票人应填写三联进账单连同银行本票一并送交代理付款行（见表4-3-3、表4-3-4）。

表4-3-3　进账单（贷方凭证）

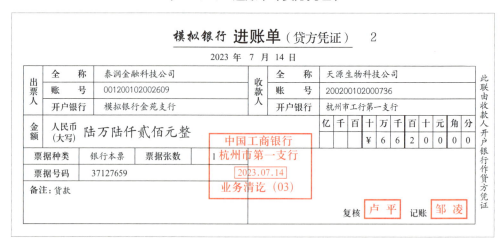

表4-3-4　本　票

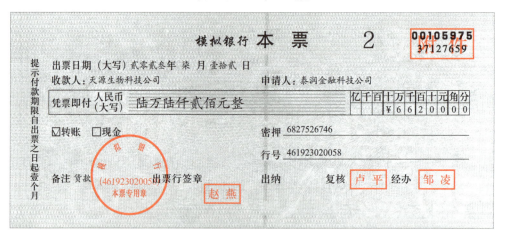

代理付款行收到客户提交的银行本票与进账单后应认真审查以下有关内容：

（1）银行本票是否真实，是否是统一规定印制的凭证（2010版本票防伪特点见图4-3-4），是否超过提示付款期限。

（2）本票填明的持票人是否在本行开户，与进账单上的名称是否一致。

（3）本票必须记载的事项是否齐全，金额、出票日期、收款人名称等是否更改，其他记载事项的更改是否由原记载人签章证明。

（4）出票行的签章是否符合规定，加盖的票据专用章是否与印模相符。

（5）大小写金额是否一致；密押是否正确。

（6）持票人是否在本票背面"持票人向银行提示付款签章"处签章，背书转让的本票是否按规定的范围转让，其背书是否连续，签章是否符合规定，背书使

银行本票防伪特点

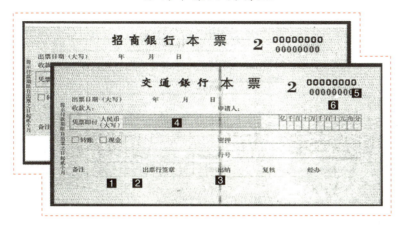

防伪特点：

纸张：
非清分机本票第2
联用纸为满版梅花及
"PJ"字母变形图案的
黑白水印纸；清分机本
票第2联用纸为清分机
专用纸

荧光纤维：
所有本票第2联纸
张中都含有无色荧光纤
维，在紫外线灯光下呈
红蓝双色

安全线：
非清分机本票第2
联纸张中采用全埋式安
全线，透光可见"PJ"
字样

水线：
采用水溶性红色荧
光油墨印制。在紫外线
灯光下有微弱的红色荧
光反应，被涂改后会发
生变化

号码：
采用棕黑色渗透性
油墨印制。号码正面显
示为棕黑色，背面有红
色渗透效果

无色荧光：
在紫外线灯光下可
见团花及主题花卉的荧
光图案

图 4-3-4　2010 版本票防伪特点

用粘单的是否按规定在粘接处签章。

2. 交付回单

经审查无误后，银行经办人员将进账单第一联加盖业务受理章（见表4-3-5）
作为业务受理证明交持票人，送别客户。

3. 信息核对

审查无误后，代理付款行应将本票相关信息录入计算机系统，通过小额支付
系统发送出票行进行确认，收到确认成功信息并打印业务回执后方可办理本票解
付手续。

表4-3-5　进账单（回单）

模拟银行	进账单（回 单）	1

2023 年 7 月 14 日

<table>
<tr><td rowspan="3">出票人</td><td>全　称</td><td>泰润金融科技公司</td><td rowspan="3">收款人</td><td>全　称</td><td colspan="10">天源生物科技公司</td></tr>
<tr><td>账　号</td><td>001201020002609</td><td>账　号</td><td colspan="10">200200102000736</td></tr>
<tr><td>开户银行</td><td>模拟银行金苑支行</td><td>开户银行</td><td colspan="10">杭州市工行第一支行</td></tr>
<tr><td rowspan="2">金额</td><td>人民币
（大写）</td><td colspan="2">陆万陆仟贰佰元整</td><td>亿</td><td>千</td><td>百</td><td>十</td><td>万</td><td>千</td><td>百</td><td>十</td><td>元</td><td>角</td><td>分</td></tr>
<tr><td colspan="3"></td><td></td><td></td><td>¥</td><td>6</td><td>6</td><td>2</td><td>0</td><td>0</td><td>0</td><td>0</td></tr>
<tr><td colspan="2">票据种类</td><td>银行本票</td><td>票据张数</td><td colspan="11"></td></tr>
<tr><td colspan="2">票据号码</td><td colspan="2">37127659</td><td colspan="11"></td></tr>
<tr><td colspan="2">贷款</td><td colspan="13"></td></tr>
<tr><td colspan="4">复核：　　　　　记账：</td><td colspan="11">银行签章</td></tr>
</table>

（印章）中国工商银行杭州市第一支行 2023.07.14 业务受理章（02）

此联是受理银行交给持（出）票人的回单

4. 兑付本票交易处理

本票由记账、复核人签章并记载兑付日期（见表4-3-4）后，与打印的业务回执一起作为兑付银行本票科目凭证附件，第二联进账单作贷方凭证（见表4-3-3）。将相关信息录入业务处理系统办理转账。会计分录为：

借：待清算支付款项　　　　　　　　　　　　　66 200

　　贷：活期存款——天源生物科技公司户　　　66 200

代理付款行经办人员将进账单第三联加盖业务清讫章（见表4-3-6）作收账通知交付持票人。

5. 后续处理

小额支付系统银行本票资金清算时，代理付款行行内系统收到小额支付系统发来的已清算通知后进行账务处理。其会计分录为：

借：存放中央银行款项　　　　　　　　　　　　66 200

　　贷：待清算支付款项　　　　　　　　　　　66 200

代理付款行经办人员在相关记账凭证上加盖业务清讫章及经办人员名章，作为办理业务的凭证与其他凭证一起装订保管。

表4-3-6　进账单（收账通知）

模拟银行 **进账单**（收账通知）　**3**

2023 年 7 月 14 日

出票人	全　称	泰润金融科技公司	收款人	全　称	天源生物科技公司
	账　号	001200102002609		账　号	200200102000736
	开户银行	模拟银行金苑支行		开户银行	杭州市工行第一支行

金额(大写)	人民币 陆万陆仟贰佰元整	亿 千 百 十 万 千 百 十 元 角 分 ￥ 6 6 2 0 0 0 0 0

票据种类	银行本票	票据张数	1
票据号码	37127659		

备注：货款

中国工商银行
杭州市第一支行
2023.07.14
业务清讫（01）

复核：　　　　记账：　　　　　　　　　　收款人开户银行签章

此联是收款人开户银行交给收款人的收账通知

🖐 动动手

市农行开户单位家电批发市场（300204501008923）提交进账单和银行本票，进账单及本票金额为14 300元，本票是模拟银行金苑支行开户单位美达电器有限公司（001200101000860）1天前申请签发，支付购货款。本行经办人员审核无误予以处理。

要求：以代理付款行经办柜员的身份进行相应业务的处理，包括凭证审核、业务数据录入、凭证盖章与凭证处理。

任务活动3　银行本票结清

业务引入：

2023年7月14日模拟银行金苑支行经办人员收到市工行第一支行发来已兑付银行本票信息，金额66 200元，原申请人为本行开户单位泰润金融科技公司（001200102002609）2023年7月12日申请签发，是支付给市工行第一支行开户单位天源生物科技公司（200200102000736）的货款。模拟银行金苑支行经办人员按规定办理本票结清手续。

操作流程：

银行本票出票行结清业务操作流程如图4-3-5所示。

图 4-3-5 银行本票出票行结清业务操作流程

1. 解付信息核对与信息确认

当出票行收到小额支付系统发来的解付本票电子信息时，出票行将该信息与行内业务处理系统中存储的本票信息进行自动核对，经系统确认无误后发回应答信息。

2. 销记系统信息与结清交易处理

出票行经核对信息相符，确属本行出票，打印业务回单，同时销记行内业务处理系统中的本票信息。本票第一联卡片作借方凭证（见表4-3-7），业务回单作借方凭证的附件，进行本票结清账务处理。会计分录为：

借：开出本票   66 200

    贷：待清算支付款项   66 200

3. 资金清算

小额支付系统对业务回执轧差成功的，出票行在收到小额支付系统已清算通知时进行资金清算账务处理，其会计分录为：

表4-3-7 本 票

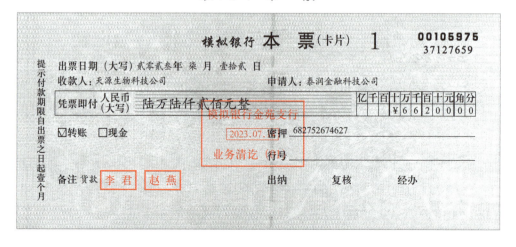

借：待清算支付款项　　　　　　　　　　　　66 200
　　贷：存放中央银行款项　　　　　　　　　　　66 200

4. 后续处理

银行经办人员在相关记账凭证上加盖业务清讫章及经办人员名章，作为办理业务的凭证与其他凭证一起装订保管。

知识链接

出票行直接兑付本票处理

出票行受理本行签发的银行本票，持票人在本行开户的，应填制三联进账单，第二联进账单作贷方凭证，本票作借方凭证，本票第一联卡片作附件，直接办理兑付手续。其会计分录为：

借：开出本票
　　贷：活期存款——持票人户

第一联进账单加盖业务受理章，第三联进账单加盖业务清讫章作收账通知一并交给持票人。

银行本票退付款处理

申请人因银行本票超过提示付款期限或其他原因要求出票行退款时，应将银行本票交给出票行，并提交证明或身份证件。出票行经与原专夹保管的银行本票卡片核对相符后，即在银行本票上注明"未用退回"字样。会计分录与出票时相反。

银行本票挂失处理

未解付的银行本票丧失，失票人可以填写"挂失止付通知书"并签章后，向出票行挂失止付。出票行接到失票人提交的挂失止付通知书后，应审查挂失止付通知书填写是否符合要求，并抽出原专夹保管的本票卡片核对，确属本行签发并确未注销时方可受理。出票行受理失票人挂失止付申请后，在计算机系统中登记挂失止付信息，凭以控制付款或退款。

动动脑

银行本票与银行汇票有何区别？

动动手

银行本票结清

> 模拟银行金苑支行当日发生下列业务：
>
> （1）收到市农行通过小额支付系统发来的银行本票解付信息，经核对，本票是本行开户单位美达电器有限公司（001200101000860）3天前申请签发，收款人为本市农行开户单位家电批发市场（300204501008923），本票金额14 300元，审核无误后，予以结清。
>
> （2）本行开户单位永信电子有限公司（001200101000935）填交银行本票与进账单，金额18 700元，银行本票是本行开户单位华盈集团有限公司（001200101000651）3天前申请签发以支付货款，经办人员审核后予以结清。
>
> 要求：以模拟银行金苑支行柜员的身份进行相应的业务处理，包括凭证审核、业务数据录入、凭证盖章与凭证处理。

任务四　商业汇票业务操作处理

【知识储备】

商业汇票是由出票人签发，委托付款人在指定日期无条件支付确定的金额给收款人或持票人的票据。在银行开立账户的法人以及其他组织之间，必须具有真实的交易关系和债权债务关系，才能使用商业汇票。

签发商业汇票必须记载下列内容：表明"商业汇票"的字样；无条件支付的委托；确定的金额；付款人名称；收款人名称；出票日期；出票人签章。欠缺记载上列事项之一的，商业汇票无效。

商业汇票必须经过承兑。商业汇票的承兑人为付款人。根据承兑人的不同，商业汇票分为商业承兑汇票和银行承兑汇票。由银行以外的付款人承兑的汇票为商业承兑汇票，由银行承兑的汇票为银行承兑汇票。

商业汇票可以在签发时向付款人提示承兑后使用，也可以在汇票出票后先使用再向付款人提示承兑。定日付款或者出票后定期付款的汇票，持票人应当在汇票到期日前向付款人提示承兑，见票后定期付款的汇票，持票人应当自出票日起1个月内向付款人提示承兑。未按规定期限提示承兑的，持票人丧失对其前手的追索权。商业汇票的付款人接到出票人或持票人向其提示承兑的汇票时，应当向出票人或持票人签发收到汇票的回单，记明汇票提示承兑日期并签章。付款人应当在自收到提示承兑的汇票之日起3日内承兑或拒绝承兑。付款人拒绝承兑的，必须出具拒绝承兑的证明。付款人承兑商业汇票，不得附有条件，承兑附有条件的，视为拒绝承兑。

商业承兑汇票的出票人，为在银行开立存款账户的法人以及其他组织，与付款人具有真实的委托付款关系。出票人不得签发无对价的商业汇票用以骗取银行或其他票据当事人的资金。

商业汇票的付款期限最长不得超过6个月。商业汇票可以背书转让。商业汇票的提示付款期限，自汇票到期日起10日。持票人应在提示付款期内通过开户银行委托收款或直接向付款人提示付款。商业汇票的持票人在汇票未到期前需用资金，可持未到期的商业汇票向开户银行申请贴现，贴现银行也可继续进行再贴现和转贴现。

【任务活动】

任务活动1 商业承兑汇票托收处理

业务引入：

模拟银行金苑支行开户单位泰润金融科技公司（001200102002609）2023年7月6日提交托收凭证商业承兑汇票，金额100万元，申请办理托收。该汇票是模拟银行南宏支行（05136）开户单位新新电子商务公司（241204502001139）2023年1月6日签发并承兑。经办人员按规定为其办理托收手续。

操作流程：

商业承兑汇票到期托收业务操作流程如图4-4-1所示。

图4-4-1 商业承兑汇票到期托收业务操作流程

1. 业务受理

使用商业承兑汇票的交易双方按约定签发商业承兑汇票。商业承兑汇票一式三联（见表4-4-1）：第一联承兑人留存；第二联由承兑人承兑后交收款人留存，汇票到期前由持票人开户行随结算凭证寄交付款人开户行凭以收取汇票款项；第三联由出票人留存。

表4-4-1　商业承兑汇票

承兑时，承兑人应在商业承兑汇票第二联上签署"承兑"字样，并加盖预留银行印鉴。

持票人持有商业承兑汇票到期委托银行收款时，应填制托收凭证，在"托收凭据名称"栏内注明"商业承兑汇票"及其号码（见表4-4-2），连同商业承兑汇票一并提交开户行。

2. 凭证审核

收款人开户行经办人员收到托收凭证及所附商业承兑汇票后，应认真审查：

（1）汇票是否为统一印制的凭证。

（2）提示付款期限是否超过。

（3）汇票上填明的持票人是否在本行开户。

（4）出票人、承兑人的签章是否符合规定。

（5）汇票必须记载的事项是否齐全，出票日期、出票金额、收款人名称是否更改，其他记载事项的更改是否有记载人签章证明。

（6）是否作成委托收款背书，背书转让的汇票其背书是否连续，签章是否符合规定。

表4-4-2　托收凭证（贷方凭证）

模拟银行 **托收凭证**（贷方凭证）																	**2**	
委托日期 2023 年　7 月　8 日																		
业务类型	委托收款（□邮划、☑电划）　　托收承付（□邮划、□电划）																	
付款人	全称	新新电子商务公司			收款人	全称	泰润金融科技公司												此联收款人开户银行作贷方凭证
	账号	241204502001139				账号	001200102002609												
	地址	河南 省 南宏 市县	开户行	模拟银行南宏支行		地址	浙江 省 杭州 市县	开户行	模拟银行金苑支行										
金额	人民币（大写）壹佰万元整						千	百	十	万	千	百	十	元	角	分		
						¥	1	0	0	0	0	0	0	0	0	0		
款项内容	货款		托收凭据名称	商业承兑汇票70290815				附寄单证张数	1张									
商品发运情况				合同名称号码	2023032													
备注：	上列款项随附有关债务证明，请予办理。　　　　　收款人签章　　　　复核　　记账																	

（7）托收凭证的记载事项是否与汇票记载的事项相符，第二联上是否加盖收款单位印章；所附单证是否与凭证所填一致。

3. 回单交付

各项内容审核无误，收款行经办人员在托收凭证第一联加盖业务受理章（见表4-4-3）后退给收款人，送别客户。

表4-4-3　托收凭证（受理回单）

模拟银行 **托收凭证**（受理回单）																	**1**	
委托日期 2023 年　7 月　6 日																		
业务类型	委托收款（□邮划、☑电划）　　托收承付（□邮划、□电划）																	
付款人	全称	新新电子商务公司			收款人	全称	泰润金融科技公司												此联作收款人开户银行给收款人的受理回单
	账号	241204502001139				账号	001200102002609												
	地址	河南 省 南宏 市县	开户行	模拟银行南宏支行		地址	浙江 省 杭州 市县	开户行	模拟银行金苑支行										
金额	人民币（大写）壹佰万元整						千	百	十	万	千	百	十	元	角	分		
						¥	1	0	0	0	0	0	0	0	0	0		
款项内容	货款		托收凭据名称	商业承兑汇票70290815				附寄单证张数	1张									
商品发运情况				合同名称号码	2023032													
备注：		款项收妥日期	模拟银行金苑支行 2023.07.06 业务受理章（01）　年　月　日						收款人开户银行签章　年　月　日									
复核　　记账																		

4. 发出托收

收款行经办人员在托收凭证各联上加盖"商业承兑汇票"戳记，第三联托收凭证加盖结算专用章后，连同第四、五联托收凭证及有关收款依据一并寄付款人开户行。

5. 后续处理

收款行经办人员将第二联托收凭证单独保管，并登记发出委托收款结算凭证登记簿。

 动动手

> 模拟银行金苑支行当日发生下列业务：
>
> 收到开户单位永信电子有限公司（001200101000935）提交的托收凭证和商业承兑汇票，金额70万元，申请办理托收。该汇票是模拟银行长宁支行（00516）开户的进出口贸易有限公司（216204201009911）5个月前签发并承兑。
>
> 要求：以模拟银行金苑支行柜员的身份进行相应业务的处理，包括凭证审核、业务数据录入、凭证盖章与凭证处理。

任务活动2　商业承兑汇票付款处理

业务引入：

2023年7月12日模拟银行南宏支行为开户单位新新电子商务公司（241204502001139）办理一笔商业承兑汇票到期划款，金额100万元。该笔款项是模拟银行金苑支行开户单位泰润金融科技公司（001200102002609）申请托收商业承兑汇票款项，原出票日为2023年1月6日。经办人员按规定为其办理相关业务手续。

操作流程：

商业承兑汇票到期付款行划付款项的操作流程如图4-4-2所示。

图4-4-2　商业承兑汇票到期付款行划付款项的操作流程

1. 收到托收凭证与凭证审核

付款人开户行经办人员接到持票人开户行寄来的托收凭证及商业承兑汇票时，应按照有关规定认真审核：付款人是否在本行开户，是否属于本行受理的业务凭证；托收凭证第三联上是否加盖收款行结算专用章；所附单证张数与托收凭证上所填的是否相符；承兑人在商业承兑汇票上的签章与预留银行的签章是否相符等。

2. 通知客户

凭证审核无误，付款人确在本行开户，付款行经办人员即将汇票留存，将第五联托收凭证加盖业务公章后交给付款人并签收。

第三、四联托收凭证登记"收到委托收款结算凭证登记簿"后，专夹保管，以便考核汇票款的具体支付或退回情况。

3. 付款交易处理

付款行经办人员接到付款人的付款通知，或在付款人接到开户行付款通知的次日起3日内仍未接到付款人付款通知的，应按照支付结算办法规定的划款日期进行处理。

付款人银行账户有足够票款支付的，付款行经办人员以第三联托收凭证作借方凭证（见表4-4-4），商业承兑汇票加盖附件戳记后作附件（见表4-4-5），按委托收款付款手续处理，将相关信息录入业务处理系统办理转账。

表4-4-4　托收凭证（借方凭证）

模拟银行 托收凭证（借方凭证）	3		
委托日期2023年 7 月 6 日	付款期限 2023 年 7 月13 日		

	全称	新新电子商务公司		收	全称	泰润金融科技公司	
付款人	账号	241204502001139		款人	账号	001200102002609	
	地址	河南 省 南宏 市县 开户行 模拟银行南宏支行			地址	浙江 省 杭州 市县 开户行 模拟银行金苑支行	
金额	人民币（大写）	壹佰万元整	千百十万千百十元角分 ¥ 1 0 0 0 0 0 0 0 0				
款项内容	货款	托收凭据名称	商业承兑汇票70290815	附寄单证张数	1张		
商品发运情况			合同名称号码	2023032			
备注：		收款人开户银行签章 年 月 日			复核 何 君 记账 钱 进		
付款人开户银行收到日期 2023 年 7 月 12 日							

此联付款人开户银行作借方凭证

模拟银行南宏支行 2023.07.16 业务清讫（01）

模拟银行金苑支行 2023.07.08 结算专用章（01）

表4-4-5 商业承兑汇票

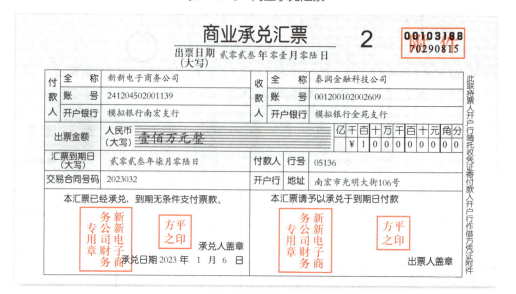

会计分录为：

借：活期存款——新新电子商务公司户   1 000 000

    贷：清算资金往来   1 000 000

4. 后续处理

转账后，付款行经办人员在相关记账凭证上加盖业务清讫章及经办人员名章，作为办理业务的凭证与其他凭证一起装订保管，同时，在登记簿上填明转账日期，并按规定依据第四联托收凭证将款项划转信息通知收款行，异地银行通过行内或中国人民银行支付清算系统进行款项划转，同城情况下通过票据交换业务办理。

知识链接

付款人（承兑人）无能力支付

付款人银行账户不足支付的，付款行经办人员应填制三联付款人未付票款通知书（用异地结算通知书代替），在托收凭证和收到委托收款凭证登记簿备注栏注明"付款人无款支付"字样。第一联通知书和第三联托收凭证留存备查，将第二联通知书连同第四、五联托收凭证及汇票寄持票人开户行转交持票人。

付款人（承兑人）拒绝支付

付款行在付款人接到通知的次日起3日内收到付款人拒绝付款理由书（见表4-4-6）时，经核对无误后，在托收凭证和收到委托收款凭证登记簿备注栏注明"拒绝付款"字样；将拒绝付款证明连同托收凭证及汇票一起寄至持票人开户行转交持票人，其余手续参照委托收款处理。

表4-4-6　拒绝付款理由书

模拟银行	托收承付委托收款	结算	全部部分	拒绝付款理由书	（代通知或收账通知）	**1**

拒付日期　　　　　　　　年　月　日　　　　原托收号码：

付款人	全　称		收款人	全　称	
	账　号			账　号	
	开户银行			开户银行	

托收金额		拒付金额		部分付款金额	亿	千	百	十	万	千	百	十	元	角	分

附寄单证　　　　　张　部分付款金额（大写）

拒付理由

付款人签章

此联给付款行作通知或拒付通知书

动动手

模拟银行长宁支行当日发生下列业务：

模拟银行长宁支行为开户单位进出口贸易有限公司（216204201009911）办理一笔商业承兑汇票到期划款，划款金额700 000元，收款人为模拟银行金苑支行开户单位华盈集团有限公司（001200101000651）。

要求：以模拟银行长宁支行柜员的身份进行相应业务的处理，包括凭证审核、业务数据录入、凭证盖章与凭证处理。

商业承兑汇票付款

任务活动3　商业承兑汇票收款处理

业务引入：

2023年7月14日模拟银行金苑支行收到金额为100万元的贷报信息，是本行开户单位泰润金融科技公司（001200102002609）2023年7月4日申请托收商业承兑汇票款项划回。该汇票为南宏市支行开户单位新新电子商务公司（241204502001139）2023年1月4日签发承兑。经办人员按规定为其办理收款手续。

操作流程：

商业承兑汇票到期收款业务操作流程如图4-4-3所示。

图 4-4-3　商业承兑汇票到期收款业务操作流程

1. 来账确认与抽卡核对

收款人开户行经办人员收到付款人开户行通过行内系统或中国人民银行支付清算系统发来的划款信息，审核无误后打印资金汇划补充凭证，如为同城业务，则将第四联托收凭证提回，并将留存的第二联托收凭证抽出，认真进行核对。

2. 收款交易处理与回单交付

相关凭证经核对无误后，收款行经办人员在第二联托收凭证上填注转账日期，以资金汇划补充凭证作转账贷方传票（见表4-4-7），托收凭证作为附件（见表4-4-8）将相关信息录入业务处理系统办理转账。会计分录为：

借：清算资金往来　　　　　　　　　　　　　1 000 000
　　贷：活期存款——泰润金融科技公司　　　　　　　1 000 000

转账后，将一联资金汇划补充凭证加盖业务清讫章作收账通知送交收款人。

3. 后续处理

收款行经办人员在相关记账凭证上加盖业务清讫章及经办人员名章，作为办理业务的凭证与其他凭证一起装订保管，同时销记发出委托收款凭证登记簿。

表4-4-7　资金汇划补充凭证

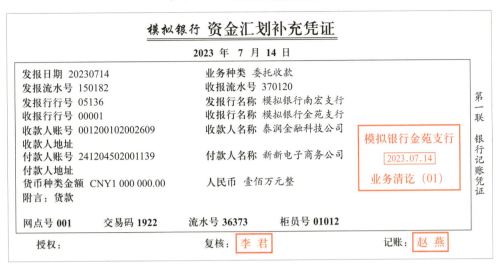

模拟银行 资金汇划补充凭证

2023 年 7 月 14 日

发报日期 20230714　　　　　业务种类 委托收款
发报流水号 150182　　　　　收报流水号 370120
发报行行号 05136　　　　　　发报行名称 模拟银行南宏支行
收报行行号 00001　　　　　　收报行名称 模拟银行金苑支行
收款人账号 001200102002609　收款人名称 泰润金融科技公司
收款人地址
付款人账号 241204502001139　付款人名称 新新电子商务公司
付款人地址
货币种类金额 CNY1 000 000.00　人民币 壹佰万元整
附言：货款

模拟银行金苑支行
2023.07.14
业务清讫（01）

网点号 **001**　　交易码 **1922**　　流水号 **36373**　　柜员号 **01012**

授权：　　　　　　　　　复核：李君　　　　　　　记账：赵燕

第一联　银行记账凭证

表4-4-8　托收凭证（贷方凭证）

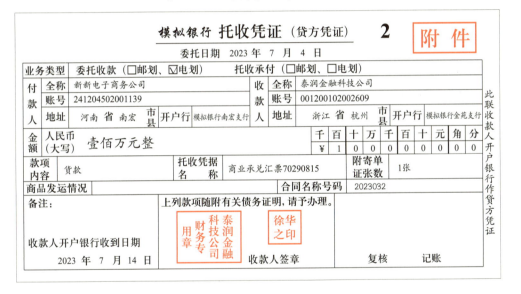

模拟银行 托收凭证（贷方凭证）　**2**　**附件**

委托日期 2023 年 7 月 4 日

业务类型	委托收款（□邮划、☑电划）		托收承付（□邮划、□电划）		
付款人	全称	新新电子商务公司	收款人	全称	泰润金融科技公司
	账号	241204502001139		账号	001200102002609
	地址	河南 省 南宏 市县 开户行 模拟银行南宏支行		地址	浙江 省 杭州 市县 开户行 模拟银行金苑支行

金额	人民币（大写）	壹佰万元整	千	百	十	万	千	百	十	元	角	分
			¥	1	0	0	0	0	0	0	0	0

款项内容	货款	托收凭据名称	商业承兑汇票70290815	附寄单证张数	1张
商品发运情况		合同名称号码		2023032	

备注：

上列款项随附有关债务证明，请予办理。

财务专用章 泰润金融科技公司　徐华之印

收款人开户银行收到日期
2023 年 7 月 14 日

收款人签章　　　　复核　　　　记账

此联收款人开户银行作贷方凭证

知识链接

凭证退回处理

　　持票人开户行接到付款人开户行寄来的付数人未付票款通知书或付款人的拒绝付款证明和汇票以及托收凭证，经核对无误，应在原专夹保管的第二联托收凭证和发出委托收款凭证登记簿上作相应记载后，将托收凭证、未付票款通知书或拒绝付款证明及汇票退给持票人并由持票人接收。

动动手

商业承兑汇票
收款

模拟银行金苑支行当日发生下列业务：

收到模拟银行长宁支行（00516）转来的贷报信息，金额70万元，是开户单位永信电子有限公司（001200101000935）8天前提交的托收凭证向长宁支行开户的进出口贸易有限公司（216204201009911）发出的商业承兑汇票托收款项划回。

要求：以模拟银行金苑支行柜员身份进行相应业务的处理，包括凭证审核、业务数据录入、凭证盖章与凭证处理。

任务活动4　银行承兑汇票承兑处理

业务引入：

2023年7月12日模拟银行金苑支行开户单位泰润金融科技公司（001200102002609）签发银行承兑汇票1份申请承兑，金额为200万元，期限为3个月，收款人为模拟银行南宏市支行开户单位强盛信息科技公司（241204502000712）。银行承兑汇票手续费为0.5‰。经办人员按规定为其办理承兑手续。

操作流程：

银行承兑汇票承兑业务的操作流程如图4-4-4所示。

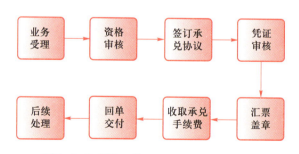

图4-4-4　银行承兑汇票承兑业务的操作流程

1. 业务受理与资格审查

在承兑银行开立存款账户的法人及其组织之间应根据真实的业务交易签发银行承兑汇票，银行承兑汇票为一式三联（见表4-4-9）：第一联卡片，由承兑行留存备查，到期支付票款时作借方凭证附件；第二联汇票，由持票人开户行随委

表4-4-9 银行承兑汇票

托收款凭证寄付款行作借方凭证附件；第三联存根，由出票人存查。

承兑银行授信部门工作人员受理业务后，应按规定对申请企业进行资格审核：企业的营业执照是否合规；是否具有真实、有效、合法的商品购销合同；合同中是否约定使用银行承兑汇票结算方式等。

2. 签订承兑协议

由出票人或持票人提示承兑时，承兑银行授信部门应按照支付结算办法和有关规定审查出票人的资信状况，同意后即可与出票人签署银行承兑协议（见表4-4-10）。

3. 凭证审核与汇票盖章

承兑行会计部门经办人员接到银行承兑汇票和承兑协议审核无误后，在第一、二联汇票上注明承兑协议编号，在第二联汇票"承兑人签章"处加盖汇票专用章并由授权的经办人签名或盖章，按规定编制密押（见表4-4-11）。

4. 收取承兑手续费

承兑行会计部门经办人员按照承兑协议规定向出票人收取承兑手续费，编制收费凭证（见表4-4-12），将相关信息录入业务处理系统办理转账。会计分录为：

借：活期存款——泰润金融科技公司户　　　　　　　　1 000

　　贷：手续费收入　　　　　　　　　　　　　　　　　　1 000

表4-4-10　银行承兑协议

银行承兑协议

编号 2023000129

银行承兑汇票的内容:

收款人全称: 强盛信息科技公司　　开户银行: 模拟银行南宏支行　　账号: 241204502000712

付款人全称: 泰润金融科技公司　　开户银行: 模拟银行金苑支行　　账号: 001200102002609

汇票号码 29045177　　汇票金额 (大写) 贰佰万元整

签发日期 2023 年 7 月 12 日　　到期日期 2023 年 10 月 12 日

以上汇票经承兑银行承兑, 承兑申请人 (下称申请人) 愿遵守《银行支付结算办法》的规定以及下列条款:

一、申请人于汇票到期日前将应付票款足额交存承兑银行。

二、承兑手续费按票面金额0.5‰计收, 在银行承兑时一次付清。

三、承兑汇票如发生任何交易纠纷, 均由收付双方自行处理, 票款于到期前仍按第一条办理。

四、承兑汇票到期日, 承兑银行凭票无条件支付票款。如到期日之前申请人不能足额交付票款时, 承兑银行对不足支付票款转作承兑申请人逾期贷款, 并按照有关规定计收罚息。

五、承兑汇票款付清后, 本协议自动失效。

本协议第一、二联分别由承兑银行信贷部门和承兑申请人存执, 协议副本由承兑银行会计部门存查。

承兑申请人 泰润金融科技公司 (盖章)　　　承兑银行 模拟银行金苑支行 (盖章)

订立承兑协议日期 2023 年 7 月 12 日

表4-4-11　银行承兑汇票

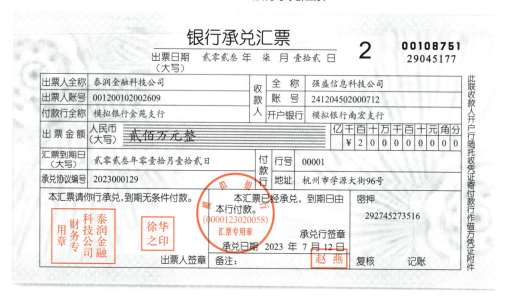

表4-4-12 业务收费凭证

模拟银行 业务收费凭证

户名 泰润金融科技公司　　　　　2023 年 7 月 12 日　　　　账号 001200102002609

项　　目	起止号码	单价	数量	金　额				
				工本费	邮电费	手续费	其他	小计
汇票承兑		0.5‰	1			¥1 000.00		¥1 000.00
合　　计			1			¥1 000.00		¥1 000.00

大写金额（币种）人民币壹仟元整

划款方式 □现金 ☑转账　（交费单位签章）　授权

支付密码

科目（借）

对方科目（贷） 业务清讫（01）

模拟银行金苑支行 2023.07.12

事后监督　　　　　　　　复核 李君　　　　　经办 赵燕

第一联 银行记账联

5. 回单交付

承兑行经办人员账务处理完毕，由出票人申请承兑的，将第二联汇票连同第一联承兑协议交给出票人；由持票人提示承兑的，将第二联汇票交给持票人，第一联承兑协议交给出票人。

6. 后续处理

承兑行经办人员在有关记账凭证上加盖业务清讫章及经办人员名章，作为办理业务的凭证与其他凭证一起装订保管，同时根据第一联银行承兑汇票卡片填制银行承兑汇票表外科目收入凭证（见表4-4-13），登记表外科目登记簿。

收入：银行承兑汇票　2 000 000

表4-4-13 表外科目收入传票

模拟银行 表外科目收入传票

总字第　　　号　字第　　　号

表外科目（收入）银行承兑汇票　　2023 年 7 月 12 日

户名或账号	摘　要	金　额										
		亿	千	百	十	万	千	百	十	元	角	分
001600201000109	29045177号银行承兑汇票承兑			¥	2	0	0	0	0	0	0	0
模拟银行金苑支行 2023.07.12 业务清讫（01）												
合计				¥	2	0	0	0	0	0	0	0

会计：　　　保管：　　　复核 李君　　　记账 赵燕

附件　　张

动动脑

> 承兑银行对银行承兑汇票进行承兑时，为何要与出票人之间签订承兑协议？

动动手

银行承兑汇票
承兑

模拟银行金苑支行当日发生下列业务：

（1）开户单位永信电子有限公司（001200101000935）签发银行承兑汇票1份，金额为160万元，申请承兑，收款人为模拟银行长宁支行开户单位进出口贸易公司（216204201009911），银行承兑汇票手续费为0.5‰。

（2）华盈集团有限公司（001200101000651）签发银行承兑汇票1份申请承兑，金额为150万元，收款人为模拟银行永州支行开户单位新益工贸公司（231200102007412），银行承兑汇票手续费为0.5‰。

要求：以模拟银行金苑支行柜员的身份进行相应业务的处理，包括凭证审核、业务数据录入、凭证盖章与凭证处理。

任务活动5　银行承兑汇票托收处理

业务引入：

模拟银行南宏支行开户单位强盛信息科技公司（241204502000712）2023年10月12日提交托收凭证和银行承兑汇票，金额为200万元，申请办理托收。该汇票是2023年7月12日签发，模拟银行金苑支行承兑，出票人为其开户单位泰润金融科技公司（001200102002609）。经办人员按规定办理托收手续。

操作流程：

银行承兑汇票到期托收业务操作流程与商业承兑汇票到期托收业务操作流程基本相同。

1. 业务受理与凭证审核

收款人开户行经办人员受理持票人提交的托收凭证以及所附的银行承兑汇票，应认真审查：汇票是否是统一印制的凭证；提示付款期限是否超过；汇票上填明的持票人是否在本行开户；出票人、承兑人的签章是否符合规定；汇票必须记载的事项是否齐全，出票日期、出票金额、收款人名称是否更改，其他记载事项的更改是否有记载人签章证明；是否作成委托收款背书，背书转让的汇票其背书是否连续，签章是否符合规定；托收凭证的记载事项是否与汇票记载的事项相符，第二联上是否加盖收款单位印章；所附单证是否与凭证所填一致。

各项内容审核无误，托收凭证第一联加盖业务受理章后退给收款人，送别客户。

2. 发出托收

审查无误，收款行经办人员在托收凭证各联上加盖"银行承兑汇票"戳记，将第二联托收凭证单独保管，并登记发出委托收款结算凭证登记簿，第三联加盖结算专用章后，连同第四、五联及有关收款依据一并寄付款人开户行。

 动动手

银行承兑汇票托收

模拟银行金苑支行当日发生下列业务：

（1）模拟银行长宁支行开户单位进出口贸易有限公司（216204201009911），提交银行承兑汇票托收凭证，金额为160万元，申请办理托收。承兑汇票是模拟银行金苑支行开户单位永信电子有限公司（001200101000935）3个月前签发，模拟银行金苑支行（00001）承兑，今日到期。

（2）模拟银行永州支行开户单位新益工贸公司（231200102007412）提交一笔银行承兑汇票托收凭证，金额为150万元，申请办理托收。该汇票是模拟银行金苑支行（00001）承兑，出票人为其开户单位华盈集团有限公司（001200101000651）2个月前签发，今日到期。

要求：以模拟银行相关支行柜员的身份进行相应业务的处理，包括凭证审核、业务数据录入、凭证盖章与凭证处理。

任务活动6　银行承兑汇票到期扣款与款项划付处理

业务引入：

2023年10月12日模拟银行金苑支行根据承兑协议到期收取银行承兑汇票款项，金额为200万元。该汇票为本行开户单位泰润金融科技公司（001200102002609）2023年7月12日签发并申请承兑，收款人为模拟银行南宏支行开户单位强盛信息科技公司（241204502000712）。2023年10月13日收到收款行寄来的托收凭证，模拟银行金苑支行经办人员按规定办理承兑汇票款项收取与款项划付手续。

操作流程：

银行承兑汇票到期承兑行扣收款项与划付款项的操作流程如图4-4-5所示。

图 4-4-5　银行承兑汇票到期承兑行扣收款项与划付款项的操作流程

1. 汇票查询与到期扣款

承兑银行经办人员应每天查看汇票的到期情况，对到期汇票，应于到期日（法定休假日顺延）向出票人收取票款，专户存储。

承兑银行经办人员办理转账时应填制二联特种转账借方传票，一联特种转账贷方传票（见表4-4-14），并在"转账原因"栏注明"根据××号汇票划转票款"。将相关信息录入业务处理系统办理转账。会计分录为：

借：活期存款——泰润金融科技公司户　　　　　　2 000 000

　　贷：应解汇款——泰润金融科技公司户　　　　　　2 000 000

表4-4-14　特种转账贷方传票

2. 收到托收、凭证审核与款项划转

承兑银行经办人员接到持票人开户行寄来的托收凭证及汇票，抽出专夹保管的汇票卡片和承兑协议副本，审查各项内容：银行承兑汇票是否是统一印制的凭

证，是否有规定的防伪标记；银行承兑汇票上的汇票专用章与印模是否一致；该承兑汇票是否为本行承兑，与留存的第一联卡片的号码、记载事项是否相符；承兑汇票是否做成委托背书，背书转让的汇票其背书是否连续，签章是否符合规定；托收凭证的记载事项是否与汇票的记载事项相符，第三联上是否加盖收款行结算专用章等。

凭证审核无误后，承兑银行经办人员于汇票到期日或到期日之后的见票当日，按照委托收款的付款手续，将相关信息录入业务处理系统办理转账。会计分录为：

借：应解汇款——泰润金融科技公司户　　　　　　　2 000 000

　　贷：清算资金往来　　　　　　　　　　　　　　　　　2 000 000

同时编制表外科目记账凭证（见表4-4-15）销记表外科目登记簿。

付出：银行承兑汇票　　　　　　　　　　　　　　　2 000 000

如果承兑银行存在合法抗辩事由拒绝支付的，应自接到商业汇票的次日起3日内，作成拒绝付款证明，连同银行承兑汇票邮寄持票人开户银行转交持票人。

表4-4-15　表外科目付出传票

3. 后续处理

转账后，承兑银行经办人员在相关记账凭证上加盖业务清讫章及经办人员名章，作为办理业务的凭证与其他凭证一起装订保管。同时按规定依据第四联托收凭证将款项划转信息通知收款行。

知识链接

银行承兑汇票到期，如果出票人账户无款的，应按规定将扣收款项转入该出票人的逾期贷款户，按规定的逾期贷款罚息率计收利息。

承兑银行经办人员应填制二联特种转账借方传票，一联特种转账贷方传票，在"转账原因"栏注明"××号汇票无款支付转入逾期贷款户"。会计分录为：

借：逾期贷款——出票人户

贷：应解汇款——出票人户

一联特种转账借方传票加盖业务公章交给出票人。

账户不足支付的，除按照上述办法处理外，加填二联特种转账借方传票，在"转账原因"栏注明"××号汇票划转部分票款"。会计分录为：

借：活期存款——出票人户

逾期贷款——出票人户

贷：应解汇款——出票人户

一联特种转账借方传票加盖业务清讫章作支款通知交出票人。

 ## 动动手

银行承兑汇票
付款

模拟银行金苑支行当日发生下列业务：

（1）开户单位永信电子有限公司（001200101000935）3个月前签发并申请承兑的银行承兑汇票今日到期，金额为160万元，收款人为模拟银行长宁支行开户单位进出口贸易有限公司（216204201009911），按规定收取汇票款项，该单位存款足以支付。当日下午收到托收凭证，审核无误办理划款手续。

（2）华盈集团有限公司（001200101000651）3个月签发并申请承兑的银行承兑汇票今日到期，金额为150万元，收款人为模拟银行永州支行开户单位新益工贸公司（231200102007412），按规定收取汇票款项，但该单位存款只有120万元，当日下午收到托收凭证，审核无误办理划款手续。

要求：以模拟银行金苑支行柜员的身份进行相应业务的处理，包括凭证审核、业务数据录入、凭证盖章与凭证处理。

任务活动7 银行承兑汇票款项划回处理

业务引入：

2023年10月13日模拟银行南宏支行收到模拟银行金苑支行（00001）贷报信息，金额为200万元，是本行开户单位强盛信息科技公司（241204502000712）2023年10月12日提交的银行承兑汇票托收款项划回，该汇票申请人为模拟银行金苑支行开户单位泰润金融科技公司（001200102002609）。经办人员按规定办理收款手续。

操作流程：

银行承兑汇票到期款项划回收款业务操作流程与商业承兑汇票到期收款业务操作流程基本相同。

1. 来账确认与抽卡核对

收款人开户行经办人员收到付款人开户行通过行内系统或中国人民银行支付清算系统发来的划款信息审核无误后打印资金汇划补充凭证，并将留存的第二联托收凭证抽出，认真进行核对。

2. 收款交易处理

凭证经核对无误后，收款行经办人员在第二联托收凭证上填注转账日期，以资金汇划补充凭证作转账贷方传票，托收凭证作为附件，将相关信息录入业务处理系统办理转账。会计分录为：

借：清算资金往来　　　　　　　　　　　　　　2 000 000
　　贷：活期存款 ——强盛信息科技公司户　　　　2 000 000

转账后，将一联资金汇划补充凭证加盖业务清讫章作收账通知送交收款人。

3. 后续处理

收款行经办人员在相关记账凭证上加盖业务清讫章及经办人员名章，作为办理业务的凭证与其他凭证一起装订保管，同时销记发出委托收款凭证登记簿。

知识链接

持票人丧失已承兑的银行承兑汇票，向承兑行申请挂失止付时，应当提交三联挂失止付通知书。承兑行接到挂失止付通知书，应从专夹中抽出第一联汇票卡片和承兑协议副本，核对相符确未付款的，方可受理。在第一联挂失止付通知书上加盖业务公章作为受理回单，第二、三联于登记汇票挂失登记簿后，与第一联汇票一并另行保管，凭以控制付款。商业承兑汇票丧失，由失票人向承兑人挂失。

已承兑的银行承兑汇票丧失，失票人凭人民法院出具的其享有票据权利的证明向承兑行请求付款。承兑行应审查确未支付的，根据人民法院出具的证明抽出原专夹保管的第一联汇票卡片，核对无误后，将款项支付给失票人。

 动动脑

商业承兑汇票与银行承兑汇票之间有何区别？

动动手

模拟银行当日发生下列业务：

（1）模拟银行长宁支行收到模拟银行金苑支行（00001）贷报信息，是本行开户单位进出口贸易有限公司（216204201009911）8天前申请办理的银行承兑汇票托收款项划回，金额为160万元，承兑汇票是永信电子有限公司（001200101000935）签发，模拟银行金苑支行承兑。

（2）模拟银行永州支行收到模拟银行金苑支行（00001）贷报信息，是本行开户单位新益工贸公司（231200102007412）7天前申请办理的银行承兑汇票托收款项划回，金额为150万元，承兑汇票是华盈集团有限公司（001200101000651）签发，模拟银行金苑支行承兑。

要求：以模拟银行相关支行柜员的身份进行相应业务的处理，包括凭证审核、业务数据录入、凭证盖章与凭证处理。

任务五　电子商业汇票操作处理

【知识储备】

（1）电子商业汇票是指出票人依托电子商业汇票系统，以数据电文形式制作的，委托付款人在指定日期无条件支付确定金额给收款人或持票人的票据。电子商业汇票分为电子银行承兑汇票和电子商业承兑汇票。

（2）电子银行承兑汇票由银行业金融机构、财务公司（以下简称"金融机构"）承兑；电子商业承兑汇票由金融机构以外的法人或其他组织承兑。电子商业汇票的付款人为承兑人。

学习资料：标准化票据管理办法

（3）电子商业汇票业务中电子银行承兑汇票上记载的承兑银行，目前设定为出票人开户行。

（4）电子商业承兑汇票的承兑是指付款人承诺在票据到期日支付电子商业汇票金额的票据行为。电子银行承兑汇票由真实交易关系或债权债务关系中的债务人签发，并交由金融机构承兑。电子银行承兑汇票的出票人与收款人不能为同一人。

动画：电子商业汇票

（5）电子商业汇票提示付款期为自票据到期日起10日，最后一日遇法定休假日、大额支付系统非营业日、电子商业汇票系统非营业日顺延。

（6）企业开办电子商业汇票业务的条件为在开户行开立单位结算账户，且该账户已开通网上银行、拥有组织机构代码证并与开户行签订《商业银行电子商业汇票业务服务协议》。

鉴于实际工作中电子商业汇票业务以电子银行承兑汇票为主，因此电子商业汇票业务的操作以电子银行承兑汇票为例进行介绍。

【任务活动】

任务活动　电子银行承兑汇票操作处理

电子银行承兑汇票的核算过程包括签约、出票、承兑和付款四个阶段，如图4-5-1所示。

图4-5-1　电子银行承兑汇票的核算过程

一、电子银行承兑汇票的签约

操作流程：

电子银行承兑汇票的签约业务操作流程如图4-5-2所示。

图 4-5-2　电子银行承兑汇票的签约业务操作流程

（1）申请开通办理电子商业汇票业务时，出票人或承兑人应向开户行提交"单位结算服务申请表"、经办人身份证件、授权委托书（如法定代表人前来办理的，该授权书不需提供）。

（2）柜员收到客户提交的以上资料，应审核申请表填写内容是否正确、完整；申请表上是否加盖该申请单位公章及法定代表人章、授权委托书内容及经办人是否相符，该企业是否已开通网银（如未开通网银的，需先开通网银）。

（3）审核无误的需核对开户时是否已签订含电子商业汇票服务条款的单位结算服务协议，如该服务协议未含电子商业汇票服务条款的，与客户签订一式两份"商业银行电子商业汇票业务服务协议"（以下简称"协议"），填写企业名称等相关信息并加盖申请单位的公章，由经办人签字并填写签约日期。柜员对各项要素审核无误后加盖业务公章及经办人章，并填写签约日期。

（4）登录核心系统选择"电子商业汇票签约"交易，选择"签约"，根据申请书要素录入需开立电子商业汇票的账号、票据种类等信息，系统回显组织机构代码、客户编号、客户名称，与申请表核对无误，并与协议书名称核对无误后提交。业务主管对客户填写要素是否完整、录入的要素是否与原件相符等进行审核，无误后办理授权提交，交易成功后打印申请表。在打印成功的申请表上加盖业务公章及经办人、复核人私章后，一联申请书作当日交易凭证，授权委托书复印件作交易凭证附件，一联申请书、一份协议书及授权委托书原件、经办人身份证复印件列入该客户开户资料进行一户一档管理，一联申请书及一份协议书交还给客户。

二、电子银行承兑汇票的出票

操作流程：

电子银行承兑汇票的出票业务操作流程如图4-5-3所示。

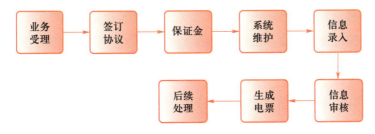

图 4-5-3　电子银行承兑汇票的出票业务操作流程

（1）客户申请签发电子银行承兑汇票时，信贷部门按照有关规定审核无误后，与客户签订承兑协议。

（2）落实相应的抵质押物或保证金。

（3）信贷管理系统进行承兑协议的维护。

（4）企业登录企业网银，打开电子票据模块下的出票菜单，选择已与银行签订承兑协议的账号，票据种类为电子银行承兑汇票，承兑行选择开户银行，提交后回显在开户行签订的承兑协议，进行出票信息登记。录入收款单位、收款人账号、票据金额、转让标志（根据交易双方约定选择可转让或不可转让）等相关信息后点击下一步。无误后由企业换人对该指令进行复核并办理提交。

（5）银行电子商业汇票系统收到企业发送的出票信息后自动与管理系统相关协议信息进行比对，核对无误组成出票信息登记申请报文，向电子商业汇票系统发送。电子商业汇票系统登记成功后，生成电子银行承兑汇票号码。出票登记成功后电子商业汇票系统自动向银行发起承兑申请。

（6）电子商业汇票系统收到企业发送的出票信息后自动与银行信贷管理的相关信息进行比对，信息不符时在网银界面进行提醒，需由客户进行修改。

三、电子银行承兑汇票的承兑

操作流程：

电子银行承兑汇票的承兑业务操作流程如图 4-5-4 所示。

图 4-5-4　电子银行承兑汇票的承兑业务操作流程

（1）银行票据签发员收到信贷部门提交的出账通知书、承兑清单及审批表，柜员按信贷业务会计入账的要求对相关事项进行审核。

（2）审核无误后登录电子商业汇票系统，进入承兑菜单单击票据号码查看票据信息，核对票据信息与出账通知书、承兑清单及审批表相关要素；核对不符的，通过承兑驳回将该笔承兑驳回。

（3）系统自动将承兑信息发往核心系统，扣收万分之五的银票手续费，并自动进行相应的账务处理，同时系统自动登记"电子票据业务登记簿"。

（4）出账通知书、承兑清单及审批表附柜员日终电票系统打印的柜员交易流水清单后做凭证附件。

会计分录：

借：活期存款——客户账户

    贷：手续费收入——银行承兑汇票手续费收入

收入：电子银行承兑汇票

四、电子银行承兑汇票的付款

1. 发起提示付款的业务处理

客户登录企业网银，进入提示付款菜单，网银端会将客户持有的票据全部回显，单击票据号码查看票据信息，选定票据后进入提示付款信息录入界面。

2. 收到提示付款的业务处理

柜员登录电子商业汇票系统，进入提示付款菜单下的提示付款签收，电子商业汇票系统显示需应答的提示付款信息，单击票据号码查看票据信息，审核无误且票据已到期时单击签收。收到电子商业汇票系统转发的通用确认报文后修改票据状态为结清，并自动将该票据信息发往核心系统进行账务处理。

借：活期存款——客户账户

    贷：应解汇款

付出：电子银行承兑汇票

借：应解汇款

    贷：清算资金往来

3. 收到提示收款的业务处理

电子商业汇票系统收到系统转发的提示付款签收报文，修改票据状态为已结清，则自动发往核心进行记账。

会计分录：

借：清算资金往来

    贷：活期存款——客户账户

知识链接

电子商业承兑汇票的代客应答是指电子商业承兑汇票承兑人在票据到期日后收到提示付款请求，且在收到该请求次日起第3日（遇法定休假日、大额支付系统非营业日、电子商业汇票系统非营业日顺延）仍未应答的，承兑人的开户银行应按其与承兑人签订的"电子商业汇票业务服务协议"，进行应答处理。

电子商业承兑汇票的代客应答操作步骤：

（1）柜员登录电子商业汇票系统，进入提示付款菜单下的未应答商业汇票提示付款，系统生成提示付款待应答的清单（指客户收到付款请求但在第四日仍未应答的票据），通过电话通知的方式，要求客户及时做出提示付款应答。

（2）收到付款请求后第5日（遇法定休假日、大额支付系统非营业日、电子商业汇票系统非营业日顺延）营业开始时承兑人账户足够支付票款的，视同承兑人同意付款。柜员登录电子商业汇票系统，进入提示付款菜单下的商业汇票超期提示付款代理签收交易界面，代承兑人作出付款应答并代理签章。

（3）收到付款请求后第5日（遇法定休假日、大额支付系统非营业日、电子商业汇票系统非营业日顺延）营业开始时承兑人账户不足以支付票款的，视同承兑人拒绝付款。柜员登录电子商业汇票系统，进入提示付款菜单下的商业汇票超期提示付款代理签收交易界面，代承兑人作出拒付应答并代理签章。

行业观察

票据业务发展现状及未来前景预测

随着国内外经济金融环境变化、宏观政策调整、监管日趋严厉、票据产品寻求突破等原因，票据市场也显现出了新的变化。近年来，全国票据业务量总体保持下降趋势，到2022年我国票据业务量为1.01亿笔，同比下降26.3%。从票据业务量结构方面来看，2022年我国票据业务量以支票和实际结算商业汇票业务为主，其中支票业务量占比最高，为71.3%，其次是商业汇票。值得一提的是，实际结算商业汇票特别是电子商业汇票业务量逐年递增，较上年增加了13.8%。

商业汇票不仅具有结算属性，还能为企业提供融资便利，其功能和作用不断丰富和完善，为促进实体经济发展、促进产业链供应链循环、降低企业融资成本起到了积极的促进作用。具体包括：①促进企业融资：商业汇票承兑、贴现、转贴现和再贴现等业务为企业提供了多元化的融资渠道。②优化信贷结构：通过商业汇票，企业可以更加灵活地调整资金结构，从而更好地支持实体经济的发展。③提高金融服务效率：票据业务不仅增加了商业银行的高流动性资产，还改善了金融服务的手段。④增强货币政策工具的灵活性：中央银行可以通过票据市场进行再贴现操作，以增强货币政策工具的选择灵活性。

未来基于大数据、人工智能、区块链、云计算等新型技术手段的应用和创新，票据市场的各项能力将进一步得到提升，包括业务处理、业务分析、市场交易以及业务监管水平和对客户的认知及风险识别水平，为票据市场进一步创新发展奠定基础。

项目五

贷款和票据贴现业务处理

【学习目标】

素养目标：
- 培育法治意识，严纪律、守底线
- 恪守金融职业操守，坚持正确的价值导向，诚信为本、操守为重
- 树立贷款风险防范意识，有效识别并防范信贷业务风险，提升社会责任感

知识目标：
- 熟悉单位贷款、贴现款发放与收回业务的结算规定
- 熟悉单位贷款、贴现款发放与收回业务的相关业务凭证格式，以及具体的填制与审核要求

能力目标：
- 能够按照贷款业务的具体规定规范单位贷款发放与收回业务各环节的操作处理与会计核算
- 能够按照贴现业务的具体规定规范贴现款发放与收回业务各环节的操作处理与会计核算

【内容导航】

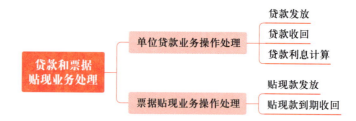

任务一　单位贷款业务操作处理

【知识储备】

贷款是指银行和其他金融机构按照有借有还的原则、约定的期限和利率，将货币资金借给借款人的一种信用活动。贷款是银行的一项主要的资产业务。银行根据国家法律和规章制度的规定，运用信用方式动员社会的闲散资金，以资金的效益性为目的，以资金的安全性和流动性为前提，对各企业事业单位和个人发放贷款，在办理贷款发放和收回的业务核算中实行信贷监督。

1. 贷款按发放的期限不同，可分为短期贷款、中期贷款和长期贷款

短期贷款，是银行根据有关规定发放的、期限在 1 年以下（含 1 年）的各种贷款；中期贷款，是指银行发放的贷款期限在 1 年以上 5 年以下（含 5 年）的各种贷款；长期贷款，是指银行发放的贷款期限在 5 年以上（不含 5 年）的各种贷款。

2. 贷款按发放的条件不同，可分为信用贷款、担保贷款和票据贴现

（1）信用贷款是指以借款人的信誉发放的贷款。

（2）担保贷款按担保方式不同，又分为保证贷款、抵押贷款和质押贷款。①保证贷款是指按规定的保证方式以第三人承诺在借款人不能偿还贷款时，按约定承担一般保证责任或者连带责任为前提而发放的贷款。②抵押贷款是指按规定的抵押方式以借款人或第三人的财产作为抵押物发放的贷款。③质押贷款是指按规定的质押方式以借款人或第三人的动产或权利作为抵押物而发放的贷款。

（3）票据贴现是指贷款人以购买借款人未到期商业汇票的方式发放的贷款。

3. 贷款按风险程度不同，可分为正常贷款、关注贷款、次级贷款、可疑贷款和损失贷款五类

（1）正常类贷款是指借款人能够履行合同，有充分把握按时足额偿还本息的贷款。

（2）关注类贷款是指尽管借款人目前有能力偿还贷款本息，但是存在一些可能对还贷产生不利影响因素的贷款。

（3）次级类贷款是指借款人的还款能力出现了明显的问题，依靠其正常经营收入已无法保证足额偿还本息的贷款。

（4）可疑类贷款是指贷款人无法足额偿还本息，即使执行抵押或担保，也肯定要给银行造成一部分损失的贷款。

（5）损失类贷款是指在采取所有可能的措施和一切必要的法律程序之后，本息仍无法收回，或只能收回极少一部分的贷款。

4. 贷款按银行承担的职能不同，可分为自营贷款、委托贷款和特定贷款

（1）自营贷款是指贷款人以合法方式筹集资金自主发放的贷款，其风险由贷款人承担，并由贷款人收回本金和利息。

（2）委托贷款是指由政府部门、企事业单位及个人等委托人提供资金，由贷款人（即受托人）根据委托人确定的贷款对象、用途、金额、期限和利率等代为发放和监督使用并协助收回的贷款。贷款人（受托人）只收取手续费，不承担贷款风险。

（3）特定贷款是指经国务院批准并对贷款可能造成的损失采取相应补救措施后责成国有独资商业银行发放的贷款。

目前的贷款核算包括贷款发放、贷款展期、贷款收回、贷款逾期的核算等环节。贷款按五级分类管理后，其核算主要包括贷款的发放和收回等环节。

【任务活动】

任务活动1 贷 款 发 放

业务引入：

微课：
贷款的发放

浙江龙盛集团公司（001200102003956）于2023年7月10日提交本行信贷部门审批同意的借款借据，向本行申请流动资金贷款100万元，贷款期限3个月，年利率为4.35%，模拟银行金苑支行审核无误后予以办理，贷款账号为001121102003201。

操作流程：

贷款发放操作流程如图5-1-1所示。

图 5-1-1 贷款发放操作流程

1. 业务受理

借款单位向银行申请流动资金贷款，必须填写包含借款用途、偿还能力、还款方式等主要内容的借款申请书，并向银行信贷部门提供有关资料。信贷部门按照审贷分离、分级审批的要求进行贷款的审批。所有贷款应由信贷部门与借款人签订借款合同。借款合同应当约定贷款用途、金额、利率、还款期限、还款方式、违约责任和双方认为需要约定的其他事项。信贷部门要按借款合同规定按期发放贷款。

按借款合同规定发放贷款，借款人应填写一式五联的借款凭证（见表5-1-1）。第一联为备查联，由银行信贷部门留存；第二联为贷款正本，即借据联，银行作贷款账户转账借方传票；第三联为贷方传票，代存款科目转账贷方传票；第四联为到期检查卡，银行作放款到期检查卡；第五联回单，给借款单位的收账通知。在第一、第二联上加盖借款人预留银行印鉴后送交信贷部门审查。信贷部门审查签章后，在信贷操作系统中录入贷款发放的相关信息，借款凭证第一联留存，其余四联送会计部门或借款单位。

表5-1-1　借　款　凭　证

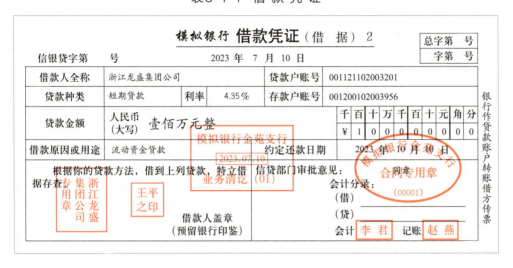

2. 凭证审核

会计经办人员接到借款凭证后，应认真审查以下内容：借款凭证有无信贷部门审批意见；各项内容填写是否正确完整；大小写金额是否一致；借款凭证上加盖的印鉴与预留银行印鉴是否一致。

3. 贷款发放交易处理

审查凭证无误后，经办人员以借款凭证第二联代转账借方传票，第三联代转账贷方传票，将相关业务信息录入操作系统办理转账。会计分录为：

借：短期贷款——浙江龙盛集团公司　　　　　1 000 000
　　贷：活期存款——浙江龙盛集团公司　　　　　　　1 000 000

4. 回单交付

第五联凭证上加盖业务清讫章交由借款人，通知客户贷款已入账。

5. 后续处理

会计经办人员在借款凭证第二联和第三联上分别加盖业务清讫章和经办人员

名章后作为办理业务的凭证与其他凭证一并保管。借款凭证第四联按贷款到期日与其他贷款业务凭证按先后顺序排列，专门保管，会计部门对保管的凭证，应每月与各科目分户账进行核对，查看到期日期，并保证账据相符。

行业观察

电子签名技术——数字赋能对公线上信贷服务转型升级

传统的贷款审批需要客户提交大量的纸质文件，银行工作人员需要逐一审核并签名确认，然后再拿去银行内部盖章，办理过程耗时多、程序复杂，人力、物力耗费大，风险性无保障，且无法满足紧急借款人的需求。2020年，银保监会起草发布了《商业银行互联网贷款管理暂行办法》，明确提出商业银行应当与借款人及其他当事人采用数据电文形式签订借款合同及其他文书，而电子签名技术则通过数字赋能助力了商业银行实现对公线上信贷服务转型升级。电子签名技术提供了身份认证、电子签约、合同管理、数据存证数字化基础应用服务，覆盖借贷合同、征信授权协议、电子凭证、电子回执单等签署场景，助力贷款合同文件在线高效、安全地签署和管理，办理过程耗时少，程序简单。电子签名不仅广泛应用于对公信贷业务，而且广泛应用于其他柜面业务，如开户申请书、账户管理协议等。

动动脑

1. 信用贷款和抵押贷款有何区别？
2. 贷款按风险程度划分可以分为哪几类？

动动手

模拟银行金苑支行发生下列业务：

（1）浙江国邦集团公司（001200102004123）提交2023年7月10日本行信贷部门审批同意的借款借据，向本行申请流动资金贷款50万元，贷款期限3个月，年利率为4.35%，予以办理，贷款账号为001121102003617。

（2）海格电子有限公司（001200102004507）于2023年4月7日提交本行信贷部门审批同意的借款借据，向本行申请流动资金贷款20万元，贷款期限6个月，年利率为4.35%，予以办理，贷款账号为001121102003628。

要求：以模拟银行金苑支行柜员的身份进行相应业务的处理，包括凭证审核、业务数据录入、凭证盖章与凭证处理。

任务活动2　贷 款 收 回

业务引入：

2023年10月10日，浙江龙盛集团公司（001200102003956）提交还款凭证归还2023年7月10日申请的3个月流动资金贷款100万元，年利率为4.35%，审核无误立即处理，贷款账号为001121102003201。

微课：
贷款的收回

操作流程：

贷款收回业务操作流程如图5-1-2所示。

业务受理 → 凭证审核 → 收回贷款交易处理 → 回单交付 → 后续处理

图5-1-2　贷款收回业务操作流程

1. 业务受理

借款人归还贷款时应填写一式四联还贷凭证（或填写支票和进账单）。还贷凭证第一联是回单，第二联是借方传票，第三联是贷方传票，第四联是卡片。借款单位应在第二联还贷凭证上加盖预留银行印鉴后提交银行（见表5-1-2）。

表5-1-2　还 贷 凭 证

模拟银行　还贷凭证

2023年10月10日　　　　　　　编号：

还款人	浙江龙盛集团公司	借款人	浙江龙盛集团公司
存款户账号	001200102003956	贷款户账号	001121102003201
开户银行	模拟银行金苑支行	开户银行	模拟银行金苑支行

模拟银行金苑支行
2023.10.10
业务清讫（01）

收贷金额（本金）	币种（大写）　壹佰万元整	亿	千	百	十	万	千	百	十	元	角	分
			¥	1	0	0	0	0	0	0	0	0

收回 2023 年 7 月 10 日发放 2023 年 10 月 10 日到期的贷款，该笔贷款尚欠本金（大写）_____零_____元

专用章　浙江龙盛集团公司

王平之印

还款人签章

记账 赵燕　　复核 李君

第二联　作银行借方传票

2. 凭证审核

银行会计经办人员收到一式四联的还贷凭证后，应抽出原专夹保管的贷款借

据第四联到期卡进行核对，核对无误后还应认真审查：贷款归还是否经信贷部门审查同意；还贷凭证各项内容填写是否完整、正确；凭证上加盖的印鉴与预留银行印鉴是否一致；存款账户款项是否足够支付等。

3. 收回贷款交易处理

经审查无误，如借款人全额归还贷款，会计经办人员以还贷凭证第二联作借方传票，第三联还贷凭证作贷方传票，原专夹保管的贷款借据第四联到期卡作贷方传票附件，将相关信息录入操作系统办理转账。会计分录为：

借：活期存款——浙江龙盛集团公司　　　　　　　　1 000 000

　　贷：短期贷款——浙江龙盛集团公司　　　　　　　　　1 000 000

若是分次归还，除按上述处理手续办理外，还应在原第四联借款凭证的"分次偿还记录"栏登记本次偿还金额，结出尚欠贷款余额，并继续留存保管，俟最后贷款还清时再作贷方传票的附件。

4. 回单交付

上述处理完成后，经办人员在还贷凭证第一联上加盖业务清讫章，作为回单交给还贷人。

5. 后续处理

还贷凭证第二联和第三联上加盖业务清讫章和经办人员名章后作为办理业务的凭证与其他凭证一并装订保管。还贷凭证第四联则交由信贷部门保管。

知识链接

贷款减值准备是指银行按承担风险和损失的贷款的一定比例提取所形成的一种专项补偿基金，用于弥补银行的贷款损失，以增强自身抵御风险的能力。银行计提贷款减值准备的资产是银行承担风险和损失的贷款（含抵押、保证、无担保贷款、银行卡透支、贴现、信用垫款等）、进出口押汇等，而对于银行不承担风险的委托贷款及代理贷款等资产，则不计提。

根据2017年3月财政部重新修订的《企业会计准则第22号——金融工具确认和计量》（简称CAS22），商业银行贷款减值计提，应由过去的"已发生损失法"改变为"预期信用损失法"。

在"已发生损失法"下，贷款分组合和单项评估减值损失，即专项准备和特种准备两种。而在"预期信用损失法"下对贷款减值的分类，不再区分单项和组合计提类型，而是将银行所有的贷款看成整体，根据不同的风险水平来估计违约概率和未来现金流，并预测各种经济情景以加权测算减值金额。

目前，"预期信用损失法"下尚未有应用指南，但是按照CAS22的要求，应以贷款信用分类评级为基础，考虑未来现金流量现值、剩余存续期间的违约概率等因素来判断其信用风险是否显著增大，采用以违约概率、违约损失率、违约风险敞口作为关键参数的计量模型来测算信用损失的方法是较为可行且符合银行实务操作的。

动动脑

1. 银行收回贷款的程序是如何进行的？
2. 银行收回贷款时，在凭证审核上需要注意哪些内容？

动动手

模拟银行金苑支行发生以下业务内容：

（1）2023年10月10日，浙江国邦集团公司（001200102004123）提交还贷凭证归还2023年7月10日申请的3个月流动资金贷款50万元，审核无误立即处理，贷款账号为001121102003617。

（2）2023年10月10日，海格电子有限公司（001200102004507）提交还贷凭证归还2023年4月10日申请的6个月流动资金贷款20万元，审核无误立即处理，贷款账号为001121102003628。

要求：以模拟银行金苑支行柜员的身份进行相应的业务处理，包括凭证审核、业务数据录入、凭证盖章与凭证处理。

任务活动3　贷款利息计算

业务引入：

模拟银行金苑支行于2023年7月10日向开户单位浙江龙盛集团公司（001200102003956）发放了一笔短期借款，金额为100万元，期限为3个月，年利率为4.35%，借据编号为03006，2023年10月8日如期归还，请以定期结息和利随本清两种方式结算利息。

动画：
贷款利息计算

操作流程：

1. 定期结息

定期结息是指按规定的结息期（一般为每月月末或每季末月的20日）结计利息，并采用计息余额表计算累计计息积数，乘以贷款日利率，即为应收利息。

定期结息业务操作流程如图5-1-3所示。

图5-1-3　单位贷款结息业务操作流程

（1）计算利息。

① 9月20日应计利息（7月10日—9月20日，累计为73天）为：

$$1\,000\,000 \times 73 \times 4.35\% \div 360 = 8\,820.83（元）$$

② 10月8日应计利息（9月21日—10月9日，累计为19天）为：

$$1\,000\,000 \times 19 \times 4.35\% \div 360 = 2\,295.83（元）$$

该笔贷款总计利息为11 116.66元。

（2）账务处理、凭证打印签章。

9月20日营业结束时，系统自动结计利息，21日早晨营业一开始，从客户的活期存款账户中收取利息，并编制特种转账借、贷方传票或贷款利息清单，如表5-1-3所示。会计分录为：

借：活期存款——浙江龙盛集团公司　　　　　　　8 820.83

　　贷：利息收入——贷款利息收入户　　　　　　　　　8 820.83

表5-1-3　存（贷）款利息传票

（3）后续处理。

银行经办人员在相关凭证上分别加盖业务清讫章和经办人员名章后作为办理业务的凭证与其他凭证一起装订保管。

2. 利随本清

利随本清是指按规定的贷款期限，在收回贷款的同时逐笔计收利息。贷款的起讫时间，算头不算尾，采用对年对月对日的方法计算，对年按360天，对月按30天计算，不满月的零头天数按实际天数计算。

（1）计算利息。

$$贷款利息 = 本金 \times 存期 \times 利率$$
$$= 1\,000\,000 \times 3 \times 4.35\% \div 12 = 10\,875（元）$$

（2）账务处理如前所述。

（3）凭证打印签章、后续处理如表5-1-4所示。

表5-1-4　存（贷）款利息传票

模拟银行 存（贷）款利息传票							
币种：人民币			2023年 10 月 10 日				
借方	户名	浙江龙盛集团公司	贷方	户名	短期贷款利息收入		
	账号	001200102003956		账号	501000050003212		
实收（付）金额	¥10 875.00			计息户账号	001121102003201		
借据编号	03006			借据序号	0021		
备注	起息日期	止息日期	积数		利率	利息	
	2023.07.10	2023.10.09	92 000 000		4.35%	¥10 875.00	
	调整利息：		冲正利息：				
应收（付）利息合计：人民币壹万零捌佰柒拾伍元整							
事后监督		会计主管	授权	复核　李　君		经办　赵　燕	

收取企业贷款利息时，如借款人存款账户无款支付或存款不足以支付全部利息，则按照权责发生制的原则，将不足部分转入"应收利息"账户。其会计分录为：

借：应收利息——借款人户

　　贷：利息收入——贷款利息收入户

贷款利息逾期90天以上，无论该贷款本金是否逾期，发生的应收未收利息不再计入当期损益，纳入表外核算，而待实际收回时再计入损益。对已经纳入损益的应收未收利息，在该贷款本金或应收利息逾期超过90天(不含90天)以后，应相应冲减利息收入。

知识链接

1. 贷款到期借款人未主动归还贷款的处理

贷款到期，借款人未能主动归还贷款，而其存款账户的余额又足够还款时，会计部门征得信贷部门同意，并由信贷部门出具"贷款收回通知单"，会计部门即可凭此填制一式四联"还款凭证"扣还贷款。手续比上处理。

2. 贷款展期的处理

如贷款到期时，由于某些客观条件的限制，借款人无法及时归还贷款，则该借款人应在贷款到期日前，向银行提出贷款展期的申请。对同意展期的贷款，信贷部门应在展期申请书上签注意见，然后将展期申请书交给会计部门，会计部门抽出原借据的第四联，在借据上批注展期日期，申请书则附在借据后一并保管，展期不必另行办理转账手续。

3. 逾期贷款的处理

因借款人原因到期（含展期后到期）不能归还的贷款，于到期日即转为逾期贷款，逾期贷款满半年即转为呆滞贷款。银行对逾期贷款应当及时查明原因，并积极组织催收。

对于逾期贷款，银行应将其转入借款单位的"逾期贷款"账户。会计分录为：

借：逾期贷款——××单位逾期贷款户
　　贷：××贷款——××单位

到期贷款转入逾期贷款户后，应在原借据上批注"俟借款单位账户有款支付时，一次或分次扣收"字样，并且从逾期之日起到款项还清的前一日止，按规定比例，加收过期利息或罚息。自2004年1月1日起，执行逾期贷款在原贷款合同载明的利率基础上加收30%~50%过期利息或罚息的规定，属于挪用贷款资金的加收50%~100%过期利息或罚息。

 动动脑

定期结息和利随本清有何不同？

动动手

模拟银行金苑支行发生以下业务内容：

模拟银行金苑支行于2023年7月10日向浙江国邦集团公司（001200102004123）发放一笔短期贷款，金额为50万元，期限为3个月，年利率为4.35%，该公司于10月10日归还。

要求：以模拟银行金苑支行柜员的身份进行定期结息和利随本清两种相应业务的处理，包括利息计算、业务数据录入、凭证填制、凭证盖章与凭证处理。

贷款收回处理

职业素养提升

诚实守信　依法合规

2023年6月，某银行千家洲支行综合柜员叶某结识梁某，梁某称只要银行工作人员在办理贷款的时候不实地调查，其可以提供名义贷款人和虚假资料办理银行贷款。2023年9月，叶某因生意失败，导致资金大量亏空，仅凭薪酬无法填补。为了填补资金亏空，叶某联系到支行某分理处主任周某利用名义贷款人和虚假资料办理贷款。一次作案得逞后，叶某又先后结识多位中介帮他寻找名义贷款人，并伪造含名义贷款人身份信息的虚假营业执照、房产证、机动车行驶证等贷款资料，伙同分理处主任周某，骗取贷款34次，共骗取银行贷款282万元，最后被发现，受到法律制裁。

柜员是一个特殊的工作岗位，在整个银行业务经营体系中处于最前沿，是银行与客户之间重要的桥梁和纽带，常常面临着道德风险的考验。诚实守信、依法合规是任何行业均需遵循的原则，更是柜员的立身之本和基本要求。柜员及其他银行工作人员应认真学习由立法机关制定的法律法规、由银行业协会通过的自律规范、由银行制定的规章制度等，尊法、学法、守法、用法，维护国家利益和金融安全，并在日常工作、生活中应以高标准的职业道德规范行事，诚实守信、品行正直、实事求是、客观真实、拒绝作假。

任务二　票据贴现业务操作处理

【知识储备】

贴现是指持票人持未到期的商业汇票向银行融通资金的一种信用行为。持票人将未到期的商业汇票向银行申请贴现，银行从汇票金额中扣除自贴现日至汇票到期前一日止的利息，将差额支付给持票人。它是银行向持票人融通资金的一种方式。

贴现申请人申请贴现时，必须在贴现银行开立存款账户。

【任务活动】

任务活动1　贴现款发放

业务引入：

2023年6月5日模拟银行金苑支行为在本行开户的中富集团公司（001200102002606）办理一笔01245356号银行承兑汇票贴现，该票据的出票日是5月5日，到期日是11月5日，年贴现率为4.05%，金额为2 000 000元，出票人为龙版传媒有限公司（001200102009430），承兑人为金华市农行（46310）。

操作流程：

贴现款发放操作流程如图5-2-1所示。

图5-2-1　贴现款发放操作流程

1. 业务受理与凭证审核

贴现申请人在贴现凭证第一联上加盖预留银行印鉴，连同汇票一并送交银行。银行信贷部门按照信贷管理办法和支付结算办法的有关规定进行审查，符合条件的，在贴现凭证上加盖专用印章后送交会计部门。

会计部门收到贴现凭证和汇票后，应认真审查：贴现凭证上是否有信贷部门的签章，各项是否填写正确、无误；贴现凭证第一联上的印鉴是否与预留银行印鉴一致；汇票是否真实；汇票是否作成背书；贴现凭证的填写与汇票是否相符等。

2. 计算贴现利息

经审核凭证无误后，计算贴现利息和实付贴现金额。

贴现利息按票面金额、贴现天数和年贴现率计算，具体计算公式为：

贴现利息＝票面金额 × 贴现天数 ×（年贴现率÷360）

贴现天数从贴现之日起到汇票到期前一日止，按实际天数计算。承兑人在异地的，贴现、转贴现和再贴现的期限的计算应另加3天的划款日期。

实付贴现金额是贴现银行在汇票金额中扣除贴现利息后实际支付给贴现申请人的金额，计算公式为：

实付贴现金额＝汇票金额－贴现利息

中富集团公司银行承兑汇票的贴现利息计算为：

贴现利息 = 2 000 000 ×（153 + 3）×（4.05% ÷ 360）= 35 100（元）

实付贴现金额 = 2 000 000 − 35 100 = 1 964 900（元）

计算好后，在贴现凭证有关栏填上贴现率、贴现利息和实付贴现金额。

3. 贴现交易处理

经办人员以贴现凭证（见表5-2-1）第一联作贴现科目借方传票，第二联、第三联分别作贴现申请人账户贷方传票和利息收入贷方传票，将相关信息录入操作系统办理转账。会计分录为：

借：贴现——银行承兑汇票户　　　　　　　2 000 000

　　贷：活期存款——中富集团公司　　　　　1 964 900

　　　　利息收入——贴现利息收入户　　　　　　35 100

表5-2-1　贴 现 凭 证

模拟银行 贴现凭证（代申请书）1

| 申请日期 | | 2023 年 6 月 5 日 | | | 第　　号 | |

贴现汇票	种　类	银承	号码 01245356	持票人	全　称	中富集团公司
	出票日	2023 年 5 月 5 日			账　号	001200102002606
	到期日	2023 年 10 月 5 日			开户银行	模拟银行金苑支行

汇票承兑人　名称：金华市农行

汇票金额　人民币（大写）：贰佰万元整

	千	百	十	万	千	百	十	元	角	分
		¥	2	0	0	0	0	0	0	0

贴现率 4.05%　　贴现利息 ¥ 3 5 1 0 0 0 0

实付贴现金额 ¥ 1 9 6 4 9 0 0 0 0

附送承兑汇票申请贴现，请审核。

持票人签章：中富集团财务　徐华明印

银行审批　负责人

科目（借）＿＿＿＿＿
对方科目（贷）＿＿＿＿＿
复核 李君　　记账 赵燕

模拟银行金苑支行 合同专用章　信贷员（0000）

此联银行作贴现借方凭证

4. 回单交付

第四联贴现凭证加盖业务清讫章交给贴现申请人作收账通知。

5. 后续处理

银行经办人员在贴现凭证第一、二、三联上分别加盖业务清讫章和经办人员名章后作为办理业务的凭证与其他凭证一并装订保管。贴现凭证第五联和汇票按到期日顺序排列，专夹保管。等汇票快到期时，办理汇票托收。

 动动脑

1. 相对于商业承兑汇票，为什么办理银行承兑汇票贴现的风险更小？
2. 贴现利息是如何计算的？

 动动手

模拟银行金苑支行发生以下业务内容：

（1）2023年3月25日，国美电器有限公司（001200102002607）持由北京市工行（20021）承兑的00772891号银行承兑汇票申请贴现，该汇票金额为80万元，出票日为2023年3月19日，到期日是2023年9月19日，出票人为北京园正工贸公司（001200102000078），年贴现率为4.05%，本行审查后予以办理贴现。

（2）2023年5月31日，启攀电子有限公司（001200102004507）持由青岛市工行（28642）承兑的00762578号银行承兑汇票申请贴现，该汇票金额为100万元，出票日为2023年5月8日，到期日是2023年10月8日，出票人为青岛奇正外贸公司（001200102002656），年贴现率为4.05%，本行审查后予以办理贴现。

要求：以模拟银行金苑支行柜员的身份进行相应业务的处理，包括凭证审核、业务数据录入、凭证盖章与凭证处理。

 **任务活动2　贴现款到期收回**

业务引入：

2023年11月5日，模拟银行金苑支行已贴现的01245356号银行承兑汇票到

微课：
贴现款到期收回

期，向承兑人金华市农行办理贴现款到期收回业务。

操作流程：

贴现款到期收回操作流程如图5-2-2所示。

图 5-2-2 贴现款到期收回操作流程

1. 贴现银行贴现收回准备

贴现银行对贴现到期的商业汇票，作为收款人应于汇票到期前，匡算邮程，提前填写委托收款凭证，委托收款凭证凭据名称栏分别注明"商业承兑"或"银行承兑"字样。

2. 贴现银行寄送凭证

委托收款凭证第三、四、五联连同汇票一起寄交付款人开户行，向付款人收取票款。第五联贴现凭证作第二联委托收款凭证的附件存放。其余手续参照汇票到期持票人委托开户行收款的办法处理。

3. 付款人开户行或承兑行划付款项

付款人开户行或承兑行收到贴现银行寄来的委托收款凭证和汇票，经审查无误后，参照委托收款付款人开户行或承兑行的相关手续处理。

4. 贴现银行收回贴现款项

贴现银行收到付款行划回的款项时，按照委托收款的款项划回手续处理，贴现凭证第五联作附件。会计分录为：

借：清算资金往来 2 000 000
　　贷：贴现——银行承兑汇票户 2 000 000

5. 后续处理

银行经办人员在相关凭证上加盖业务清讫章和经办人员名章后与其他凭证一并装订保管。

知识链接

贴现款到期未能收回的处理：

如遇贴现银行收到付款行寄来的付款人未付款通知书或付款人拒绝付款证明、汇票及委托收款凭证时，对已贴现的汇票金额，即从贴现申请人的账户收回。收取时，填制两联特种转账借方凭证，在"转账原因"栏注明"未收到××号汇票款，贴现款已从你账户收取"，一联作借方凭证，另一联加盖业务清讫章作支款通知随同汇票交给申请贴现的持票人，第五联贴现凭证作贴现科目贷方凭证。收妥款项并记账。会计分录为：

借：活期存款——贴现申请人户

　　贷：贴现——×汇票户

若申请人账户存款余额不足时，其不足部分转入该申请人逾期贷款账户。其会计分录为：

借：活期存款——贴现申请人户

　　逾期贷款——贴现申请人户

　　贷：贴现——×汇票户

若贴现申请人存款账户无款，则将贴现款全部转入贴现申请人的逾期贷款账户。其会计分录为：

借：逾期贷款——贴现申请人户

　　贷：贴现——×汇票户

项目六

单位外汇业务处理

【学习目标】

素养目标：

- 严格遵守外汇业务操作规程，认真履行外汇交易真实性审核义务，有效识别虚假、欺骗性外汇交易，维护外汇市场健康良性秩序
- 提升社会责任感，培育中国特色社会主义现代化建设的责任感与使命感

知识目标：

- 熟悉结售汇业务、单位外汇存款业务、单位外汇贷款业务的结算规定
- 熟悉结售汇业务、单位外汇存款业务、单位外汇贷款业务的相关业务凭证，及其具体的填制与审核要求

能力目标：

- 能够按结售汇业务的具体规定规范结汇业务、售汇业务、套汇业务各环节的操作处理和会计核算
- 能够按单位外汇存款业务的具体规定规范外汇存款存入、外汇存款支取各业务环节的操作处理与会计核算
- 能够按单位贷款业务的具体规定规范短期外汇贷款发放、短期外汇贷款收回各业务环节的操作处理与会计核算

【内容导航】

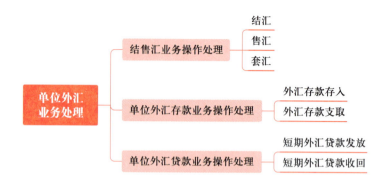

任务一　结售汇业务操作处理

【知识储备】

1. 外汇

（1）外汇的概念。外汇有动态和静态两种含义。

① 动态外汇指一种活动或行为，即清算国际债权债务所需的货币兑换的交易过程。

② 静态外汇指以外币表示的用于国际结算的支付手段，即国际债权债务清算过程中使用的支付手段或工具。其具体内容包括：外国货币（包括外币现钞和铸币）；外币有价证券（政府债券、公司债券、股票等）；外币支付凭证（汇票、本票、支票、银行存款凭证、邮政存款凭证等）；其他外汇资产。

（2）外汇的特征。一国的货币要成为外汇，除了货币发行国的经济实力雄厚、融合于世界经济体系、币值相对稳定，还应具备非本币性、可兑换性、普遍接受性和可偿性特征。

（3）外汇的分类。按照外汇的来源和用途不同，可分为贸易外汇和非贸易外汇。按照外汇买卖交割期限不同，可分为即期外汇和远期外汇。按持有者的不同，可分为官方外汇和私人外汇。按形态不同，可分为现钞和现汇。现钞是指各种外币钞票、铸币等；现汇又称转账外汇，是指用于国际汇兑和国际非现金结算的、用于清偿国际债权债务的外汇。

2. 汇率

汇率是两国货币交换时量的比例关系，即用一定数量的一国货币去交换一定数量的另一国货币。目前，国际上常用的标价方法有：直接标价法、间接标价法和美元标价法。

（1）直接标价法，又称应付标价法，即用若干数量的本币表示一定单位的外币。我国采用的就是直接标价法。

（2）间接标价法又称应收标价法，是用若干数量的外币表示一定单位的本币，目前只有英、美、欧元区的外汇市场等少数国家和地区采用该标价法。

（3）美元标价法是指以一定单位的美元为标准来计算应兑换多少其他货币的汇率的表示方法。

按银行买卖外汇的角度不同，汇率可分为买入汇率、卖出汇率、中间汇率和现钞汇率。

（1）买入汇率也称汇买价，指银行向同业或客户买入外汇时所使用的汇率。因为其客户主要是出口商，所以买入汇率常称为出口汇率。

（2）卖出汇率又称汇卖价，指银行向同业或客户卖出外汇时所使用的汇率。由于客户多为进口商，故卖出汇率常被称为进口汇率。

（3）中间汇率也叫中间价，是银行外汇买入价与卖出价的算术平均值，各种新闻媒体报道的外汇行情通常为中间价。

（4）现钞汇率是买卖外币现钞的兑换率，有现钞买入价和现钞卖出价两种。银行在收兑外币现钞时的汇率要稍低于汇买价，而卖出外币现钞时的汇率则等于汇卖价。

在银行公布的外汇牌价中，高低顺序排列为钞买价＜汇买价＜中间价＜汇卖价＝钞卖价，其中钞买价是最低的。

3. 外汇业务种类

商业银行的外汇业务是指以记账本位币以外的货币进行收付、结算的业务。目前我国外汇指定银行经营的外汇业务主要有：外币存款业务、外汇贷款业务、外汇汇款业务、外汇兑换业务、外汇同业拆借、发行或代理发行股票以外的外币有价证券、外币票据的承兑和贴现、贸易和非贸易结算、外汇担保业务、自营及代客外汇买卖业务、国家外汇管理局批准的其他外汇业务。

买入外汇包括结汇及外币兑本币业务。所谓结汇是指境内企事业单位、机关和社会团体按国家的外汇政策规定，将各类外汇收入按银行挂牌汇率卖给外汇指定银行，即银行买进这部分外汇，同时付给对方相应的人民币。利息找零业务比照结汇处理，即商业银行在支付储户本息时，元以下辅币不能支付外币零头，可以按牌价以人民币折付。卖出外汇包括本币兑外币业务和售汇。售汇是指境内企事业单位、机关和社会团体的经常项目下的正常付汇，持有关有效凭证，用人民币到商业银行办理兑换，商业银行收进人民币，支付等值外汇。套汇业务主要有两类：一是同种货币之间的套汇，主要指钞买汇卖和汇买钞卖。钞买汇卖是银行从客户手里买进外币现钞，卖给对方外币现汇。汇买钞卖是银行从客户手中买进外汇现汇，卖给对方外币现钞。二是两种外币之间的套汇，是银行按买入价买进一种外汇，按卖出价卖出另一种外汇。

4. 外汇业务会计核算的特点

商业银行外汇业务与人民币业务相比有其自身的特点，从而导致外汇业务在会计核算中的特殊性。外汇银行经营的货币种类较多，为了完整反映各类外汇资金的增减变化情况，保护各类外汇资金的安全，外汇银行采用外汇分账制。外汇分账制又叫原币记账法，指按业务发生时的货币记账，不折成本位币入账的一种记账方式。其主要内容是：

（1）人民币与外币分账。对有外汇牌价的各类外汇收支要求以原币记账，不折成本位币入账。以原币填制凭证，登记账簿，编制报表，每一种货币各自成立一套完整的账务系统。

（2）专门设置"外汇买卖"科目，在外汇业务核算中起桥梁和平衡作用。当一项银行业务涉及两种或两种以上的货币时，必须通过有关外汇买卖科目核算。外汇买卖科目是外汇分账制的一个特定科目，在不同的外汇业务之间，起一个桥梁的平衡和联系作用。如出口结汇、进口售汇、套汇业务核算，外汇银行均通过外汇买卖科目核算。外汇买卖科目是共同类会计科目，买入外币时，外币金额应贷记此科目，同时，人民币金额应借记此科目。卖出外币时，外币金额应借记此科目，同时，人民币金额应贷记此科目。

（3）年终并表，以本币资金统一反映财务状况和经营成果。年终时，各种外币除编制各自的报表外，美元以外的其他外币要按年终决算牌价折成美元报表，合并的美元报表按年终决算牌价折成人民币报表，同以人民币报表按会计科目归口合并，编制一张汇总的人民币报表。

外汇业务会计核算应以权责发生制为基础。权责发生制又称应收应付制，只要债权债务一经产生，不管有无实际的资金收付行为，都应记账。权责发生制对于本期内实际发生、应属于本期的收益和费用，不论其款项是否收到或付出都作为本期的收益和费用处理。反之，凡不属于本期实际发生、不应属于本期的收益和费用，即使款项已经收到或付出，都不作为本期的收益和费用处理。

5. 银行间外汇市场交易汇价和银行挂牌汇价

中国外汇交易中心于每个工作日上午9:15对外公布当日人民币兑美元、欧元、日元、港币、英镑、马来西亚林吉特、俄罗斯卢布、澳大利亚元、加拿大元和新西兰元汇率中间价，作为当日银行间即期外汇市场（含询价交易方式和撮合方式）交易汇率的中间价。中国外汇交易中心公布的当日汇率中间价适用于该中间价发布后到下一个汇率中间价发布前。

人民币兑美元汇率中间价的形成方式为：中国外汇交易中心于每日银行间外汇市场开盘前向银行间外汇市场做市商询价，并将做市商报价作为人民币兑美元汇率中间价的计算样本，去掉最高和最低报价后，将剩余做市商报价加权平均，得到当日人民币兑美元汇率中间价，权重由中国外汇交易中心根据报价方在银行间外汇市场的交易量及报价情况等指标综合确定。人民币兑欧元、港币和加拿大元汇率中间价由中国外汇交易中心分别根据当日人民币兑美元汇率中间价与上午9:00国际外汇市场欧元、港币和加拿大元兑美元汇率套算确定。人民币兑日元、英镑、澳大利亚元、新西兰元、马来西亚林吉特和俄罗斯卢布汇率中间价由中国外汇交易中心根据每日银行间外汇市场开盘前银行间外汇市场相应币种的直接交易做市商报价平均得出。

每日银行间即期外汇市场人民币兑美元的交易价可在中国外汇交易中心对外公布的当日人民币兑美元汇率中间价上下2%的幅度内浮动。人民币兑欧元、日元、港币、英镑、澳大利亚元、加拿大元和新西兰元交易价在中国外汇交易中心公布的人民币兑该货币汇率中间价上下3%的幅度内浮动。人民币兑马来西亚林吉特、俄罗斯卢布交易价在中国外汇交易中心公布的人民币兑该货币汇率中间价上下5%的幅度内浮动。人民币兑其他非美元货币交易价的浮动幅度另行规定。银行可基于市场需求和定价能力对客户自主挂牌人民币兑各种货币汇价，现汇、现钞挂牌买卖价没有限制，根据市场供求自主定价。

【任务活动】

任务活动1　结　　汇

业务引入：

2023年3月××日，模拟银行金苑支行收到纽约某银行（与金苑支行有美元账户关系）的汇入销货款USD5 000，当日美元兑人民币的汇买价为688.42%（即CNY688.42/USD100，后面的牌价表示的含义一样），中间价为689.87%，收款方为巧致工艺进出口公司（简称巧致公司）（001200101201006），转入公司单位存款账户。

操作流程：

结汇业务处理流程如图6-1-1所示。

图6-1-1　结汇业务处理流程

1. 业务受理和凭证、资料审核

客户申请办理结汇，应填写并提交结汇申请书一式两联，并在申请书第一联上加盖预留银行印鉴（如客户按外汇管理规定选择不结汇直接原币入账，客户无须另行提供资料）。对于须经外汇管理局审批结汇的，还应同时提交有关结汇核准件。银行经办人员收到结汇申请书和相关文件后，应审核客户的结汇申请是否符合国家外汇管理规定，申请书的内容填写是否正确，申请书上加盖的印章是否与预留银行印鉴相符；如需提供核准件的，还应审核结汇核准内容是否符合规定。

2. 买入交易处理

审核无误后，经办人员通过系统输入相关数据信息，系统将采取实时逐笔自动办理结汇业务。会计分录为：

借：汇入汇款　　　　　　　　　　　　　　　　　USD5 000.00

　　贷：外汇买卖（汇买价688.42%）　　　　　　　USD5 000.00

借：外汇买卖（中间价689.87%）　　　　　　　　CNY34 493.50

　　　　　　　　　　　　　　　　　　　（USD5 000.00×689.87%）

　　贷：单位活期存款——巧致公司　　　　　　　CNY34 421.00

　　　　　　　　　　　　　　　　　　　（USD5 000.00×688.42%）

　　　　外汇买卖价差　　　　　　　　　　　　　CNY72.50

在以上会计分录中，人民币外汇买卖账户应该以中间价折算确认，而支付给巧致工艺进出口公司的人民币资金则应按汇买价折算，差额部分为银行柜台部门的收益。这种处理也是外币兑换收益逐笔确认的模式。

3. 授权、提交和打印回单

经办人员输入完成后，由会计主管审核已输入的相关信息，无误后进行授权并提交。交易完成后，根据系统提示打印结汇水单和系统自动生成的结汇凭证（见表6-1-1），并根据需要打印出口收汇核销专用单。

表6-1-1　结　汇　凭　证

4. 送别客户及后续处理

经办人员在结汇水单、结汇凭证通知联上加盖业务清讫章后交给客户。如出具核销联的，加盖出口收汇核销专用章并请客户在银行留存联上当面签收并送别客户。同时在处理后的相关凭证上加盖业务清讫章和经办人员名章后与其他凭证一并保管。

 动动手

> 模拟银行金苑支行发生下列业务：
>
> 2023年3月××日，模拟银行金苑支行收到美国某银行（与金苑分行有美元账户关系）的汇入销货款USD100 000，当日美元兑人民币的汇买价为688.42%，中间价为689.87%，收款方为欧胜通讯公司（0012001105 00687），转入公司单位存款账户。经办人员按规定为其办理结汇手续。
>
> 要求：以模拟银行金苑支行柜员的身份进行相应业务的处理，包括凭证审核、业务数据录入、凭证签章与凭证处理，以及会计分录的编制。

知识链接

经办行与上级行平仓

（1）当经办行某种外币结汇大于售汇，经办行应向上级行卖出此种外币。

经办行：

借：内部平仓往来　　　　　　　　　　　　人民币××
　　贷：外汇买卖（平仓汇率）　　　　　　　　　　人民币××

借：外汇买卖（平仓汇率）　　　　　　　　外币××
　　贷：内部平仓往来　　　　　　　　　　　　　　外币××

会计凭证：交易单、交易证实书

上级行做相反的会计分录。

（2）当经办行某种外币结汇小于售汇，经办行应向上级行买入此种外币。

经办行：

借：内部平仓往来　　　　　　　　　　　　外币××
　　贷：外汇买卖（平仓汇率）　　　　　　　　　　外币××

借：外汇买卖（平仓汇率）　　　　　　　　人民币××
　　贷：内部平仓往来　　　　　　　　　　　　　　人民币××

会计凭证：交易单、交易证实书

上级行做相反的会计分录。

任务活动2　售　汇

业务引入：

2023年3月××日盛华家电有限公司（简称盛华公司）（001200101201015）持有关有效凭证向模拟银行金苑支行购汇EUR50 000汇往德国，支付进口货款。当日欧元兑人民币的卖出价为774.99%，中间价为772.14%。经办人员按规定为其办理售汇手续。

操作流程：

售汇操作流程如图6-1-2所示。

图6-1-2　售汇操作流程

1. 业务受理

客户申请购汇，应填写购汇申请书一式二联，并在第一联上加盖单位预留银行印鉴。连同规定的有效凭证和商业单据以及外汇管理局核准件一并提交银行。需要强调的是除购汇用于还本付息和收取信用证、保函保证金等业务外，客户不得提前购汇，购汇时间一般选择客户对外支付款项的时间。

2. 凭证、资料审核

银行受理客户提交的资料后，应实行审售分离制度。经办人员负责审核客户资料的完整性，即按外汇管理规定审核客户提交的有效凭证及商业单据或批件是否齐全；购汇申请书的金额与相关资料是否一致，购汇申请书上加盖的印章与预留银行印鉴是否一致等。经办人员初审无误后将相关资料交业务主管复审。业务主管人员负责审核资料的有效性和真实性，即审核客户提交的有效凭证及商业单据的内容是否真实反映了资金划付的业务背景，单据之间对业务的描述是否一致。审核无误后，审核人应在购汇申请书和相关凭证上签章。

3. 卖出交易处理

审核无误后，经办人员通过系统输入相关数据信息，办理售汇业务。会计分录为：

借：外汇买卖（卖出价774.99%）　　　　　　　　EUR50 000.00

　　贷：汇出汇款　　　　　　　　　　　　　　　EUR50 000.00

借：单位活期存款——盛华公司　　　　　　　　CNY387 495.00

　　　　　　　　　　　　（EUR50 000.00 × 774.99%）

贷：外汇买卖（中间价772.14%）　CNY386 070.00

（EUR50 000.00×772.14%）

外汇买卖价差　　　　　　　　　　　CNY1 425.00

4. 授权、提交和打印回单

经办人员输入完成后，由会计主管审核已输入的相关信息，无误后进行授权并提交。交易完成后，根据系统提示打印售汇单据和系统自动生成的售汇凭证（见表6-1-2）。

表6-1-2　售 汇 凭 证

模拟银行 外汇会计凭证（结售汇、套汇）

机构号：001200101　　　　　　　日期：2023 年 3 月 ×× 日

业务编号		业务类型	售汇	起息日	
借方或付款单位	名　称	盛华家电有限公司	贷方或收款单位	名　称	汇出汇款
	账　号	001200101201015		账　号	
	币种与金额	CNY：387 495.00		币种与金额	EUR：50 000.00
	汇率/利率	774.99%	开户行	汇率/利率	774.99%
收汇金额		发票号		挂销单号	
交易摘要	购汇EUR50 000.00，汇往德国。				

交易代码　　　　　授权　　　　　　复核 赵 燕　　　　　经办 张 华

第二联　贷方凭证

5. 送别客户及后续处理

经办人员在售汇单据、售汇凭证通知联上加盖业务清讫章后与购汇申请书客户回单联一并交给客户并送别客户。售汇后根据客户填写的有关凭证进行汇款处理。一联购汇申请书与外汇管理局售汇核准件作为有关传票的附件，另一联购汇申请书与有效商业单据另行专夹保管。

 动动手

> 模拟银行金苑支行发生下列业务：
>
> 2023年3月××日，亚华经贸有限公司（001200105201026）持有关有效凭证向模拟银行金苑支行购汇EUR800 000汇往德国，支付进口货款。当日欧元兑人民币的卖出价为774.99%，中间价为772.14%。经办人员按规定为其办理售汇手续。
>
> 要求：以模拟银行金苑支行柜员的身份进行相应业务的处理，包括凭证审核、业务数据录入、凭证签章与凭证处理，以及会计分录的编制。

任务活动3　套　汇

业务引入：

外商投资企业顺华有限公司2023年3月××日持有效凭证从其美元账户（001200101141058）中兑取HKD100 000汇往香港，支付购货款。当日美元汇买价为686.51%，中间价为687.97%，港币卖出价为88.03%，中间价为87.86%。模拟银行金苑支行经办人员按规定为其办理套汇手续。

操作流程：

套汇业务操作流程如图6-1-3所示。

图6-1-3　套汇业务操作流程

1. 业务受理与凭证、资料审核

客户因业务需要向银行办理套汇时，应首先经有关部门的合法性和合规性审核方能申请办理。客户申请套汇时应向银行提交外汇套汇凭证。经办人员收到套汇凭证及相关资料后，应审核客户提交的套汇凭证相关内容填写是否正确，买卖货币填写是否清楚无误，凭证上加盖的印章与预留银行印鉴是否一致。

2. 套汇交易处理

经办人员审核无误后，进入业务操作系统选择外汇买卖类型中的代客套汇交易，并根据套汇凭证（见表6-1-3）输入相关数据信息。系统采取实时逐笔自动平盘的账务处理。会计分录为：

借：单位活期存款——顺华公司　　　　　　　　USD12 822.83

　　贷：外汇买卖（汇买价686.51%）　　　　　　USD12 822.83

借：外汇买卖（中间价687.97%）　　　　　　　CNY88 217.22

　　　　　　　　　　　　　（USD12 822.83×687.97%）

　　贷：外汇买卖（中间价87.86%）　　　　　　CNY87 860.00

　　　　　　　　　　（HKD100 000.00×87.86%）

　　　　外汇买卖价差　　　　　　　　　　　　CNY357.22

借：外汇买卖（卖出价88.03%）　　　　　　　HKD100 000.00

　　贷：汇出汇款　　　　　　　　　　　　　　HKD100 000.00

表6-1-3 套汇凭证

模拟银行 外汇会计凭证（结售汇、套汇）

机构号：001200101　　　　　　　日期：2023 年 3 月 ×× 日

业务编号			业务类型	套汇	起息日	
借方或付款单位	名　　称	顺华有限公司	贷方或收款单位	名　　称	汇出汇款	
	账　　号	001200101141058		账　　号		
	币种与金额	USD: 12 822.83		币种与金额	HKD: 100 000.00	
	汇率/利率	686.51%	开户行	汇率/利率	88.03%	
收汇金额			发票号		挂销单号	
交易摘要	从其美元账户中兑取港元汇往香港，支付购货款。					

交易代码　　　　　授权　　　　　　复核　赵 燕　　　　　经办　张 华

（印章：模拟银行金苑支行 2023.03.×× 业务清讫（01...）

第二联　贷方凭证

3. 授权、提交和打印回单

经办人员输入完成后，由会计主管审核已经输入的相关信息，无误后进行授权并提交。交易完成后，经办人员可以根据系统提示打印外汇买卖凭证和借记、贷记通知。一般银行办理代客套汇业务后还需要进行外汇资金汇划等业务，柜员根据客户的需要通过相关交易为客户进行汇划等处理。

4. 送别客户及后续处理

经办人员在借记通知回单上加盖业务清讫章后交给客户并送别客户。机制凭证打印后，客户提交的相关凭证作为机制传票的附件，相关有效凭证和有效商业单据加盖业务清讫章和经办人员名章后另行专夹保管。

 动动手

模拟银行金苑支行发生下列业务：

2023年3月××日欧胜通讯公司持有效凭证从其美元账户（001200101141036）中兑取60 000港币汇往香港，支付购货款。当日美元汇买价为686.51%，中间价为687.97%，港币卖出价为88.03%，中间价为87.86%。模拟银行金苑支行经办人员按规定为其办理套汇手续。

要求：以模拟银行金苑支行柜员的身份进行相应业务的处理，包括凭证审核、业务数据录入、凭证签章与凭证处理以及会计分录的编制。

行业观察

人民币的国际地位

随着中国经济的快速发展，人民币的地位也在逐渐提升，成为全球贸易和投资的重要货币之一。

1. 人民币作为国际结算货币的地位逐步提升

近年来，中国政府一直在推动人民币国际化，以提高人民币在全球贸易和投资中的地位。2016年，人民币正式加入国际货币基金组织（IMF）的特别提款权（SDR）货币篮子，成为继美元、欧元、日元和英镑之后的第五种储备货币，2022年5月，IMF将人民币在提别提款权（SDR）中权重由10.92%上调至12.28%，这一举措标志着人民币在国际金融市场中的地位得到了国际社会的认可。此外，中国政府还通过一系列政策措施，如推动人民币跨境使用、扩大人民币跨境支付系统（CIPS）的覆盖范围等，进一步促进了人民币在国际贸易和投资中的使用。这些措施使得越来越多的国家和地区开始接受和使用人民币，从而提高了人民币的国际地位。

2. 人民币在全球外汇市场中的地位得到认可

随着中国经济的持续增长，人民币在全球外汇市场中的地位也在逐步提高。根据世界银行金融电信协会（SWIFT）数据显示，截至2023年9月，人民币已超越欧元，成为仅次于美元的全球第二大支付货币，这表明人民币在全球外汇市场中的地位已经得到了国际市场的高度认可。此外，随着中国政府不断推动金融市场的改革和开放，外国投资者对中国市场的投资需求也在不断增加。这将进一步推动人民币在全球外汇市场中的地位提升。

3. 人民币在"一带一路"倡议中的作用

中国政府提出的"一带一路"倡议旨在加强沿线国家之间的经济合作，促进区域经济一体化。在这一过程中，人民币发挥着重要作用。通过推广人民币在沿线国家的使用，可以降低贸易和投资的成本，提高资金的流动性，从而推动"一带一路"倡议的实施。同时，随着人民币在"一带一路"沿线国家的使用范围不断扩大，人民币的地位也将得到进一步提升。这将有助于提高中国在国际金融市场中的话语权，为中国经济发展创造更多机遇。

总之，随着中国经济的持续发展和国际地位的不断提高，人民币在全球贸易和投资中的地位也在逐步提升。

任务二　单位外汇存款业务操作处理

【知识储备】

外汇存款是商业银行以信用方式吸收的国内外单位和个人在经济活动中暂时闲置或结余的并能自由兑换或在国际上获得偿付，并于以后随时或在约定期限支取的外币资金。它是商业银行的主要负债之一，既是商业银行的主要外汇业务，也是发放外汇贷款的重要资金来源和从事国际结算业务的前提。外汇存款业务核算是反映和监督外汇存款业务的重要工具。单位外汇存款是存款者以单位或经济组织的名义存入银行的外汇，包括甲种外币存款及外债专户存款。经国家外汇管理局核准开立外汇账户的企（事）业法人和其他经济组织，当需要将境外资金汇入境内或将境内资金汇出以及办理其他存款、转账业务时，可持外汇管理局核准的开立外汇账户批准书和营业执照等相关材料，到商业银行开立外汇账户后办理存款及转账业务。单位外汇存款的主要对象是境内机构，包括中资机构和外商投资企业，它按账户性质分为经常项目外汇存款和资本项目外汇存款。

各单位在银行办理存款时，必须开立外汇存款账户，由单位填写申请书，并凭盖有公章、财务专用章及主管人员名章的印鉴卡及"外汇账户使用证""外债登记证""外汇（转）贷款登记证"等开立外汇存款账户，按规定的收支范围办理外汇收支。目前，单位外汇存款主要有美元、日元、港币、英镑、欧元、澳大利亚元、加拿大元、瑞士法郎、新加坡元等多种货币，其他自由外币可以按存入日的外汇牌价折算成上述币种之一开立存款账户。

根据存款期限的不同，单位外汇存款分为外币活期存款和外币定期存款。外币定期存款按存款金额的大小分为外币小额存款和外币大额存款。目前，外币小额存款是指存款金额在等值300万美元以下的外币定期存款，外币大额存款是指存款金额在等值300万美元以上（含300万美元）的外币定期存款。外币小额存款的起存金额为1万美元（含）的等值外汇，存期为1个月、3个月、半年、1年、2年五个档次；外币大额存款起存金额为300万美元（含）的等值外汇，存期为3个月、半年、1年、2年四个档次。

单位外汇存款，有原币存入、现钞存入和以不同货币存入三种情况。商业银行对单位外汇存款通过"单位活期存款""驻华机构活期存款""外债专户存款"和"单位定期存款"等科目核算。

【任务活动】

任务活动1　外汇存款存入

业务引入：

2023年3月××日，华美有限公司（001200102140007）收到一笔纽约客户汇来的货款，金额为100 000美元，要求存入其外汇活期存款美元现汇户。模拟银行金苑支行经办人员按规定为其办理外汇存款存入手续。

操作流程：

单位外汇存款存入处理流程如图6-2-1所示。

图6-2-1　单位外汇存款存入处理流程

1. 业务受理与凭证审核

经办人员收到国外划入并由上级行转来的贷报信息，应认真核对来账信息。如果是交存外币现钞的，经办人员应认真审核外币现钞的真伪；客户提交的交款单日期是否正确；单位名称、账号、开户行名称、款项来源等是否填写完全正确；大小写金额填写是否准确、相符；凭证联次有无缺少、是否套写等。

2. 存入交易处理

经审查凭证或清点现钞无误后，经办人员在业务系统中录入相关信息，贷记收款人账户，系统自动结计余额，并自动生成相关记载。

（1）现汇原币存入的，会计分录为：

借：汇入汇款或其他有关科目　　　　　　　　　　USD100 000
　　贷：单位活期存款——华美有限公司　　　　　USD100 000

（2）现钞存入的，要通过钞买汇卖套汇处理，会计分录为：

借：现金　　　　　　　　　　　　　　　　　　　外币××
　　贷：外汇买卖（钞买价）　　　　　　　　　　　外币××
借：外汇买卖（中间价）　　　　　　　　　　　　人民币××
　　贷：外汇买卖（中间价）　　　　　　　　　　　人民币××
　　　　外汇买卖价差　　　　　　　　　　　　　　人民币××

　　借：外汇买卖（卖出价）　　　　　　　　　　　　　外币××

　　　　贷：单位活期存款　　　　　　　　　　　　　　外币××

（3）其他外币现汇存入的，要通过套汇处理，会计分录为：

　　借：汇入汇款或其他有关科目　　　　　　　　其他外币××

　　　　贷：外汇买卖（其他外币汇买价）　　　　其他外币××

　　借：外汇买卖（其他外币中间价）　　　　　　人民币××

　　　　贷：外汇买卖（存款外币中间价）　　　　人民币××

　　　　　　外汇买卖价差　　　　　　　　　　　人民币××

　　借：外汇买卖（存款外币卖出价）　　　　　　存款外币××

　　　　贷：单位活期存款　　　　　　　　　　　存款外币××

3. 回单交付和后续处理

账务记载完毕后，经办人员在相关凭证的回单联上加盖业务清讫章和经办人员名章后作为回单交付客户。其他已记账处理的凭证加盖业务清讫章、经办及复核人员名章后与其他凭证一并保管。

 动动手

> 模拟银行金苑支行当日发生下列业务：
>
> 2023年3月××日，外资企业华茂公司持美钞USD10 000，要求存入其美元现汇存款账户（001200101140015）。当日美元汇买价为686.51%，中间价为687.97%。模拟银行金苑支行经办人员按规定为其办理存入手续。
>
> 要求：以模拟银行金苑支行柜员的身份进行相应业务的处理，包括凭证审核、业务数据录入、凭证签章与凭证处理并编制相应的会计分录。

任务活动2　外汇存款支取

业务引入：

福华贸易公司（001200101140009）在模拟银行金苑支行开有美元现汇存款账户，现要求从其账户中汇付200 000美元到美国纽约，支付其进口货款。经办人员按规定为其办理外汇存款支取手续。

操作流程：

单位外汇存款现汇支取操作流程如图6-2-2所示。

图6-2-2　单位外汇存款现汇支取操作流程

1. 业务受理与凭证审核

开户单位办理外汇存款支取时，应根据需要在账户存款余额内签发支付凭证，凭证上应注明款项用途和支取金额，并在支付凭证中加盖预留银行印鉴后交银行。

经办人员接到客户提交的支付凭证后，应认真审核：凭证是否真实，提示付款期限是否超过；签章是否符合规定，并折角核对其签章与预留银行签章是否相符，使用支付密码的，其密码是否正确；大小写金额是否一致，记载事项是否齐全；账户是否有足够的支付款项等。如果从现汇存款户中支取现钞，还应审查是否符合国家现金管理的规定等。

2. 付款交易处理

（1）支取原币汇出时，其会计分录为：

借：单位活期存款——福华贸易公司　　　　　　　　USD200 000
　　贷：汇出汇款　　　　　　　　　　　　　　　　USD200 000

（2）支取外币现钞或支取不同于开户货币的外币币种时，单位外汇存款最多只能支取5万美元，5万美元以上的现金支取必须经外汇管理局批准，其会计分录为：

借：单位活期存款　　　　　　　　　　　　　　外币××
　　贷：外汇买卖（汇买价）　　　　　　　　　　外币××
借：外汇买卖（中间价）　　　　　　　　　　人民币××
　　贷：外汇买卖（中间价）　　　　　　　　　人民币××
　　　　外汇买卖价差　　　　　　　　　　　　人民币××
借：外汇买卖（卖出价）　　　　　　　　　　　外币××
　　贷：现金　　　　　　　　　　　　　　　　　外币××

3. 回单交付和后续处理

账务记载完毕后，经办人员在相关凭证的回单联上加盖业务清讫章和经办人员名章后作为回单交付客户。其他已记账处理的凭证加盖业务清讫章、经办及复核人员名章后与其他凭证一并保管。

👆 **动动手**

模拟银行金苑支行当日发生下列业务：

华欧贸易公司（001200101380005）在模拟银行金苑支行开有欧元现汇存款账户，现要求从其账户中汇付50 000美元到法国巴黎，支付其进口货款。经办人员按规定为其办理外汇存款现汇支取手续。

要求：以模拟银行金苑支行柜员的身份进行相应的业务处理，包括凭证审核、业务数据录入、凭证签章与凭证处理并编制相应的会计分录。

任务三　单位外汇贷款业务操作处理

【知识储备】

外汇贷款业务是外汇银行的主要业务之一，它不同于人民币贷款业务，外汇银行发放外汇贷款还要承受外汇汇率的风险，为了减少汇率风险对银行的影响，商业银行主要发放短期外汇贷款，而长期外汇贷款目前主要由政策性银行，如进出口银行办理。短期外汇贷款是外汇银行办理的以外币为计量单位的短期贷款，它是外汇银行的一项重要信贷业务。凡生产出口商品，并且有偿还能力的企业，都可以申请短期外汇贷款。外汇银行目前发放的短期外汇贷款货币主要有美元、港币、日元、英镑、欧元五种。还款货币与借款货币应一致，计收借款货币利息。如果还款货币与借款货币不同，则要通过外汇买卖的方式将还款货币转换成借款货币后再还款入账。

外汇银行目前发放的短期外汇贷款的利率分为固定利率和浮动利率两种。使用固定利率计算利息的贷款，不管贷款期间利率如何变动，贷款始终以一个固定的利率来计收利息。外汇银行发放的主要是短期外汇浮动利率贷款，浮动利率分1个月、3个月、6个月、1年浮动四个档次，所谓按1个月、3个月、6个月、1年浮动，就是指企业在使用银行贷款那天固定的利率在1个月、3个月、6个月和1年内不管利率变动多大都固定不变，过了1个月、3个月、6个月和1年后，按浮动的利率计收利息。

【任务活动】

任务活动1　短期外汇贷款发放

业务引入：

华美机电有限公司与模拟银行金苑支行订立短期浮动利率贷款合同，贷款60万美元，向美国净源公司进口零部件，期限半年，按3个月浮动，按季支付利息。贷款行金苑支行2023年7月14日发放贷款，全额支付美国某代理行的出口托收款。

操作流程：

短期外汇贷款发放操作流程如图6-3-1所示。

图6-3-1　短期外汇贷款发放操作流程

1. 业务受理

借款人向外汇银行申请短期外汇贷款，必须填写借款申请书，并向银行信贷部门提供有关资料。信贷部门按照审贷分离、分级审批的要求进行贷款的审批。审批通过后由信贷部门与借款人签订借款合同，并由信贷部门填写"外汇贷款借款借据"一式六联，该凭证经有权人签章后加盖贷款审批专用章，信贷部门录入员进入信贷系统，通过"贷款发放"交易录入相关信息，提交确认后由借款人在外汇贷款借款借据第一联上加盖预留银行印鉴后连同贷款合同交会计部门处理。

2. 凭证、资料审核

会计核算部门收到信贷部门交来的短期外汇贷款借款借据后，应认真审核：贷款凭证的各项要素是否填写完整，与贷款合同是否一致；有权人签章是否齐全、真实；借款凭证上加盖的印鉴与预留银行印鉴是否一致。

3. 放款交易处理

审核无误后，经办人员进入系统通过"贷款入账"交易将贷款的各项信息输入系统。输入完成提交确认后系统自动进行账务处理。会计分录为：

借：短期外汇贷款——华美机电有限公司　　　　USD600 000
　　贷：存放国外同业——美国某代理行　　　　　　USD600 000
借：进口代收款项　　　　　　　　　　　　　　USD600 000
　　贷：应收进口代收款项　　　　　　　　　　　　USD600 000

4. 回单交付

第四联借款凭证上加盖业务清讫章和经办人员名章后交借款人，通知贷款入账。

5. 后续处理

经办人员录入交易完成后，在六联短期外汇贷款借款借据上分别加盖业务清讫章和经办人员名章。机制凭证打印好后，外汇贷款借据第一、二联借贷方传票作机制凭证的附件，第三联卡片留底专夹保管，第五联交信贷部门留存，第六联送当地外汇管理局备案。

动动手

模拟银行金苑支行当日发生下列业务：

乐佳纺织有限公司与模拟银行金苑支行订立短期浮动利率贷款合同，贷款50万美元，向美国某公司进口原料，期限半年，按3个月浮动，按季支付利息。贷款行金苑支行2023年7月14日发放贷款，全额支付美国某代理行的出口托收款。

要求：以模拟银行金苑支行柜员的身份进行相应的业务处理，包括凭证审核、业务数据录入、凭证签章与凭证处理，以及会计分录的编制。

知识链接

商业银行外汇贷款与人民币贷款的主要区别如下：

1. 利率确定不同

人民币贷款的利率相对固定。外汇贷款利率则是以浮动为主，贷款利率由总行不定期公布，浮动利率外汇贷款从第一笔用汇之日起到还清本息止，一般不超过1年，最长不超过3年。

2. 贷款的发放不同

人民币贷款在借款单位实际使用之前，可以转存；而短期外汇贷款一般是指借款单位在实际对外支付外汇的同时发放，即什么时候用，什么时候发放。一般不发生派生性存款，外汇贷款经批准后，具体的发放使用办法按国际惯例处理。贷款发放是从贷款账户直接对外支付，不存在贷款转作存款后对外支付，因而不会形成借款单位的派生性存款。其目的是加强外汇管理，提高外汇资金的使用效益。借款单位借款时，无论是以信用证还是以代收或汇款方式办理结算，均需填具短期外汇借款凭证，银行核准后，据以开立外汇贷款账户。

任务活动2 短期外汇贷款收回

业务引入：

2023年7月14日，华美有限公司（001200102140007）归还到期的3个月60万美元贷款，利率为2.687 5%。模拟银行金苑支行经办人员审核无误后办理短期外汇贷款收回手续。

操作流程：

短期外汇贷款收回操作流程如图6-3-2所示。

图6-3-2 短期外汇贷款收回操作流程

1. 业务受理

借款人向银行申请归还全部或部分外汇贷款时应填写"外汇贷款还款凭证"一式六联并加盖预留银行印鉴提交信贷部门。信贷部门抽出保存的外汇贷款借款借据第五联，经审查核对相关内容无误后，在还款凭证上签章并由借款人在还款凭证上加盖印鉴，然后将外汇贷款还款凭证交会计部门。如果需售汇归还贷款本息的，还应经售汇审核。

2. 凭证、资料审核

会计经办人员收到信贷部门交来的外汇贷款还款凭证后，应抽出外汇贷款借款借据第三联到期卡片核对，并审核外汇贷款还款凭证的各项要素填写是否完整正确，还款凭证上加盖的印鉴及贷款收回专业章是否与预留印鉴一致。

3. 还款交易处理

审核无误后，经办人员进入业务操作系统，通过"贷款还款"交易将相关信息输入系统。复核完成提交确认后系统自动进行账务处理。会计分录为：

借：单位活期存款——华美有限公司　　　　　　　USD600 000

　　贷：短期外汇贷款——华美有限公司　　　　　　USD600 000

但如果借款单位还款的货币与贷款货币不一致时，要通过有关外汇买卖科目进行会计处理。会计分录为：

借：单位活期存款　　　　　　　　　　　　　存款货币××

　　贷：外汇买卖（存款货币汇买价）　　　　存款货币××

借：外汇买卖（存款货币中间价）　　　　　　人民币××

　　贷：外汇买卖（贷款货币中间价）　　　　人民币××

　　　　外汇买卖价差　　　　　　　　　　　人民币××

借：外汇买卖（汇卖价）　　　　　　　　　　贷款货币××

　　贷：短期外汇贷款　　　　　　　　　　　贷款货币××

4. 计收利息及交付回单

短期外汇贷款一般按季结息，每季末月20日为收息日，计息由系统自动完成。在收到信贷部门交来的外汇贷款还款凭证后，会计人员复查利息无误，根据系统提示打印"计收利息清单"。在计收利息凭证和全部六联还款凭证上加盖业务清讫章，并将还款凭证第四联回单联和计收利息回单送交客户。按季收息账务处理的会计分录为：

借：单位活期存款或应收利息

　　贷：利息收入

短期外汇贷款一般按原币计息。如果借款单位存款货币与计收利息的货币不一致，则要通过有关外汇买卖会计科目进行会计处理。

5. 后续处理

上述处理完成后，打印机制凭证，外汇贷款还款凭证第一、二联和外汇贷款借款借据的卡片联作机制凭证附件；外汇贷款还款凭证第三联会计部门销卡存查；第五联送交信贷部门保管；第六联报送当地外汇管理局备案。

 动动手

　　模拟银行金苑支行当日发生下列业务：

　　2023年7月14日，闽腾汽车贸易有限公司（001200101380015）归还到期的3个月50万欧元贷款。

　　要求：以模拟银行金苑支行柜员的身份进行相应业务的处理，包括凭证审核、业务数据录入、凭证签章与凭证处理，以及会计分录的编制。

职业素养提升 —— 认真履行审核职责 维护外汇市场健康有序

2022年9月30日，国家外汇管理局通报了10例银行外汇违规案例。其中，某银行分行因未尽审核责任违规办理内保外贷业务被给予警告，并罚款4 000余万元。其他9例被通报案例也都是因为银行在办理外汇业务中没有守好"看门人"的职责，未尽真实性审核义务。银行真实性审核责任落实不到位，助长了外汇违法违规行为，破坏了外汇市场的良好秩序。

作为银行工作人员，首先应认真学习《中华人民共和国外汇管理条例》《银行办理结售汇业务管理办法》等有关外汇管理规定，在外汇业务具体办理过程中，严格遵守业务操作规程，认真履行真实性、合规性审核职责。对于不熟悉的客户，多询问相关情况，了解企业背景，确认其业务开展的真实性，对其提供的单证，在审核环节要精益求精，防止疏漏，有效识别虚假、欺骗性外汇交易，维护外汇市场健康、良性秩序，在本职岗位上为建立统一开放、竞争有序、监管有效的外汇市场添砖加瓦，为中国特色社会主义现代化建设贡献力量。

项目七

资金汇划与资金清算业务处理

【学习目标】

素养目标：

- 了解中国现代化支付系统的自主建设之路，坚定"四个自信"，提升民族自豪感，树立家国情怀
- 培育勇于创新、敢于实践、踔厉奋发、开拓进取的时代精神

知识目标：

- 熟悉商业银行系统内资金汇划与清算的基本做法、一般规定，以及相关业务凭证格式、填制要求和核算所用科目
- 熟悉商业银行跨系统资金汇划与清算业务的基本做法和一般规定
- 熟悉大额实时支付系统和小额批量支付系统的主要业务功能、业务规定和业务核算的科目设置
- 了解中国银联业务的基本做法、一般规定和操作规程

能力目标：

- 能够按照商业银行系统内资金汇划与清算业务的具体规定规范发报行、发报清算行、收报清算行、收报行各业务环节的操作处理与会计核算
- 能够按照跨系统资金汇划与清算业务的规定规范一般大额支付业务、小额普通借记支付业务、小额普通贷记支付业务发起行、发起清算行、接收清算行、接收行各业务环节的操作处理与会计核算
- 能够按照中国银联清算业务的具体规定规范各环节业务的操作处理

【内容导航】

```
                                              发报经办行办理往账
                        系统内资金汇划与资金清算
                        业务操作处理                   发报清算行办理往账和收报清算行办理来账
                                              收报经办行办理来账

                                              一般大额支付业务处理
资金汇划与              跨系统资金汇划与资金清算
资金清算业务处理         业务操作处理                   小额普通贷记支付业务处理
                                              小额普通借记支付业务处理

                                              收单清算业务处理
                        中国银联清算业务操作处理
                                              跨行清算业务处理
```

任务一　系统内资金汇划与资金清算业务操作处理

【知识储备】

1. 系统内资金汇划清算

系统内资金汇划清算即系统内资金汇划与资金清算，是指商业银行内部各行处之间由于办理结算、款项缴拨、内部资金调拨等业务引起的资金账务往来，该业务往来通过由计算机网络组成的资金汇划清算系统办理。

商业银行内部的资金汇划清算系统又称电子汇划系统，它承担汇兑、托收承付、委托收款、商业汇票、银行汇票、信用卡、内部资金划拨及其他经总行批准的汇划业务，同时办理有关查询和查复。该系统由汇划业务经办行、清算行、总行清算中心，以及计算机网络组成。

（1）经办行是具体办理结算资金和内部资金汇划业务的支行（或分理处）。汇划业务的发生行是发报经办行；汇划业务的接收行是收报经办行。

（2）清算行是在总行清算中心开立备付金存款账户，办理其辖属行处汇划款项清算的分行，包括直辖市分行、总行直属分行，以及二级分行（含省分行营业部）。省分行在总行开立备付金户，只办理系统内资金调拨和内部资金利息汇划。

（3）总行清算中心是办理系统内各经办行之间的资金汇划、各清算行之间的资金清算及资金拆借、账户对账等账务核算和管理的部门。

2. 资金汇划清算系统的基本做法

资金汇划清算系统的基本做法是实存资金、同步清算、头寸控制、集中监督。

（1）实存资金是指以清算行为单位在总行清算中心开立备付金存款账户，用于汇划款项时资金清算。经办行与清算行之间的资金清算比照处理。

（2）同步清算是指发报经办行通过其清算行经总行清算中心将款项汇划至收报经办行，同时，总行清算中心办理清算行之间的资金清算，清算行办理经办行之间的资金清算。

（3）头寸控制是指各清算行在总行清算中心行开立的备付金存款账户，必须保证有足够的存款，总行清算中心对各行汇划资金实行逐笔即时清算。清算行备付金存款不足，可向总行借款。

（4）集中监督是指总行清算中心对汇划往来数据发送、资金清算、备付金存款账户资信情况和行际间查询查复情况进行管理和监督。

3. 资金汇划清算业务设置的科目

（1）"清算资金往来"科目。该科目核算各经办行通过电子汇划系统发出报单和收到报单时的资金汇划往来与清算情况。该科目属于资产负债共同类。汇划业务结束，该科目余额结转"系统内上存款项"，进行资金实时清算。

（2）"系统内上存款项"科目。该科目反映各清算行存放在总行以及各经办行存放在清算行的清算备付金。该科目属于资产类，余额反映在借方。

（3）"系统内款项存放"科目。该科目反映总行收到的各清算行上存的清算备付金存款。该科目属负债类，余额反映在贷方。

4. 资金汇划清算业务使用的基本凭证

资金汇划清算业务使用的基本凭证是资金汇划补充凭证，由收报行接收来账数据后打印，是账务记载的依据和款项已入账的通知。资金汇划补充凭证是重要空白凭证，必须按规定领用和保管，并纳入表外科目核算，该凭证分为"资金汇划（借方）补充凭证"和"资金汇划（贷方）补充凭证"。

（1）资金汇划（借方）补充凭证一式两联：一联作有关科目借方凭证；另一联作有关科目的凭证或附件。

（2）资金汇划（贷方）补充凭证一式两联：一联作有关科目贷方凭证；另一联作收款通知。

5. 系统内资金汇划与清算业务流程

系统内资金汇划与清算业务流程如图7-1-1所示。

图 7-1-1 系统内资金汇划与清算业务流程

【任务活动】

任务活动1 发报经办行办理往账

业务引入：

2023年7月3日模拟银行金苑支行开户单位长宇电器有限公司（001200101000008）

将500 000元货款汇给在模拟银行厦门站前支行开户的厦门飞驰公司（018200101000015）。模拟银行金苑支行办理往账手续。

操作流程：

发报经办行办理往账业务操作流程如图7-1-2所示。

图7-1-2　发报经办行办理往账业务操作流程

1. 业务录入

经办人员根据确已记账的汇划凭证，分别以实时、批量的汇划方式，按业务种类输入有关内容，用途栏和客户附言应按客户填写的内容录入，不得省略。录入完成后打印往账录入清单。

2. 复核确认和授权

复核人员根据原始汇划凭证，进行全面审查、复核。实时业务全部授权；批量业务、大额业务须经会计主管人员授权。

3. 数据发送

业务数据经过录入、复核、授权无误后，产生有效汇划数据，由系统实时发送至发报清算行，其中实时业务由系统实时发送至发报清算行，批量业务日终处理。

4. 往账交易处理

金苑支行贷报业务的会计分录为：

借：活期存款——长宇电器有限公司　　　　　　　　500 000

　　（或：应解汇款）

　　贷：清算资金往来　　　　　　　　　　　　　　500 000

借报业务则相反。

每日营业终了，将"清算资金往来"账户结转至"系统内上存款项"账户，进行资金的实时清算，会计分录为：

借：清算资金往来　　　　　　　　　　　　　　　　500 000

　　贷：系统内上存款项　　　　　　　　　　　　　500 000

如为借报业务，会计分录则相反。

5. 凭证打印

日终时打印"电子清算专用记账凭证"和"系统内上存款项记账凭证"；打印"资金汇划业务清单"，连同业务委托书第三联（或托收承付第四联，银行卡凭证，委托收款凭证第四联，银行汇票第二、三联，银行承兑汇票第二联等）一起作"电子清算专用记账凭证"的附件。

6. 后续处理

手工核对当天原始汇划凭证的笔数、金额合计与"资金汇划业务清单"发送借贷报笔数、合计数及"清算资金往来"发报汇总借、贷方凭证笔数及发生额核对一致。

任务活动2　发报清算行办理往账和收报清算行办理来账

业务引入：

承任务活动1业务引入。

操作流程：

1. 发报清算行处理

（1）接收数据。接收发报经办行传输来的汇划业务。

（2）账务处理。计算机自动记载"系统内上存款项"科目和"系统内款项存放"科目有关信息，收到贷报业务的会计分录为：

借：系统内款项存放——金苑支行备付金户　　　　　500 000
　　贷：系统内上存款项——上存总行备付金户　　　　　500 000

借报业务相反。

如遇发报清算行在总行清算中心备付金存款不足时，"上存总行备付金"账户余额可暂时在贷方反映，但发报清算行要迅速筹措资金补充备付金头寸。

（3）数据传送。汇划数据经过按规定权限授权、编押及账务处理后由计算机自动传输至总行。

2. 总行清算中心处理

总行清算中心收到发报清算行汇划款项，由计算机自动登记后，将款项传送至收报清算行，并于每日营业终了更新各清算行在总行开立的备付金存款账户。

3. 收报清算行处理

收报清算行收到总行清算中心传来的汇划业务数据，计算机自动检测收报经办行是否为辖属行处，并经系统自动核押无误后，自动进行账务处理。实时业务即时处理并传至收报经办行；批量业务处理后次日传至收报经办行。

（1）实时汇划贷报业务，会计分录为：

借：系统内上存款项——上存总行备付金户　　　　　500 000

　　贷：系统内款项存放——厦门站前支行备付金户　　　　　500 000

借报业务相反。

（2）批量汇划贷报业务，会计分录为：

借：系统内上存款项——上存总行备付金户　　　　　500 000

　　贷：其他应付款——待处理汇划款项户　　　　　　　　500 000

次日传给收报经办行时的会计分录为：

借：其他应付款——待处理汇划款项户

　　贷：系统内款项存放——厦门站前支行备付金户

借报业务则相反。

任务活动3　收报经办行办理来账

业务引入：

　　2023年7月3日模拟银行厦门站前支行收到汇兑业务资金汇划贷方报单信息，金额为500 000元，汇款人为模拟银行金苑支行开户的长宇电器有限公司（001200101000008），收款人是本行开户单位厦门飞驰公司（018200101000015）。模拟银行厦门站前支行进行来账处理。

操作流程：

收报经办行办理来账业务的操作流程如图7-1-3所示。

图7-1-3　收报经办行办理来账业务的操作流程

1. 接收数据
接收清算行传来的批量、实时汇划业务。

2. 打印凭证
经审核无误后，打印"资金汇划（贷方）补充凭证"一式两份；若为借报业务，则打印"资金汇划（借方）补充凭证"一式两份。

3. 来账交易处理
厦门站前支行贷报业务的会计分录为：

借：清算资金往来　　　　　　　　　　　　　　　　　500 000

　　贷：活期存款——厦门飞驰公司　　　　　　　　　　　500 000

借报业务则相反。

每日营业终了，将"清算资金往来"账户结转至"系统内上存款项"账户，进行资金清算，会计分录为：

借：系统内上存款项   500 000

  贷：清算资金往来   500 000

4. 后续处理

每日营业终了，收报经办行应分别借（贷）报打印"资金汇划业务清单"，与借方或贷方"资金汇划接收处理清单""资金汇划借方（贷方）补充凭证"核对相符。每天打印的"资金汇划借方（贷方）补充凭证"要与"重要空白凭证保管使用登记簿"中使用和结存的数量、号码核对一致，并进行销号。

 动动脑

1. 什么是系统内资金汇划与清算业务？

2. 试述商业银行系统内贷（借）报业务的处理过程。

3. 资金汇划清算业务中商业银行经办行使用的会计科目有哪几个？如何使用？

 动动手

模拟银行金苑支行某日发生下列借（贷）报业务：

（1）开户单位永信电子有限公司（001200101000935）提交业务委托书申请办理汇兑业务，金额为153 000元，向长宁市支行开户的进出口贸易公司（216204201009911）支付货款。

（2）为开户单位永信电子有限公司（001200101000935）办理一笔银行汇票解付，汇票金额为98 000元，实际结算90 000元。银行汇票是常州市支行开户的三杭纺织机械厂（241200101006045）申请签发，用于支付货款。

（3）收到长宁市支行寄来的第三、四、五联托收凭证及商业承兑汇票，金额为240 000元，收款人是在长宁市支行开户的进出口贸易公司（216204201009911），付款人是在本行开户的永信电子有限公司（001200101000935），经审查无误通知付款人，且商业承兑汇票已到期，付款人同意付款，予以划款。

（4）收到长宁市支行的汇兑业务资金汇划贷方报单信息，金额为68 700元，汇款人为在长宁市支行开户的华隆装饰公司（231204502000676），是支付本行开户的顺飞贸易有限公司（001200102000785）货款。

（5）收到长宁市支行发来的委托收款贷报信息，金额为1 800 000元，是在本行开户的华盈集团有限公司（001200101000651）委托本行向在长宁市支行开户的华隆装饰公司（231204502000676）将收取的商业承兑汇票款划回，经审查无误，立即处理。

（6）收到常州市支行发来的委托收款贷报信息，金额为20 000 000元，是在本行开户的永信电子有限公司（001200101000935）委托本行将向承兑行常州市支行办理的银行承兑汇票款划回，经审查无误，立即处理。

（7）收到常州市支行的银行汇票解付借报信息，汇票是开户单位顺飞贸易有限公司（001200102000785）6天前申请签发，汇票金额为45 000元，报单金额为44 300元，支付在常州市支行开户的新益工贸公司（231200102007412）货款，经抽卡核对无误，予以结清。

要求：编制相应的会计分录。

任务二　跨系统资金汇划与资金清算业务操作处理

【知识储备】

1. 跨系统资金汇划清算的含义和有关规定

跨系统资金汇划清算是指各商业银行之间依托现代化支付系统（CNAPS）实现资金汇划清算。该系统主要包括大额实时支付系统（HVPS）和小额批量支付系统（BEPS），建立了两级处理中心，即国家处理中心（NPC）和城市处理中心（CCPC），国家处理中心分别与各城市处理中心相连，其通信网络采用专用网络，以地面通信为主，卫星通信备份。

现代化支付系统的参与者包括直接参与者、间接参与者，以及特许参与者。

（1）直接参与者包括中国人民银行地市以上中心支行（库）以及在中国人民银行开设清算账户的银行和非银行金融机构。与城市处理中心直接连接，通过城市处理中心处理其支付清算业务。中国人民银行地市以上分支行会计部门和国库部门作为直接参与者，在NPC开设大、小额支付往来账户和支付清算往来账户。

（2）间接参与者包括中国人民银行县（市）支行（库）和未在中国人民银行开设清算账户而委托直接参与者办理资金清算的银行以及经中国人民银行批准经营支付结算业务的非银行金融机构。间接参与者不与城市处理中心直接连接，其支付业务通过行内系统或其他方式提交给其清算资金的直接参与者，由该直接参与者提交支付系统处理。

（3）特许参与者是经中国人民银行批准通过支付系统办理特定业务的机构。外汇交易中心、债券一级交易商等特许参与者在中国人民银行当地分支行开设特许账户，与当地城市处理中心连接，通过连接的城市处理中心办理支付业务；公开市场操作室等特许参与者与支付系统国家处理中心连接，办理支付交易的即时转账。

现代化支付系统的基本程序是由发起行发起业务后，经发起清算行、发报中心、国家处理中心、收报中心、接收清算行，最后至接收行止。在该程序参与者中，发起行和接收行为间接参与者；发起清算行、发报中心、收报中心、接收清算行均为直接参与者。

个别商业银行由于不具备内部资金汇划系统，其系统内的资金汇划清算业务也依托大额、小额支付系统来办理。

2. 大额实时支付系统处理的业务及科目设置

大额实时支付系统是指以电子方式实时处理同城和异地的金额在规定起点（目前规定金额为5万元）以上的大额贷记业务和紧急的小额贷记支付业务，以及即时转账业务，支付指令实时发送，逐笔全额清算资金。

一般大额支付业务包括规定金额起点以上的跨行贷记支付业务、规定金额起点以下的紧急跨行贷记支付业务、商业银行系统内需要通过大额支付系统处理的贷记支付业务、城市商业银行汇票资金的移存和兑付资金的汇划业务等。

大额实时支付系统的科目设置包括：

（1）"大额支付往来"科目。本科目核算支付系统发起清算行和接收清算行通过大额支付系统办理的支付结算往来款项，余额轧差反映。年终，本科目余额全额转入"支付清算资金往来"科目，余额为零。

（2）"支付清算资金往来"科目。本科目是城市处理中心专用，核算支付系统发起清算行和接收清算行通过大额支付系统办理的支付结算汇差款项。年终，"大额支付往来"科目和"小额支付往来"余额对清后，结转至本科目，余额轧差反映。

（3）"汇总平衡"科目。本科目是国家处理中心专用，用于平衡国家处理中心代理中国人民银行分支行（库）账务处理，不纳入中国人民银行（库）的核算。

3. 小额批量支付系统处理的业务、科目设置与业务流程

小额批量支付系统是指以电子方式处理同城、异地的借记支付业务以及单笔金额为5万元以下的贷记支付业务。支付指令批量传送，定时轧差清算。

小额批量支付系统业务包括普通贷记业务、定期贷记业务、普通借记业务、定期借记业务、实时借记业务和实时贷记业务。

（1）普通贷记业务是指付款行向收款行主动发起的付款业务，包括汇兑、委托收款（划回）、托收承付（划回）、国库贷记汇划业务、网银贷记业务以及中国人民银行规定的其他普通贷记支付业务。

（2）定期贷记业务是指付款行依据当事各方事先签订的协议，定期向指定收款行（可以是多个收款人）发起的批量付款业务，包括：代付工资业务、代付保险金、养老金业务，以及中国人民银行规定的其他定期贷记业务。

（3）普通借记业务是指收款行向付款行主动发起的收款业务，包括中国人民银行机构间的借记业务、国库借记汇划业务，以及中国人民银行规定的其他普通借记业务。

（4）定期借记业务是指收款行依据当事各方事先签订的协议，定期向指定付款行发起的批量收款业务，包括代收水、电、煤气等公用事业费业务，国库批量扣税业务，以及中国人民银行规定的其他定期借记业务。

（5）实时借记业务是指收款人委托其开户银行发起的，从指定付款人账户实时扣收确定款项的业务，包括跨行个人储蓄通兑、国库实时扣税。

（6）实时贷记业务是指付款人委托其开户银行发起的，将确定款项实时划拨到指定收款人账户的业务，包括跨行个人储蓄通存、国库实时缴税。

小额批量支付系统的科目设置包括：

（1）"小额支付往来"科目。本科目核算支付系统发起清算行和接收清算行通过小额支付系统办理的支付结算往来款项，余额轧差反映。年终，本科目余额全额转入"支付清算资金往来"科目，余额为零。

（2）"支付清算资金往来"科目。本科目核算支付系统发起清算行和接收清算行通过小额支付系统和大额支付系统办理的支付结算汇差款项。年终，"小额支付往来"科目余额对清后，结转至本科目，余额轧差反映。

（3）"汇总平衡科目"科目（国家处理中心专用）。本科目用于平衡国家处理中心代理中国人民银行分支行（库）账务处理，不纳入中国人民银行（库）的核算。

小额批量支付系统的基本业务处理流程是"24小时连续运行，逐笔发起，组包发送，实时传输，双边轧差，定时清算。"小额批量支付系统实行"7×24"连续运行，系统每个工作日运行时间为前一个自然日16：00至本自然日16：00；发起行逐笔发起小额业务，组包后经CCPC或NPC实时传输至接收行；同城业务在CCPC、异地业务在NPC逐包按收款清算行和付款清算行双边轧差，并在规定时点提交清算账户管理系统（SAPS）清算。CCPC、NPC每日16：00小额批量支付系统日切后进行当日最后一场轧差清算，日切后的业务则纳入次日第一场轧差清算处理。小额批量支付系统轧差净额的清算日为国家法定工作日，清算时间为8：30—17：00，如遇节假日，小额批量支付系统仍可继续轧差和转发业务，但所有轧差净额暂不进行资金清算，统一在节假日后的第一个法定工作日进行清算。

【任务活动】

任务活动1　一般大额支付业务处理

业务引入：

2023年7月3日工行杭州经开支行开户单位红叶有限公司（6222023803013297）将500 000元货款汇给建行南京鼓楼支行开户的海天货运公司（426700101000015）。工行杭州经开支行通过大额支付系统进行处理。

操作流程：

大额支付业务操作流程如图7-2-1所示。

1. **发起（清算）行处理流程（见图7-2-2）**

（1）发起准备。根据发起人的要求确定支付业务的优先支付级次：发起人要求的救灾、战备款项为特急支付；发起人要求的紧急款项为紧急支付；其他支付为普通支付。

（2）各行内处理。根据发起人提交的原始凭证和要求，在直连模式下，行内业务处理系统将规定格式标准的支付报文发送前置机系统。

（3）往账交易处理。作为发起行的工行杭州经开支行的会计分录为：

借：活期存款（或应解汇款）——红叶有限公司　　　500 000

　　贷：大额支付往来　　　　　　　　　　　　　　　　　500 000

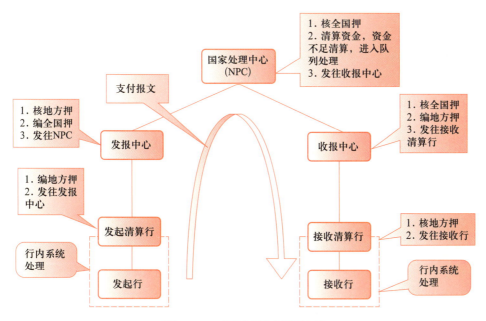

图 7-2-1 大额支付业务操作流程

图 7-2-2 发起（清算）行处理流程

作为发起清算行的工行杭州分行的会计分录为：

借：大额支付往来 500 000

    贷：存放中央银行款项 500 000

（4）信息发送。前置机系统自动逐笔加编地方密押后发送发报中心。

2. 发报中心处理

发报中心收到发起清算行发来的支付信息，确认无误，加编全国密押，实时送发国家处理中心。作为发报中心的中国人民银行杭州支行的会计分录为：

借：工商银行存款——杭州支行 500 000

    贷：大额支付往来 500 000

3. 国家处理中心处理

国家处理中心收到发报中心发来的支付报文，逐笔确认无误后进行资金清算，并将支付信息发往收报中心。

4. 收报中心处理

收报中心接收国家处理中心的支付信息，确认无误后，逐笔加编地方密押实时发送接收清算行。作为收报中心的中国人民银行南京分行的会计分录为：

借：大额支付往来　　　　　　　　　　　　　　　500 000

　　贷：建设银行存款——南京分行　　　　　　　　　　500 000

5. 接收（清算）行处理流程（见图7-2-3）

图 7-2-3　接收（清算）行处理流程

在直连模式下，商业银行前置机收到收报中心发来的支付信息，逐笔确认后发送至行内业务处理系统进行账务处理，并打印支付信息。作为接收清算行的建行南京分行的会计分录为：

借：存放中央银行款项　　　　　　　　500 000

　　贷：大额支付往来　　　　　　　　　　500 000

作为接收行的建行南京鼓楼支行的会计分录为：

借：大额支付往来　　　　　　　　　　500 000

　　贷：活期存款——海天货运公司　　　　500 000

在间连模式下，商业银行前置机收到收报中心发来的支付信息，逐笔确认后，打印支付系统专用凭证，再在行内业务处理系统进行账务处理。会计分录为：

借：存放中央银行款项　　　　　　　　500 000

　　贷：活期存款——海天货运公司　　　　500 000

 动动脑

> 1. 大额实时支付系统的业务范围包括哪些?
>
> 2. 大额实时支付系统的会计科目有哪几个? 其使用方法如何?

任务活动2　小额普通贷记支付业务处理

业务引入：

2023年9月8日，工行杭州滨江支行开户单位海康有限公司（6222023803015697）将20 000元货款汇给农行南京仙林支行开户的东南货运有限公司（4564221010000456）。

操作流程：

小额普通贷记支付业务操作流程如图7-2-4所示。

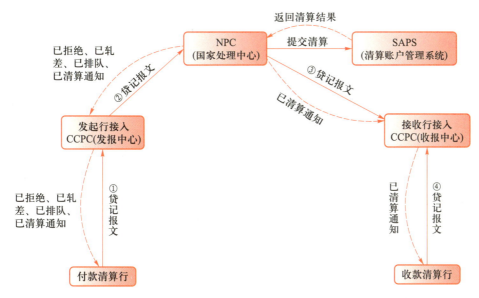

图 7-2-4 小额普通贷记支付业务操作流程

1. 付款清算行的处理

工行杭州滨江支行根据客户提交的普通贷记支付业务凭证（或信息），审核无误后进行账务处理。会计分录为：

借：活期存款——海康有限公司   20 000

    贷：小额支付往来   20 000

作为付款清算行的工行杭州分行的会计分录为：

借：小额支付往来   20 000

    贷：待清算支付款项   20 000

完成账务处理后，在直连模式下，行内系统按收款清算行组包后发送前置机。前置机收到业务包后，对包的格式、业务权限、每笔业务的金额上限进行检查，并对包的笔数和金额总分核对后，逐包加编地方密押发送至发报中心。

2. 发报中心的处理

发报中心收到付款清算行发来的业务包后，进行格式、业务权限等合法性检查并核验地方密押。发报中心对检查、核押无误的同城业务进行净借记限额检查。检查通过的纳入轧差处理并对业务包标记"已轧差"状态，转发收款清算行，同时向付款清算行返回已轧差信息；检查未通过的，将业务包作排队处理并向付款清算行返回已排队信息。发报中心对检查、核押无误的异地业务加编全国密押后转发NPC。

3. NPC 的处理

NPC收到发报中心发来的业务包，进行合法性检查并核验全国密押。NPC对检查、核押无误的业务包进行净借记限额检查。检查通过的纳入轧差处理并对业务包标记"已轧差"状态，转发收报中心，同时向发报中心返回已轧差信息；检查未通过的，将业务包作排队处理并向发报中心返回已排队信息。

4. 收报中心的处理

收报中心收到NPC发来的业务包，核验全国密押无误后，加编地方密押转发收款清算行。

5. 收款清算行的处理

银行行内业务处理系统与前置机直连的，前置机收到收报中心发来的业务包，逐包确认并核验地方密押无误后，发送至行内系统拆包并立即进行账务处理。作为收款清算行的农行南京分行的会计分录为：

借：待清算支付款项　　　　　　　　　　　　　20 000
　　贷：小额支付往来　　　　　　　　　　　　　　20 000

作为收款行的农行南京仙林支行的会计分录为：

借：小额支付往来　　　　　　　　　　　　　　20 000
　　贷：活期存款——东南货运有限公司　　　　　　20 000

6. 资金清算后的账务处理

付款清算行工行杭州分行收到已清算通知，进行账务处理，其会计分录为：

借：待清算支付款项　　　　　　　　　　　　　20 000
　　贷：存放中央银行款项　　　　　　　　　　　　20 000

收款清算行收到已清算通知，进行账务处理，其会计分录为：

借：存放中央银行款项　　　　　　　　　　　　20 000
　　贷：待清算支付款项　　　　　　　　　　　　　20 000

 动动脑

我们已经学习过的哪些业务属于小额普通贷记业务？

任务活动3　小额普通借记支付业务处理

业务引入：

中国银行杭州武林支行开户单位2023年9月13日为开户单位健帆医药有限公司（200200102000724）兑付银行本票一份，金额为30 000元，本票出票行为农行杭州西湖支行，申请人为凯勒货运有限公司（200500105000456），代理付款行中行杭州武林支行向出票行农行杭州西湖支行发送本票兑付信息，结算本票款项。

操作流程：

小额普通借记业务操作流程如图7-2-5所示。

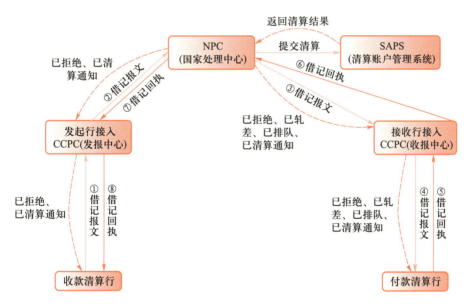

图 7-2-5　小额普通借记业务支付流程图

1. 发起借记业务的处理

（1）收款（清算）行的处理。收款（清算）行根据客户提交的普通借记支付业务凭证（或信息）确定每笔业务的借记回执信息最长返回时间 N 日，按相同的 N 和付款清算行组包后经前置机加编地方密押后发送发报中心。

（2）发报中心的处理。发报中心收到收款清算行发来的业务包后，进行合法性检查并核验地方密押，核验无误后登记借记业务登记簿。发报中心对同城业务转发付款清算行，对异地业务加编全国密押后发送NPC。

（3）NPC的处理。NPC收到发报中心发来的业务包，进行合法性检查并核验全国密押，核验无误后登记借记业务登记簿并将业务包转发给收报中心。

（4）收报中心的处理。收报中心收到 NPC 发来的业务包，核验全国密押无误后，登记借记业务登记簿并加编地方密押后转发付款（清算）行。

（5）付款（清算）行的处理。付款（清算）行收到收报中心发来的业务包，逐包确认并核验地方密押无误后，登记借记业务登记簿并发送至行内业务处理系统拆包和处理。

2. 借记业务回执的处理

（1）付款（清算）行的处理。付款（清算）行收到借记业务后，立即检查协议，执行扣款，并进行扣款的账务处理。付款（清算）行对原包业务全部扣款成功的，应立即返回借记业务回执包；到期日原包业务无论扣款是否成功，应返回借记业务回执包。回执包经前置机加编地方密押后发送至收报中心。

付款行农行西湖支行的会计分录为：

借：开出本票   30 000

  贷：小额支付往来   30 000

付款清算行农行杭州分行的会计分录为：

借：小额支付往来   30 000

  贷：待清算支付款项   30 000

（2）收报中心的处理。收报中心收到付款清算行发来的借记业务回执包，进行合法性检查并核验地方密押。对检查、核押无误的同城借记业务回执包中的成功金额进行净借记限额检查。对检查通过的实时纳入轧差处理、销记登记簿，并对包标记"已轧差"状态后转发收款清算行，同时向付款清算行返回已轧差信息；净借记限额检查未通过的，做排队处理并向付款清算行返回已排队信息。对检查、核押无误的异地借记业务回执包加编全国密押后发往NPC。

（3）NPC的处理。NPC收到 CCPC 发来的借记业务回执包，进行合法性检查并核验全国密押。NPC 对检查、核押无误的借记业务回执包中的成功金额进行净借记限额检查。检查通过的实时纳入轧差处理，销记登记簿，并对包标记"已轧差"状态后转发发报中心；净借记限额检查未通过的，进行排队处理并向收报中心返回已排队信息。

（4）发报中心的处理。发报中心收到 NPC 发来的借记业务回执包，核验全国密押无误后销记登记簿，并加编地方密押后转发收款（清算）行。

（5）收款（清算）行的处理。收款（清算）行前置机收到 CCPC 发来的借记业务回执包，逐包确认并核验地方密押无误后销记登记簿，发送至行内业务处理系统拆包并立即进行账务处理。

收款清算行中行杭州分行的会计分录为：

借：待清算支付款项　　　　　　　　　　　　　30 000

　　贷：小额支付往来　　　　　　　　　　　　　　　　30 000

收款行中行杭州武林支行的会计分录为：

借：小额支付往来　　　　　　　　　　　　　　30 000

　　贷：活期存款——健帆医药有限公司户　　　　　　　30 000

3. 资金清算后的账务处理

付款清算行农行杭州分行收到已清算通知，进行账务处理，其会计分录为：

借：待清算支付款项　　　　　　　　　　　　　30 000

　　贷：存放中央银行款项　　　　　　　　　　　　　　30 000

收款清算行收到已清算通知，进行账务处理，其会计分录为：

借：存放中央银行款项　　　　　　　　　　　　30 000

　　贷：待清算支付款项　　　　　　　　　　　　　　　30 000

 动动脑

我们已经学习过的哪些业务属于小额普通借记业务？

行业观察

中国现代化支付系统

随着高科技的迅猛发展，近些年来，我国支付清算系统日趋完善。除前文介绍的商业银行系统内支付清算系统、大额实时支付系统、小额批量支付系统之外，还有网上支付跨行清算系统、境内外币支付系统、人民币跨境支付系统等多个清算系统，形成了完整的清算体系架构，为各银行业金融机构及金融市场提供了安全高效的支付清算平台，对经济金融和社会发展的促进作用日益显现。

1. 网上支付跨行清算系统

网上支付跨行清算系统是中国人民银行建设的人民币跨行支付清算基础设施，是中国现代化支付系统的重要组成部分。网上支付跨行清算系统主要支持网上跨行零售业务的处理，业务指令逐笔发送、批量轧差、定时清算。网上支付跨行清算系统支持银行业金融机构以及经中国人民银行批准获得支付业务许可证的非金融支付服务机构的接入，并可以向客户提供全天候的支付服务。依托网上支付跨行清算系统的支持，客户通过商业银行的网银系统办理跨行转账汇款业务，可以及时在线了解支付业务的资金到账情况；非金融支付服务机构接入网上支付跨行清算系统后，只需在一家商业银行开立结算账户即可支持加入网上支付跨行清算系统的各家商业银行的网银用户办理支付。另外，网上支付跨行清算系统还支持客户进行跨行账户信息查询，便于客户进行财富管理。网上支付跨行清算系统拓扑结构如图7-2-6所示。

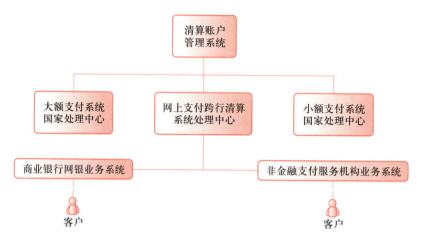

图 7-2-6　网上支付跨行清算系统拓扑结构

2. 境内外币支付系统

境内外币支付系统是为我国境内银行业机构和外币清算机构提供外币支付服务的实时全额支付系统。该系统由中国人民银行牵头建设，由清算总中心集中运营，由直接参与机构等单一法人集中接入，采用"Y"形信息流结构，由外币清算处理中心负责对支付指令进行接收、清算和转发，由代理结算银行负责对支付指令进行结算。为办理外币支付业务，参与者需在代理结算银行开立外币结算账户，并与代理结算银行签订代理结算服务协议。境内外币支付系统的主要功能包括：提供安全、可靠的外币资金清算服务；提供多币种、高效率的外币资金清算服务；提供便捷的外币资金清算服务；营造公平的外币结算环境；助力中央银行强化外币资金流动监管。境内外币支付系统拓扑结构如图7-2-7所示。

3. 人民币跨境支付系统

人民币跨境支付系统是专司人民币跨境支付清算业务的支付系统，旨在进一步整合现有人民币跨境支付结算渠道和资源，提高跨境清算效率，满足各主要时区的人民币业务发展需要，提高交易的安全性，构建公平的市场竞争环境。该系统的主要功能包括：一是连接境内外直接参与者，处理人民币贸易类、投资类等跨境支付业务，满足跨境人民币业务不断发展的需要，间接参与者可通过直接参与者享受系统结算服务；二是可实现混合结算功能，包括实时全额结算、定时净额结算；三是采用国际通行报文标准，保证报文的兼容性和扩展性，支持传输包括中文、英语在内的报文信息；四是满足主要时区（亚、非、欧、美）人民币结算需求；五是提供通用网络和专用网络两种接入方式供参与者自行选择。

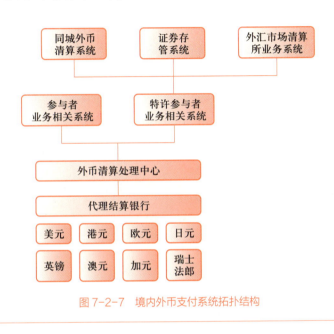

图 7-2-7　境内外币支付系统拓扑结构

任务三　中国银联清算业务操作处理

【知识储备】

1. 中国银联股份有限公司

中国银联股份有限公司（简称中国银联）是我国目前最大的也是唯一的中国银行卡联合组织，是经国务院同意，由中国人民银行批准设立的股份制金融机构，是在合并全国信用卡信息交换总中心和18个城市的银行卡中心的基础上，由中国工商银行、中国银行、中国建设银行、中国农业银行、交通银行等银行卡发卡金融机构共同发起设立的。作为中国的银行卡联合组织，中国银联处于我国银行卡产业的核心和枢纽地位，对我国银行卡产业发展发挥着基础性作用，各银行通过银联跨行交易清算系统，实现了系统间的互联互通，进而使银行卡得以跨银行、跨地区和跨境使用。

2. 银行卡参与主体

（1）发卡机构。发卡机构指的是发行银行卡提供消费者使用，提供方便快捷的资金划拨服务的机构。在金融系统较为发达的欧美国家，有专业性非银行信用卡公司可以从事发卡业务，如美国运通（American Express）。而亚洲大多数国家都属于起步较晚、监管严格的金融市场，根据我国现行《银行卡业务管理办法》第二条、第十三条，只有银行机构具备发行银行卡的资格，即发卡机构为商业银行。

（2）收单机构。收单机构，广义上除了商业银行还包括非银行收单机构，是负责处理签约商户的资金结算等业务的机构，利润来源于交易手续费。其运作模式是由收单机构与其签有协议的商户或持卡人提供收单业务，可以分为网络收单、POS收单和ATM收单。随着第三方支付平台的兴起，收单外包服务形式开始普及，非银行收单机构正逐渐增多。

（3）持卡人和特约商户。持卡人是使用银行卡进行消费活动的机构和个人，在服务环节中表现为服务的消费者。特约商户是经银行卡组织授权，受理银行卡支付业务，包括进行验卡、核对签购单与签名的商业主体。持卡人与特约商户通常表现为交易中的买卖双方。

3. 中国银联支付清算系统内涵

银联作为银行卡清算系统核心的交换中心，属于现代化支付与清算系统的组成部分之一，但本身一般不具备资金清算功能，而是日结后向中国人民银行大（小）额支付系统提交清分数据，由中国人民银行大（小）额支付系统对成员进行借、贷交易汇总轧差后的净额清算，完成最终支付。银联支付清算包括跨行清算和收单清算，其中，跨行清算是针对收单机构和发卡机构的清算，收单清算是代替收单机构针对商户和收单专业化服务机构的清算。

两种清算方式均采用自主清算，其相应的对账方式是先以银联清分结果为准，先行办理资金划拨，然后成员机构、第三方机构或商户再根据银联的对账文件，比对本身的交易明细，如果有错误就通过差错方式处置。

【任务活动】

任务活动1　收单清算业务处理

操作流程：

实时交易阶段的收单清算，一般由持卡人在收单行终端上发起，经收单行主机、交换中心，送达发卡行主机，发卡行记账或授权后发出相应报文，经交换中心、收单行主机返回收单行交易终端。整个过程可以描述为：消费者持发卡行A的银行卡在商场进行刷卡消费，由与商场签约的收单行B向商场先垫付货款；发卡行A与收单行B都是银联的会员银行，发卡行A与收单行B通过银联提供的清算通道进行结算，最后由发卡行A从消费者的银行卡中扣除消费的货款，如图7-3-1所示。

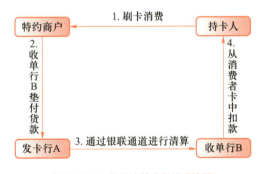

图7-3-1　收单清算业务处理流程

任务活动2　跨行清算业务处理

操作流程：

跨行清算阶段包括清分、对账和清算。清分主要是将当日的全部网络交易数据按照各成员之间本行代理他行业务、他行代理本行业务、贷记、借记、笔数、金额、轧差净额等进行汇总、整理、分类。对账以清分为基础，信息交换中心与成员之间进行汇总性的网上联机对账，核对交易记录信息（而非银行之间的资金转移信息）。清算在清分与对账的基础上进行，信息交换中心向中国人民银行的大（小）额支付系统提交各成员行和交换中心之间的净额清算数据，由中国人民银行的大（小）额支付系统按照预先商定的清算方式发起清算，在成员行的清算账户之间实施清算划付，或通过清算网络传递资金调拨指令，完成银行间的清算，如图7-3-2所示。

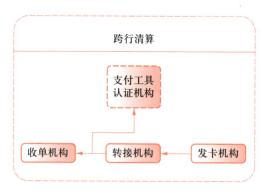

图 7-3-2　跨行清算业务处理流程

知识链接

　　网联支付清算系统（EPCC）全名为"非银行支付机构网络支付清算平台"（以下简称网联），作为全国统一的清算系统，主要处理非银行支付机构发起的涉及银行账户的网络支付业务，实现非银行支付机构及商业银行一点接入，提供公共、安全、高效、经济的交易信息转接和资金清算服务，组织制定并推行平台系统及网络支付市场相关的统一标准规范，协调和仲裁业务纠纷，提供风险防控等专业化的配套及延展服务。

　　该系统采用"三地六中心"的方案，平台部署在北京、上海、深圳三地，设置6个机房（即"六中心"），两地两中心之间采用不同运行商的两条高速优质线路互联，单数据中心设计处理能力3万笔/秒，6数据中心极值处理能力18万笔/秒。"三地六中心"的分布式架构，也将实现多点多活、冗余容错、智能导流的作用。

　　网联主要具有五项业务功能：以客户、支付机构、商户、银行等已有协议委托为前提的协议支付、商业委托支付等协议类支付两项功能；和不以协议为前提，在支付中进行验证，验证成功即可支付的网关支付和认证支付等认证类支付两项功能，以及适用于商户结算的付款功能。

职业素养提升

支付清算系统的自主建设之路

　　为适应我国经济金融发展对支付结算的要求，20世纪90年代初中国人民银行通过引进国际先进理念和清算模式，开启了建设现代化支付系统的探索之路。2000年中国人民银行提出了"以我为主"的建设原则，按照先实现支付系统核心功能后丰富完善的策略，先后建设了大额实时支付系统、小额批量支付系统、全国支票影像交换系统、境内外币支付系统、电子商业汇票系统、网上支付跨行清算系统、人民币跨境支付系统等清算系统，支付清算系统的功能不断完善，银行与非银行支付机构统筹兼顾、国内与国外统筹兼顾、本币与外币统筹兼顾的支付清算体系逐渐形成，领先国际、自主可控，可有效化解系统性风险，为保障国家金融安全、维护金融稳定、促进经济发展、服务国计民生提供了有力支撑。

　　中国支付清算系统在建设的30余年中取得了辉煌的成就，凝聚了建设者的汗水，彰显了建设者爱岗敬业的奉献精神、攻坚克难的担当精神、勇于创新的拼搏精神、踔厉奋发的时代精神，也印证了坚持改革创新、与时俱进，善于自我完善、自我发展是中国特色社会主义现代化建设的必由之路。

项目八

金融机构往来业务处理

【学习目标】

素养目标：

- 关注金融热点问题和政策走向，读懂政策内涵，提升政治经济素养，强化爱国主义情怀
- 培养严谨细致的工作态度，传承精益求精的金融工匠精神

知识目标：

- 了解商业银行与中央银行往来业务的种类及基本规定，熟悉相关业务凭证的格式、具体填制与审核要求
- 了解商业银行之间往来业务的种类及基本规定，熟悉相关业务凭证的格式，掌握具体的填制与审核要求

能力目标：

- 能够按照具体业务规定规范进行向中央银行存取现金、缴存存款准备金、再贷款、再贴现等业务各环节的操作处理与会计核算
- 能够按照具体业务规定规范进行商业银行之间同城票据交换、同业拆借、转贴现等业务各环节的操作处理和会计核算

【内容导航】

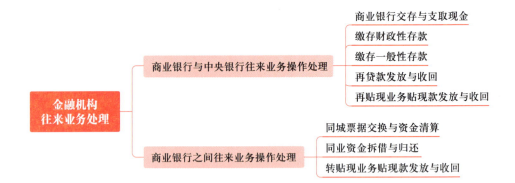

任务一　商业银行与中央银行往来业务操作处理

【知识储备】

1. 商业银行与中央银行往来业务

商业银行与中央银行往来是指商业银行与中央银行之间因资金融通、调拨、汇划款项等引起的资金账务往来，包括商业银行向中央银行送存或提取现金、缴存存款准备金、向中央银行再贷款、办理再贴现及通过央行汇划款项等（见图8-1-1）。

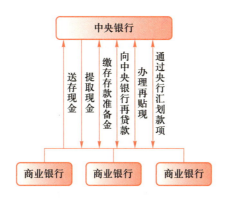

图 8-1-1　商业银行与中央银行资金账务往来

商业银行在日常经营过程中需要根据业务量保留一定数量的现金以满足客户的现金存取需要。当商业银行库存现金超过规定限额或库存现金不足支付时，需要向中央银行办理现金交存与现金支取业务。

缴存存款是指商业银行和其他金融机构将吸收的存款，按规定的比例或全额缴存中国人民银行。商业银行吸收的存款按其性质可以划分为三大类：财政性存款、企事业单位存款和城乡居民存款。财政性存款属于中国人民银行的资金，商业银行不得占用，应全额缴存中国人民银行；后两类属于商业银行所组织的一般性存款，构成商业银行自身的信贷资金来源，应按规定比例缴存存款准备金。

商业银行在日常经营过程中营运资金发生困难，导致在中央银行的存款账户资金不足时，可以向中央银行申请再贷款，或者将已办理过贴现的商业汇票转让给中央银行，申请办理再贴现业务，进行资金融通。

2. 一般性存款

（1）一般性存款的缴存范围。一般性存款包括企业存款、储蓄存款、农村存款、部队存款、基建单位存款、机关团体存款、财政预算外存款、委托存款和委托贷款的差额以及其他存款。

（2）一般性存款的缴存规定。

①缴存的比例。根据国家宏观经济调控的需要，基于金融体系流动性状况考虑，自2019年5月我国各商业银行一般性存款的准备金率（即商业银行缴存的存款准备金占其吸收的一般性存款的比例）形成了"三档两优"的基本框架比例，自2021年12月起，"两优"考核不再执行。中国人民银行决定于2023年9月15日下调金融机构的存款准备金率，下调后，金融机构加权平均存款准备金率约为7.4%。

②调整缴存的时间。各商业银行每旬调整一次，于旬后5日内办理。部分县域农村金融机构每月调整一次，可在每月后8日内调整。期限内遇节假日不顺延，期满日为节假日顺延。

③调整缴存款的计算方法。各商业银行应按旬根据一般性存款余额平均数，按规定缴存比例计算调整增加（或减少）的存放中央银行款项。

④其他规定。第一，现行制度规定，存放中央银行款项由各金融机构法人统一向当地的中国人民银行缴存。第二，中国人民银行对金融机构法人的存放中央银行款项，于每日日终考核其存款准备金率，日间只控制其存款账户的透支行为。第三，中国人民银行对金融机构分支机构的存款，不考核存款准备金率，只控制其存款账户的透支行为。第四，金融机构的法人存款账户日终、旬后未按规定比率存入准备金和金融机构未及时向中国人民银行报送有关报表时，中国人民银行按有关规定予以处罚。

【任务活动】

任务活动1　商业银行交存与支取现金

业务引入：

1. 2023年8月1日模拟银行金苑支行（0000122410010006）填交现金交款单，向中国人民银行交存现金9 000 000元。中国人民银行经审核无误后，办理现金入库手续。

2. 2023年8月1日模拟银行金苑支行（0000122410010006）填制现金支票，向中国人民银行申请支取现金7 500 000元。中国人民银行经审核无误后，办理现金支取手续。

操作流程:

商业银行向中央银行交存与支取现金的操作流程如图8-1-2所示。

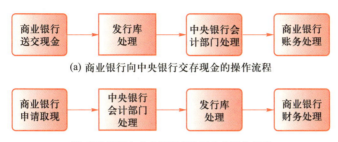

(a) 商业银行向中央银行交存现金的操作流程

(b) 商业银行向中央银行支取现金的操作流程

图 8-1-2　商业银行向中央银行交存与支取现金的操作流程

1. 商业银行向中央银行交存现金

（1）商业银行送交现金。商业银行填制现金交款单（见表8-1-1）连同现金一并送交中央银行。

表8-1-1　现金交款单

中国人民银行 **现金交款单**

2023 年 8 月 1 日　　　　　　账号: 0000122410010006

交款单位（公章）: 模拟银行金苑支行

摘要	营业款	券别	版别	捆数	金　额/元
上款已如数交存		100		900	9 000 000.00
现金收讫章及管库员章					
	合　计				￥ 9 000 000.00
人民币(大写)	玖佰万元整				

业务主管:　　　　　　复核:　　　　　　　　制单:

（右侧竖排）第二联　会计部门记账凭证附件

（2）发行库处理。发行库审核现金交款单无误并收妥款项后，在现金交款单上加盖现金收讫章及经办人员名章后，将回单退给交款的商业银行。记账如下:

收入: 发行基金——本身库户　　　　　9 000 000

同时，将发行基金入库凭证有关联次连同"现金交款单"送交会计部门。

每日营业终了，应将当天货币回笼数额电报上级库。

（3）中央银行会计部门处理。中央银行会计部门收到发行库转来的"现金交款单"及"发行库入库凭证"，经审核无误后，以现金交款单作为现金收入传票，填制"发行基金往来"科目借方传票进行账务处理。其会计分录为：

借：发行基金往来　　　　　　　　　　　　9 000 000

　　贷：其他银行存款——模拟银行金苑支行　　　9 000 000

（4）商业银行账务处理。商业银行依据中央银行退回的现金交款单回单联，填制现金付出传票，现金交款单回单联作附件，进行账务处理。会计分录为：

借：存放中央银行款项　　　　　　　　　　9 000 000

　　贷：现金　　　　　　　　　　　　　　　　9 000 000

2. 商业银行向中央银行支取现金

（1）商业银行申请取现。商业银行填制现金支票（见表8-1-2），交中央银行会计部门。

表8-1-2　现 金 支 票

（2）中央银行会计部门处理。中央银行会计部门收到商业银行交来的现金支票，经审查无误后，作为现金付出传票，另填制发行基金往来科目贷方传票处理账务。其会计分录为：

借：其他银行存款——模拟银行金苑支行　　　7 500 000

　　贷：发行基金往来　　　　　　　　　　　　7 500 000

同时，在记账传票上加盖记账、复核和有关人员名章后交发行库办理付款。

（3）发行库处理。发行库收到会计部门转来的现金支票和现金贷方传票，经对商业银行取款人员工作证及预留印鉴核对无误后，填制发行库出库凭证。发行库在商业银行的现金支票上加盖现金付讫章及经办人员章，配款并付出现金。记账如下：

付出：发行基金——本身库户　　　　　7 500 000

每日营业终了，应将当天货币发行数额电报上级库。

（4）商业银行账务处理。商业银行领入现金后经查验无误，填制现金收入传票，以现金支票存根联作附件进行账务处理。会计分录为：

借：现金　　　　　　　　　　　　　7 500 000

　　贷：存放中央银行款项　　　　　　　7 500 000

知识链接

商业银行向中央银行交存现金又称为货币回笼，是指商业银行（或本行业务库）将超过库存限额的货币缴入发行库，使其退出流通领域，转作发行基金。商业银行向中央银行支取现金又称为货币发行，是指发行库将发行基金支付给商业银行（或本行业务库），使其进入流通领域，称为流通中的货币。

动动手

（1）模拟银行金苑支行填交现金交款单向当地中国人民银行缴存现金8 000 000元。

（2）模拟银行金苑支行填制现金支票，向当地中国人民银行要求支取现金5 000 000元。

任务活动2　缴存财政性存款

业务引入：

1. 2023年6月30日模拟银行金苑支行财政性存款各科目余额为70万元，7月3日初次向中国人民银行办理缴存款。

2. 该支行7月10日财政性存款各科目余额为84万元。7月12日填制划拨凭证向中国人民银行办理调整缴存款。

3. 该支行7月20日财政性存款各科目余额为61万元。7月25日填制划拨凭证向中国人民银行办理调整缴存款。

操作流程:

商业银行缴存财政性存款的操作流程见图8-1-3所示。

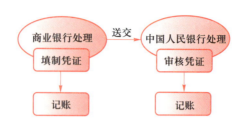

图8-1-3　商业银行缴存财政性存款的操作流程

1. 商业银行初次缴存

（1）填制凭证。商业银行初次向中国人民银行缴存财政性存款时，应根据有关存款科目余额，填制"缴存财政性存款科目余额表"一式两份，并按规定比例计算出应缴存的金额，填制"缴存（或调整）财政性存款/一般性存款划拨凭证"（简称"划拨凭证"），见表8-1-3一式四联。

表8-1-3　划拨凭证

(2) 缴存（或调整）财政性存款/一般性存款 划拨凭证（借方凭证）											总字第　　号　字第　　号

2023 年 7 月 3 日

| 缴款银行 | 名称 | 模拟银行金苑支行 | | | | | 收受银行 | 名称 | 中国人民银行　杭州中心支　行 | | | |
| 账号 | | 0000122410010006 | | | | | | 账号 | 0000126510010005 | | | |

存款科类别		月	日余额					缴存比例	应缴存款金额			
		千	百	十	万	千	百	十	元		亿 千 百 十 万 千 百 十 元
1. 财政性存款和建设银行转存款										100%	￥ 7 0 0 0 0 0
2. 一般存款										%	
3.										%	
4.										%	
5. 应付缴存存款金额合计 (1) 或 (2+3+4)											￥ 7 0 0 0 0 0
6. 已提缴存款余额											

| 7. 本次应收退回存款差额（6-5） | | | | 8. 本次应付补缴存款差额（5-6） | | | |

| 上列缴存金额或应补缴和应退回的差额，已按规定办理划转。 缴存银行盖章　　　年　月　日 | 会计分录： 科目（借）缴存中央银行财政性存款 对方科目（贷）存放中央银行款项 转账日期　　年　　月　　日 |

| 会计　　　　　　复核　李君　　　　　记账　赵燕 |

注：财政性存款与一般性存款、凭证应分别填写。

第二联　缴存银行（专业银行）代转账借方传票。

（2）账务处理。以划拨凭证第一、二联作借、贷方传票，会计分录为：

借：缴存中央银行财政性存款　　　　　　　　　　　　700 000
　　　贷：存放中央银行款项　　　　　　　　　　　　　　　700 000

（3）送交凭证。将划拨凭证第三、四联随附一份缴存财政性存款科目余额表送交中国人民银行，另一份余额表留存。

2. 中国人民银行受理缴存款

（1）审核凭证。中国人民银行接到商业银行送来的"缴存财政性存款科目余额表"和划拨凭证第三、四联，按照业务规定进行审核。

（2）账务处理。以划拨凭证第三、四联分别作借、贷方传票办理转账，会计分录为：

借：模拟银行存款——金苑支行　　　　　　　　　　　700 000

　　贷：模拟银行划来财政性存款——金苑支行　　　　　　700 000

3. 商业银行调整缴存款项

商业银行在规定日期（按旬或按月）调整缴存款时，仍应填制"缴存财政性存款科目余额表"和"缴存（或调整）财政性存款/一般性存款划拨凭证"，以本旬末（或月末）各科目余额总数与上次已办理缴存款的同类各科目旬末（或月末）的余额总数进行比较，若为调增补缴，其会计分录与初缴时相同（见表8-1-4）。会计分录为：

表8-1-4　划　拨　凭　证

借：缴存中央银行财政性存款　　　　　　　　　　　140 000

　　贷：存放中央银行款项　　　　　　　　　　　　　140 000

若为调减退回，则会计分录相反（划拨凭证见表8-1-5）。

表8-1-5 划 拨 凭 证

（2）缴存（或调整）财政性存款/一般性存款 划拨凭证（借方凭证）

2023 年 7 月 25 日　　　　　　　　　　　　总字第　　号　字第　　号

缴款银行	名称 模拟银行金苑支行								收受银行	名称 中国人民银行　杭州中心支　行							
	账号 0000122410010006									账号 0000126510010005							

注：财政性存款与一般性存款、凭证应分别填写。

存款科类别	月　　日余额								缴存比例	应缴存款金额							
	亿	千	百	十	万	千	百	十	元		亿	千	百	十	万	千	百	十	元
1. 财政性存款和建设银行转存款			¥	6	1	0	0	0	0	100%								
2. 一般存款										%								
3.										%		¥	6	1	0	0	0	0
4.										%		¥	6	1	0	0	0	0
5. 应付缴存款金额合计（1）或（2+3+4）												¥	6	1	0	0	0	0
6. 已提缴存款余额												¥	8	4	0	0	0	0

7. 本次应收退回存款差额（6-5）	¥	2	3	0	0	0	0	8. 本次应付补缴存款差额（5-6）							

上列缴存金额或应补缴和应退回的差额，已按规定办理划转。

缴存银行盖章　　　　年　　月　　日

会计分录：
科目（借）存放中央银行款项
对方科目（贷）缴存中央银行财政性存款
转账日期　　年　　月　　日

会计　　　　　　复核 李 君　　　　记账 赵 燕

第二联　缴存银行（专业银行）代转账借方传票。

　　借：存放中央银行款项　　　　　　　　　　　　　　　230 000
　　　　贷：缴存中央银行财政性存款　　　　　　　　　　230 000

"缴存财政性存款科目余额表"和"缴存（或调整）财政性存款/一般性存款划拨凭证"的处理与前述相同。

4. 中国人民银行受理缴存款调整

中国人民银行接到商业银行送来的"缴存财政性存款科目余额表"和"缴存（或调整）财政性存款/一般性存款划拨凭证"第三、四联，经审核无误后办理转账。若为调增补缴，其会计分录与初缴时相同；若为调减退回，则会计分录相反。"缴存财政性存款科目余额表"和"缴存（或调整）财政性存款/一般性存款划拨凭证"的处理与前述相同。

知识链接

1. 财政性存款的缴存范围

财政性存款的缴存范围包括国家金库款轧减中央经费限额支出数、待结算财政款项轧减借方数、财政发行期票轧减应收期票款项、财政发行的国库券及各项债券款项轧减已兑付国库券及各项债券款项。

2. 财政性存款缴存的一般规定

（1）缴存款的比例。财政性存款属于中央银行信贷资金，应全额（缴存比例为100%）缴存中国人民银行。

（2）调整缴存款的时间。商业银行向中国人民银行缴存财政性存款的时间，除第一次按规定缴存外，城市分支行（包括所属部、处）每旬调整一次，于旬后5日内办理；县支行及其所属处所，每月调整一次，于月后8日内办理，如遇调整日最后一天为节假日，则可顺延。

（3）调整缴存款的计算方法。商业银行划缴或调整财政性存款时，应按本旬（月）末各科目余额总数与上期同类各科目旬（月）末余额总数对比，按实际增加或减少数进行调整，计算应缴存金额。缴存（调整）金额以千元为单位，千元以下四舍五入。

3. 商业银行发生欠缴的处理

商业银行发生欠缴时，仍需要填制"缴存财政性存款科目余额表"，并根据本次能够实际缴纳的金额填制划拨凭证，将此凭证内的"本次应补缴金额"栏改为"本次实缴金额"，并在凭证的备注栏内注明本次应补缴金额和本次欠缴的金额。经审核无误后，据划拨凭证的第一、二联办理转账手续，其实缴部分的会计分录与调增补缴时相同。另根据欠缴金额填制欠缴凭证一式四联，各联用途与划拨凭证相同。同时填制待清算凭证表外科目收入传票，凭以记载表外科目登记簿。

🤚 动动手

（1）模拟银行金苑支行5月20日财政性存款各科目的余额共计1 230 000元，上旬调整缴存款后，"缴存中央银行财政性存款"科目的余额为1 320 000元，5月22日办理调整。请分别作出模拟银行金苑支行和中国人民银行有关的会计分录。

（2）模拟银行金苑支行6月20日财政性存款各科目的余额共计750 000元，上旬调整缴存款后，"缴存中央银行财政性存款"科目的余额为620 000元，6月24日办理调整。请分别作出模拟银行金苑支行和中国人民银行有关的会计分录。

任务活动3　缴存一般性存款

操作流程：

一般性存款初次缴存的流程（见图8-1-4）。

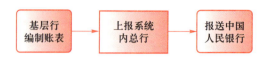

图 8-1-4　一般性存款初次缴存的流程

1. 基层行编制账表

商业银行基层行于旬末编制"一般存款科目余额表"（格式与"缴存财政性存款科目余额表"相同）报上级行，并按规定的比例计算出应缴存的金额。

2. 上报系统内总行

商业银行基层行通过内部汇划将存款逐级划至本系统总行。

3. 报送中国人民银行

总行将汇总全行旬末"一般存款科目余额表"报所在地中国人民银行，根据余额表的合计数按规定的比例计算出应缴存的金额。

知识链接

　　每日日终、旬后5天内，商业银行未按有关规定比率存入准备金和未及时向中国人民银行报送有关报表的，中国人民银行会计部门将填制特种转账借、贷方传票，办理罚款的处理手续。中国人民银行账务处理的会计分录为：

借：××银行存款

　　贷：业务收入——罚款净收入户

商业银行总行账务处理的会计分录为：

借：利润分配——未分配利润（少交、迟交的部分）

或借：营业外支出（欠交存款准备金的罚金）

　　贷：存放中央银行款项

职业素养提升

关注经济金融热点　　读懂国家政策内涵

　　存款准备金率的调整是中国人民银行通过社会货币供应总量调控国民经济运行的货币政策手段之一。为支持实体经济发展，促进综合融资成本稳中有降，2021年中国人民银行两次降低存款准备金率。近年来，中国人民银行持续实施稳健的货币政策，坚持稳字当头，坚持内外平衡，保持流动性合理充裕，保持货币供应量和社会融资规模增速与名义经济增速基本匹配，支持中小企业发展、绿色发展、科技创新，为高质量发展和供给侧结构性改革营造适宜的货币金融环境。

新时代的大学生是未来社会的栋梁，是未来国家建设的主力军，要具有主人翁的精神，关注国家金融经济热点，关注国家政策走向，读懂国家政策内涵，了解国际趋势，提升政治经济素养，强化爱国主义情怀，以正确的价值导向表达自己的爱国热情，实现自身价值。

任务活动4　再贷款发放与收回

操作流程：

再贷款发放与收回的操作流程如图8-1-5所示。

图 8-1-5　再贷款发放与收回的操作流程

微课：
再贷款和再贴现

1. 再贷款发放

（1）商业银行申请贷款。商业银行在向中国人民银行申请再贷款时，应填制一式五联的借款借据送交中国人民银行。

（2）中国人民银行审批并发放贷款。借款借据经货币信贷部门审查批准后，第四联作贷款记录卡留存，其余四联送交会计部门。会计部门收到借款借据并审查无误后，以借款借据的第一、二联分别作转账借方和贷方传票，办理转账。其会计分录为：

借：××银行贷款

　　贷：××银行存款

第三联借款借据盖章后退还借款的商业银行，第五联借款借据按到期日顺序排列妥善保管，并定期与贷款分户账核对，以保证账据一致。

（3）商业银行账务处理。商业银行收到中国人民银行退回的第三联借款借据后，凭以编制转账借方、贷方传票办理转账。会计分录为：

借：存放中央银行款项

　　贷：向中央银行借款

2. 再贷款收回

（1）商业银行到期归还贷款。贷款到期，商业银行应主动办理贷款归还手续，由会计部门填制一式四联再贷款还款凭证提交中国人民银行。

（2）中国人民银行审核并收回贷款。中国人民银行收到商业银行提交的再贷款还款凭证，经审查无误后，以第一、二联还款凭证分别代转账借方、贷方传票，原借款借据第五联作贷方传票附件，办理转账。同时计算利息，填制两联特种转账借方、贷方传票收取利息。会计分录为：

借：××银行存款

　　贷：××银行贷款

　　　　利息收入——金融机构利息收入户

转账后，将还款凭证第三联送计划部门保管，第四联作支款通知退还借款的商业银行。

（3）商业银行账务处理。商业银行收到中国人民银行退回的还款凭证第四联，以其代中国人民银行存款账户的贷方传票，同时另编转账借方传票办理转账。会计分录为：

借：向中央银行借款

　　金融企业往来支出——中央银行往来支出户

　　贷：存放中央银行款项

动动手

模拟银行金苑支行当日发生以下业务：

（1）向中国人民银行申请季节性贷款8 000 000元，期限为3个月，经中国人民银行审查同意办理，年利率为2.97%。

（2）向中国人民银行提交转账支票，归还本日到期的年利率为2.97%、期限为20天的再贷款2 000 000元。

要求：分别作出中国人民银行和模拟银行金苑支行有关的会计分录。

任务活动5 再贴现业务贴现款发放与收回

操作流程：

再贴现业务贴现与收回的操作流程如图8-1-6所示。

图 8-1-6 再贴现业务贴现与收回的操作流程

1. 商业银行申请

商业银行持未到期的商业汇票向中国人民银行申请再贴现时，应根据汇票填制一式五联再贴现凭证，在第一联上签章后，连同汇票一并送交中国人民银行计划资金部门。

2. 中国人民银行审核凭证并办理再贴现

中国人民银行的会计部门接到计划资金部门转来审批同意的再贴现凭证和作成背书转让的商业汇票，经审查确认无误后，按规定的贴现率计算出再贴现利息和实付再贴现金额（计算方法与一般贴现的计算方法相同）将其填入再贴现凭证中，以第一、二、三联再贴现凭证代传票办理转账。会计分录为：

借：再贴现——××银行汇票户

　　贷：××银行存款

　　　　利息收入——再贴现利息收入户

中国人民银行将再贴现凭证第四联作收账通知退还商业银行，第五联到期检查卡按到期日顺序排列妥善保管。

3. 商业银行收到再贴现款项

商业银行收到中国人民银行交给的再贴现收账通知后，应填制二联特种转账借方传票、一联特种转账贷方传票，收账通知作存放中央银行款项借方传票的附件。其会计分录为：

借：存放中央银行款项

　　金融企业往来支出——再贴现利息支出户

　　贷：贴现——汇票户或汇票转贴现户

4. 中国人民银行到期收回再贴现款项

再贴现到期，由中国人民银行作为持票人填制委托收款凭证连同再贴现的票据向付款人办理收款。在收到款项划回时，其会计分录为：

借：清算资金往来（或其他有关科目）

贷：再贴现——××银行汇票户

若中国人民银行收到付款人开户行或承兑银行退回的委托收款凭证、汇票和拒绝付款理由书或未付票款通知书后，追索票款时，可向再贴现的申请银行收取。

 动动手

（1）3月21日，模拟银行金苑支行持一份已办理贴现的银行承兑汇票向中国人民银行申请再贴现。该汇票金额为2 000 000元，3月10日出票，8月10日到期，经异地某农行承兑。中国人民银行经审查同意，当天办理贴现手续，年再贴现率为4.32%。

要求：计算再贴现利息和实付贴现金额，并分别作出中国人民银行和模拟银行金苑支行有关的会计分录。

（2）中国人民银行通过电子联行收到该行托收的一份银行承兑汇票再贴现票款600 000元。请作出中国人民银行收回再贴现款的会计分录。

（3）中国人民银行办理再贴现的一份金额为800 000元的商业承兑汇票到期，经向付款人托收，未获付款。本日向申请再贴现的模拟银行金苑支行收回票款。请分别作出中国人民银行和模拟银行金苑支行有关的会计分录。

任务二　商业银行之间往来业务操作处理

【知识储备】

商业银行之间往来是指各商业银行由于办理跨系统结算、相互拆借及代理业务等引起的资金账务往来，具体包括同城票据交换、同业拆借、转贴现等业务。

（1）同城票据交换是指在同一票据交换区域内的各银行，按照规定的时间，集中到指定场所，相互交换代收、代付票据，轧计差额，清算应收应付资金的办法。

（2）同业拆借是指银行与其他金融机构之间进行的短期资金借贷行为。

（3）转贴现是指商业银行持已贴现的未到期的商业汇票向其他商业银行融通

资金的行为。它是解决商业银行因办理票据贴现而引起资金不足的又一条途径。

【任务活动】

任务活动1　同城票据交换与资金清算

业务引入：

2023年8月1日，模拟银行金苑支行（行号00001）第一次票据交换情况如下：提出支票10张（合计金额300 000元）、进账单7张（合计金额180 000元）；提入支票6张（合计金额200 000元）、进账单8张（合计金额150 000元）。

操作流程：

同城票据交换的操作流程如图8-2-1所示。

图 8-2-1　同城票据交换的操作流程

1. 提出行处理

（1）使用打码机处理提出票据。

（2）根据打码机自动打印的提出票据汇总单，核对本行账务系统中核算的提出票据总额无误后，填制同城票据提出签收单（见表8-2-1）。

表8-2-1　同城票据提出签收单

提出行名：模拟银行金苑支行		2023 年 8 月 1 日			第1场
交换号	笔数	代收金额	笔数	代付金额
00001	7	180 000	10	300 000
合计	7	180 000	10	300 000
总计	7	180 000	10	300 000

（3）将提出票据汇总单、明细清单以及本次交换提出的全部票据一并装入交换专用袋并加封后，提交票据交换所，并进行账务处理。模拟银行金苑支行提出借方票据的会计分录为：

借：其他应收款——提出交换票据应收款 300 000
　　贷：其他应付款——托收票据 300 000

在下一场票据交换没有退票后，为客户办理入账。其会计分录为：

借：其他应付款——托收票据 300 000
　　贷：活期存款——收款人户 300 000

提出贷方票据的会计分录为：

借：活期存款——付款人户 180 000
　　贷：其他应付款——提出交换票据应付款 180 000

2. 票据交换所处理

（1）票据交换所的工作人员在收到各提出行的提出票据后，在检查确认提出票据汇总单和明细清单的汇总金额、批次和票据份数无误后，在同城票据提出签收单上签章，办妥交接手续。

（2）票据清分机在自动识别票据磁码、在票据背后打印过票记录后按提入行进行清分，把提回票据放入各提入行的箱夹。对通过票据清分机的票据进行数据清算，平衡后产生同城票据交换资金差额报告单（见表8-2-2），打印出各交换行的提回明细清单。票据交换所的工作人员则将清分处理后在各提入行箱夹中的票据连同"同城票据交换资金差额报告单"和提回明细清单按提入行整理复查，装入交换专用袋后封包，待交换行在规定时间派员取回。

表8-2-2　同城票据交换资金差额报告单

交换号码 00001												2023 年 8 月 1 日									
摘要	（贷）同城票据清算											（借）同城票据清算									
	张数	百	十	万	千	百	十	元	角	分		张数	百	十	万	千	百	十	元	角	分
提出	收单 7	1	8	0	0	0	0	0	0	0		付单 10	3	0	0	0	0	0	0	0	0
提回	付单 6	2	0	0	0	0	0	0	0	0		收单 8	1	5	0	0	0	0	0	0	0
总金额		3	8	0	0	0	0	0	0	0			4	5	0	0	0	0	0	0	0
	应收差额（借）同城票据清算											应付差额（贷）同城票据清算									
总额			7	0	0	0	0	0	0	0											

（3）中国人民银行根据"同城票据交换资金差额报告单"，办理各交换行的资金清算。其会计分录为：

借：×× 银行存款　　　　　　　　70 000（应付差额行）

　　贷：×× 银行存款　　　　　　　70 000（应收差额行）

3. 提入行处理

提入行在规定时间派员到票据交换所取回封包的提回票据后，核对"同城票据交换资金差额报告单"的提出、提回金额，检查其提回票据金额与提回清单金额是否相符。然后，按支付结算办法对票据有关内容进行审验，并进行相关账务处理。模拟银行金苑支行的会计分录为：

（1）提入借方票据。

借：活期存款——付款人户　　　　　　200 000

　　贷：其他应付款——提入交换票据应付款　　200 000

（2）提入贷方票据。

借：其他应收款——提入交换票据应收款　150 000

　　贷：活期存款——收款人户　　　　　　150 000

（3）交换终了，轧算交换差额的会计分录为：

借：其他应付款——提出交换票据应付款　180 000

　　　　　　　　——提入交换票据应付款　200 000

　　贷：其他应收款——提出交换票据应收款　　300 000

　　　　　　　　——提入交换票据应收款　　150 000

以上借方金额合计小于贷方金额合计，其差额则表示为应收差额，即增加在中国人民银行的存款，其差额作如下处理：

借：存放中央银行款项　　　　　　70 000

若上述借方金额合计大于贷方金额合计，其差额表示为应付差额，即减少在中国人民银行的存款，其差额作如下处理：

　　贷：存放中央银行款项

知识链接

浙江省电子同城清算系统作为电子信息流和票据影像交换相结合的系统，主要通过票据影像交换模式，实现同城票据交换的电子化处理。

1. 特征

（1）浙江省电子同城清算系统在接入模式、清算模式、处理模式上发生了变化。接入模式采用直接接入方式，清算模式采用"集中接入、一点清算"，处理模式采用直联模式，提高了业务处理效率。

（2）在运行时间上突破现有5×8小时制模式，实现了7×24连续运行。

（3）业务类型由原来的借记、贷记进行了细化，包括普通贷记业务、实时贷记业务、普通借记业务、实时借记业务、代收付业务以及中国人民银行杭州中心支行规定的其他支付业务。

（4）集中点设置了业务查询与监控，可以及时发现异常并进行处理。

2. 主要参与者

（1）直接参与者。直接接入同城清算系统办理业务，并负责同城清算系统轧差净额资金清算的银行业金融机构。

（2）间接参与者。通过直接参与者接入同城清算系统办理业务的银行业金融机构，包括直接参与者的辖属机构和代理的他行机构。

（3）特许参与者。指通过同城清算系统办理代收付业务的企事业单位。

3. 基本操作

（1）跨行贷记业务的处理。柜员受理付款人提交的贷记业务凭证，审核无误后做付款处理。登录电子同城清算系统，输入收款行电子同城行号以及凭证基本要素，采集凭证正反两面影像，交由复核柜员复核无误后提交，凭证影像通过电子同城清算系统传送到收款行。收款行收到来账提示后，审核凭证信息和凭证影像无误后给收款人收款入账。

（2）跨行借记业务的处理。柜员受理收款人提交的借记业务凭证，审核无误（注意审核凭证的背面有没有做委托收款的背书）后，柜员录入凭证基本信息，采集凭证正反两面影像，交复核柜员复核无误后提交，凭证影像通过电子同城清算系统传送到付款行。付款行收到付款提示后，对凭证信息和凭证影像进行审核，无误后做付款处理，若有问题则通过电子同城清算系统退票。收款行在退票时间过后，若没有收到付款行通过电子同城清算系统发送的退票信息，则给收款人入账。

🖐 动动手

2023年8月1日，第一次票据交换情况如下：

（1）工商银行提出借方票据金额30万元、贷方票据金额18万元；提入借方票据金额20万元、贷方票据金额15万元。

（2）中国银行提出借方票据金额6万元、贷方票据金额5万元；提入借方票据金额12万元、贷方票据金额7万元。

（3）农业银行提出借方票据金额5万元、贷方票据金额1万元；提入借方票据金额18万元、贷方票据金额11万元。

请根据上述资料作出各交换行处（即工商银行、中国银行、农业银行）与中国人民银行清算资金时的会计分录。

任务活动2　同业资金拆借与归还

业务引入：

1. 2023年8月1日，模拟银行金苑支行发生临时性资金困难，向农行杭州清泰支行拆借资金8 000 000元，经商定拆借期限为7天，年利率为3.34%。

2. 2023年8月3日，模拟银行金苑支行向农行杭州清泰支行归还7天前拆借的资金，并支付利息。

微课：
同业资金拆借与
归还

操作流程：

同城同业资金拆借与归还的操作流程如图8-2-2所示。

图8-2-2　同城同业资金拆借与归还的操作流程

1. 同城同业资金拆借

（1）拆出行拆放资金。拆出行会计部门根据资金计划部门签发的资金调拨单和拆借合同签发中国人民银行转账支票并填制进账单，办理资金划转手续。会计分录为：

借：拆放同业——拆入行户　　　　　　　　8 000 000

　　贷：存放中央银行款项　　　　　　　　　　8 000 000

（2）中国人民银行办理转账。中国人民银行收到拆出行签发的转账支票和进账单，据以办理转账。会计分录为：

借：××银行存款　　　　　　8 000 000（拆出行户）

　　贷：××银行存款　　　　　　　8 000 000（拆入行户）

（3）拆入行收到资金。拆入行会计部门收到进账单回单联，据以办理转账。会计分录为：

借：存放中央银行款项　　　　　　　　　　8 000 000

　　贷：同业拆入——拆出行户　　　　　　　　8 000 000

2. 同城同业拆借资金归还

（1）拆入行归还本息。拆借资金到期后，拆入行签发中国人民银行转账支票并填制进账单，办理本息划转手续。会计分录为：

借：同业拆入——拆出行户　　　　　　　　8 000 000

　　金融企业往来支出——拆借利息支出户　　5 195.56

贷：存放中央银行款项　　　　　　　　　　　8 005 195.56

（2）中国人民银行办理转账。中国人民银行收到拆入行签发的转账支票和进账单，据以办理转账。会计分录为：

借：××银行存款　　　　　　8 005 195.56（拆入行户）

　　贷：××银行存款　　　　　　8 005 195.56（拆出行户）

（3）拆出行收回本息。拆出行收到进账单回单联，据以办理转账。会计分录为：

借：存放中央银行款项　　　　　　　　　　8 005 195.56

　　贷：金融企业往来收入——拆借利息收入户　　5 195.56

　　　　拆放同业——拆入行户　　　　　　　8 000 000

知识链接

异地同业拆借的核算手续与同城同业拆借基本相同。所不同的是：拆出资金时，拆出行填制中国人民银行的电汇凭证，通过中国人民银行将款项电汇拆入行；拆借到期，拆入行应主动签发中国人民银行电汇凭证，通过中国人民银行电汇归还拆借资金本息。

动动手

模拟银行金苑支行发生临时性资金困难，向当地农行某支行拆借资金5 000 000元，经商定拆借期限为10天，年利率为3.24%。请作出拆放资金时模拟银行金苑支行和农行某支行的有关会计分录。

任务活动3　转贴现业务贴现款发放与收回

操作流程：

转贴现业务贴现款发放与收回的操作流程如图8-2-3所示。

图8-2-3　转贴现业务贴现款发放与收回的操作流程

1. 申请行申请转贴现

商业银行持未到期的商业汇票向其他商业银行申请转贴现时，应根据汇票填制一式五联转贴现凭证（用贴现凭证代），在第一联上签章后，连同汇票一并送交转贴现银行信贷部门。

2. 转贴现行办理转贴现

转贴现银行会计部门接到信贷部门转来审批同意的转贴现凭证和作成背书转让的商业汇票，经审查确认无误后，其余手续比照办理一般贴现。会计分录为：

借：贴现——汇票转贴现户

贷：存放中央银行款项

金融企业往来收入——转贴现利息收入户

3. 申请行收到转贴现款项

申请行收到转贴现银行交给的转贴现收账通知后，应填制两借一贷的特种转账传票，收账通知作存放中央银行款项借方传票的附件办理转账。会计分录为：

借：存放中央银行款项

金融企业往来支出——转贴现利息支出户

贷：贴现——汇票户

4. 转贴现行到期收回转贴现款项

转贴现银行作为持票人向付款人办理收款，可比照贴现到期收回贴现票款的处理。在收到款项划回时，会计分录为：

借：清算资金往来（或其他有关科目）

贷：贴现——汇票转贴现户

对未收回的，按照《中华人民共和国票据法》的规定向其前手进行追索。

动动脑

转贴现业务的操作流程与再贴现业务相比有什么区别？

知识链接

上海银行间同业拆放利率（Shanghai Interbank Offered Rate，简称Shibor），是由信用等级较高的18家商业银行组成报价团自主报出的人民币同业拆出利率计算确定的算术平均利率，是单利、无担保、批发性利率。全国银行间同业拆借中心授权Shibor的报价计算和信息发布。每个交易日根据各报价行的报价，剔除最高、最低的各4家报价，对其余报价进行算术平均计算后，得出每一期限品种的Shibor，并于上午11:00对外发布。目前，对社会公布的Shibor品种包括隔夜、1周、2周、1个月、3个月、6个月、9个月及1年。

目前，Shibor与货币市场发展已经形成了良性互动的格局。一是Shibor对债券产品定价的指导性持续增强。二是以Shibor为基准的金融创新产品成交活跃。三是票据转贴现、回购业务初步建立了以Shibor为基准的市场化定价机制。四是报价行的内部资金转移价格已经不同程度地与Shibor结合。金融市场正在形成以Shibor为基准的定价群，各种利率之间的比价关系日趋合理、清晰。

项目九

年度决算工作处理

【学习目标】

素养目标：
- 培育严谨细致、专注坚守、精益求精、追求卓越的金融工匠精神
- 培养岗位责任感，树立团队合作意识，培养合作共赢的职业素养

知识目标：
- 了解银行会计年度的划分以及银行年度决算的各项准备工作
- 了解银行年度决算日的各项工作内容
- 了解银行年度决算日后的各项工作内容

能力目标：
- 能够按照相关制度规定规范进行年度决算前各项准备工作的处理
- 能够按照相关制度规定规范进行年度决算日和年度决算后的相关工作处理

【内容导航】

```
                                                          ┌── 年度决算前准备工作处理
┌─────────┐      ┌──────────────┐    │
│ 年度决算 │──────│ 年度决算工作处理活动 │────┤── 年度决算日工作处理
│ 工作处理 │      └──────────────┘    │
└─────────┘                          └── 年度决算日后工作处理
```

任务 年度决算工作处理活动

【知识储备】

年度决算是指在会计年度终了时，根据会计资料对银行会计年度内的业务活动、财务状况进行的综合总结。根据《中华人民共和国会计法》的规定，我国金融机构以每年1月1日至12月31日为一个会计年度。无论是否为节假日，每年的12月31日为年度决算日，在决算日办理当年的年度决算。准确、及时地做好年度决算工作，对分析和掌握金融机构全年的业务活动、财务状况与经营成果，总结经验，防范金融风险，改善经营管理，具有十分重要的意义。

一般来说，年度决算主要包括年度决算前准备工作、年度决算日工作和年度决算日后工作三个阶段的工作。

【任务活动】

任务活动1 年度决算前准备工作处理

操作流程：

年度决算前准备工作流程如图9-1-1所示。

图9-1-1 年度决算前准备工作流程

1. 清理核实资金

（1）核实资本金。核实实收资本金以及资本公积、盈余公积公益金、营运资金的余额及当年增加或减少的发生额，如有资金流失要及时查找原因解决。

（2）清理核实各项贷款及投资资金。决算前，会计部门应与信贷部门配合，逐笔核对落实各项贷款。保证贷款总账、分户账、借核对相符。对逾期贷款和表内外应收利息要积极清理收回；对呆账贷款、呆滞资金，必须按制度规定的批准权限和报批程序清查处理，加速清理抵押物。清理核实拆出拆入资金，核算核实各类投资类资金余额，对到期的应收拆出资金、购入证券及其利息，要组织专人清理催收，及时进账。

（3）清理结算款项。对长时间未领取的（通常为2个月）应解汇款应积极联系解付，确实无法解付的，应按规定办理退汇；对本行签发日已过提示付款期限的银行本票或银行汇票，及时联系原申请人处理；对发出委托收款和定期代收的结算凭证要逐笔查清，对未能及时划收的款项和逾期无款支付的代收款，应及时查询查复，积极催办清理。对各项超过正常结算周期的结算占款，要逐笔查清原因，非正常占款要限期收回。待处理汇划款项和待处理紧急款项的异地汇划挂账款项要抓紧查询，及时处理。认真检查批量挂账账户，如有余额，必须查明原因后及时进行相关的账务处理。

（4）清理不动户存款。对1年（含）以上未发生业务且达到睡眠户标准的存款户，应逐户清理，如确实无法联系的，要视情况分别转入"长期不动户冻结登记簿"或"待处理应付款——待处理久悬未取款项"科目。原久悬未取账户中，经联系仍无着落的，可按照规定手续转作损益处理。

（5）清理内部资金。对应收款、应付款、待处理应收应付款等过渡性科目，要逐户、逐笔进行审查，分别情况进行处理。其他应收款项不得发生代单位垫款和不合理的非营业垫款，保证内部资金占用压缩到最低程度。

2. 清理、盘点各项资产

清点固定资产、低值易耗品及印刷品。年度决算前，会计部门要会同有关部门对本行处的现金、贵金属、代保管有价值品、有价单证、重要空白凭证及贷款抵押品、固定资产、各种器具和低值易耗品、在建工程材料以及印刷品库进行一次全面、彻底的清查核实，做到账款、账表、账实、账账、账据、账卡相符。认真清理、盘点固定资产，固定资产卡片的原值、折旧金额应与有关科目余额一致。对于盘盈、盘亏和其他损失以及提前报废的固定资产，应查明原因，分清责任，及时处理。

3. 核对处理账务

（1）检查会计科目的使用情况。必须根据会计科目的核算内容，对会计科目特别是年内有变更的会计科目使用情况进行检查。新启用的会计科目，应无年初余额。若发现科目使用错误，应按规定调整和处理。

（2）全面核对内外账务。对内部账务，各科目总账余额与分户账余额和登记簿上余额要核对一致；各种账卡、账据要核对相符。对外部账务、存贷款账户，除平时对账外，年度决算前要以第四季度的一个月度余额为基础，对存款、贷款、表内及表外应收利息填发余额对账单，与单位进行一次全面对账，确保银企对账质量。对不符的账务，还要做到内外账对账人员面对面，逐笔勾对，发现问题，及时查清解决。

（3）核对清算资金账务。与上级行清算中心及时进行账务核对，包括本外币各项借款、备付金、定期存款、法定及二级存款准备金、应付利息余额、呆账准备金等账户余额是否与上级行保持一致。

（4）核对金融机构往来账务。各行要与中国人民银行核对存、贷款账户余额，与其他银行核对同业往来账户余额，并确保一致。

4. 核实各项损益

（1）核实各项收支。各行财务部门及其他相关部门对损益类各科目进行明细查询，确保明细账务与实际收支账户相符。对各结算期已结计的利息，应按计息范围、利率使用（特别是利率有过调整的）、计息积数累计、利息计算逐一进行全面复查。发现差错，要补收或补付。

（2）核实有无违反财经纪律及本行制度的不合理开支，有无计算差错，有无超标准、超指标。发现不符合规定的费用开支，应及时纠正。对应计入当年损益的，应按权责发生制原则予以计入，不应计入的应予以调整。

5. 组织试算平衡

为保证年度决算工作顺利进行，各基层行处根据11月份总账各科目的累计发生额和借贷方余额，编制试算表与同年11个月的月计表发生额合计数进行核对，确保账账、账表、表表数字相符一致。对试算中发现的问题要及时调整、更改，发现不符，必须在决算前查明、更正，从而为正确编制年度决算表奠定可靠的基础。

6. 调整好计算机系统相关数据

（1）年终决算日的浮动余额入账时间设定正确与否；

（2）年终决算牌价设定正确与否；

（3）涉及损益、年终结转、年终利润结转账户设定正确与否；

（4）新年度工作日历设定正确与否；

（5）一年一度启用的新贷款利率设定正确与否。

为确保全辖所有网点计算机年终损益、利润自动结转的正确性，各行要确保参数管理的各项规定得到有效执行。参数管理员要在年终决算前完成年终决算参数表的调整并进行验证核对。

任务活动2　年度决算日工作处理

操作流程：

年度决算日工作流程如图9-1-2所示。

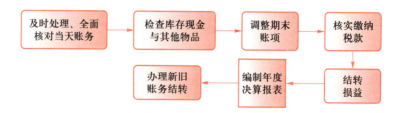

图 9-1-2 年度决算日工作流程

1. 及时处理、全面核对当天账务

（1）决算日应加强账务的组织管理，决算日收到的汇划报单、内部往来凭证、金融企业往来凭证都必须当日转账。

（2）决算日，应对提出、提入交换票据加强复核，及时全部处理完毕，不得甩账。对各场次提入票据中发生的退票应严格按有关规定通知提出行，说明票据退回的时间、场次，并须在当日解决。

（3）决算日营业终了，当天全部账务轧平后，各科目总账余额与对应科目分户账余额合计必须核对相符，金融企业往来款项必须核对一致，保证账务的绝对正确。

2. 检查库存现金与其他物品

决算日营业终了，或决算日前由各级银行负责人会同会计、出纳等主要人员组织有关人员对当日库存现金、贵金属、外币、代保管有价值品、其他有价单证及重要空白凭证进行实地盘点核实，并与有关账簿核对，无误后在有关账簿上签章。

3. 调整期末账项

决算日，黄金和各外汇账户的期末余额，应按照当日牌价、汇率进行调整，其差额转入有关损益类账户。各行根据年末贷款进行五级分类并在决算日计提呆账准备。

4. 核实缴纳税款

按规定的税率，核实应缴和已缴税款，差额为应缴数，应在决算当日办理转账。

5. 结转损益

（1）结转利润。决算日当天账务处理完毕，各级银行营业终了签退后，由总行清算中心将相关内部账务转入损益类科目，并由系统自动结转损益类科目。转账后，损益类各科目应无余额；"本年利润"科目的余额在贷方表示全年盈利，反之为亏损。

（2）本年利润科目与利润分配科目的结转。年度终了结转利润后，应将全部实现的利润或亏损总额转入"利润分配"科目"未分配利润"明细账户中去。结转后，"本年利润"科目应无余额。

6. 编制年度决算报表

决算日全部账务核对相符并结出全年损益后，系统自动生成决算报表。年度决算报表由报表、附注和决算说明书构成。报表有资产负债表、损益表、现金流量表、年度业务状况表和利润分配表等。

7. 办理新旧账务结转

年度终了，各科目分户账，除规定可以继续沿用（如卡片账的未销账卡）以外，均应更新账页。各级银行已上机的科目由系统根据程序设定自动进行新旧账务结转，未上机的科目明细按规定结转新账页。丁种账结转时，应将未销账逐笔结转并注明原发生时间、摘要、金额等要素。

任务活动3　年度决算日后工作处理

操作流程：

年度决算日后工作内容与操作流程见图9-1-3。

图9-1-3　年度决算日后工作内容与操作流程

1. 做好档案整理装订工作

决算后，应将上年度各科目分户账账页、凭证、开销户资料及会计报表按档案管理的有关规定进行整理、装订成册，登记"会计档案保管登记簿"，核对无误后，入库妥善保管。

2. 上划损益

下级行应将当年实现的损益于次年按规定上划管辖行。

3. 做好年度决算报表的审查工作

决算日工作完成后，总行要认真做好全行年度决算报表的审核工作，并按照信息披露的要求对外发布报表信息。

知识链接

关于年终决算损益的结转

决算日工作全部处理完毕，应结转损益类会计科目：

（1）年终决算结转收入科目的会计分录：

借：各收入科目

　　贷：本年利润

（2）年终决算结转支出科目的会计分录：

借：本年利润

　　贷：各支出科目

（3）年终决算结转本年利润的会计分录：

借：本年利润

　　贷：利润分配——未分配利润

（4）年终决算结转本年亏损的会计分录：

借：利润分配——未分配利润

　　贷：本年利润

财务会计报告

　　银行的财务会计报告分为年度、半年度、季度和月度财务会计报告，是反映会计期间业务活动、财务状况和经营成果的书面文件。月度和季度财务会计报告是指月度和季度终了提供的财务会计报告；半年度财务会计报告是指在每个会计年度的前6个月结束后对外提供的财务会计报告；年度财务会计报告是指在年度终了后对外提财务会计报告。

　　财务会计报告由会计报表、会计报表附注组成；根据《企业会计准则第30号——财务报表列报》要求，银行向外提供的会计报表包括资产负债表、利润表、所有者权益（股东）权益变动表、现金流量表以及附注。

　　（1）资产负债表（见表9-1-1）。资产负债表是反映银行某一特定会计日期的财务状况的报表，又称财务状况报表。该表反映银行资产、负债、所有者权益及其相互关系。此外还反映依据一般公认的会计准则所要披露的或有事项、承诺以及其他财务事项。

　　（2）利润表（见表9-1-2）。利润表是反映银行一定会计期间的经营成果的会计报表。它通过把一定期间的收入与其相关的成本费用进行配比，以计算银行一定期间的净利润。

表9-1-1　资产负债表

编制单位：××银行　　　　　　　年　　月　　日编制　　　　　　　单位：百万元

资产	期初数	期末数	负债及股东权益	期初数	期末数
现金及存放中央银行款项			向中央银行借款		
存放同业款项			同业及其他金融机构存放款项		
贵金属			吸收存款		
拆出资金			拆入资金		

续表

资产	期初数	期末数	负债及股东权益	期初数	期末数
交易性金融资产			交易性金融负债		
衍生金融资产			合同负债		
投资－贷款及应收款项			衍生金融负债		
买入返售金融资产			卖出回购金融资产款		
应收利息			应付职工薪酬		
应收账款			应付股利		
其他应收款			应交税费		
发放贷款和垫款			应付利息		
债权投资			其他应付款		
其他债权投资			预计负债		
其他权益工具投资			应付债券（及存款证）		
其他非流动金融资产			递延所得税负债		
长期股权投资			其他负债		
固定资产			负债合计		
无形资产			股东权益		
商誉			实收资本（或股本）		
长期待摊费用			其他权益工具		
递延所得税资产			优先股		
其他资产			资本公积		
融出资金			其他综合收益		
			盈余公积		
			一般风险准备		
			交易风险准备		
			未分配利润		
			外币报表折算差额		
			未确认投资损失		
			其他储备（公允价值变动储备）		
			少数股东权益		
资产总计			所有者权益合计		

（3）所有者权益（股东）权益变动表（见表9-1-2）。所有者权益（股东）权益变动表反映构成所有者权益的各组成部分当期的增减变动情况。

表9-1-2 利 润 表

编制单位：××银行　　　　　　　年　　月　　日编制　　　　　　单位：百万元

项目	行次	本期数	本年累计数
一、总营收			
利息净收入			
其中：利息收入			
其中：利息支出			
手续费及佣金净收入			
投资净收益			
其中：对联营合营企业的投资收益			
公允价值变动净收益			
汇兑收益			
其他业务收入			
二、营业支出			
税金及附加			
业务及管理费			
财务费用			
研发费用			
信用减值损失			
资产减值损失			
其他业务成本			
三、营业利润			
加：营业外收入			
减：营业外支出			
四、利润总额			
减：所得税			
五、合并净利润			
归属于母公司所有者的净利润			
少数股东损益			
六、其他综合收益			
归属于母公司所有者的其他综合收益总额			
归属于少数股东的其他综合收益总额			
七、综合收益总额			
归属于母公司所有者的综合收益总额			
归属于少数股东的综合收益总额			

（4）现金流量表（见表9-1-3）。现金流量表是分析反映银行一定会计期间内现金和现金等价物流入和流出情况的财务报表。作为银行对外报送的主表之一，现金流量表（见表9-1-4）提供了银行在经营、筹资和投资活动中的现金流量概况。

表9-1-3　所有者（股东）权益变动表

编制单位：××银行　　　　　　　××××年度　　　　　　　单位：百万元

	股本	其他权益工具	资本公积	其他综合收益	盈余公积	一般准备	未分配利润	合计
一、××××年1月1日余额								
二、本年增减变动金额								
（一）净利润								
（二）其他综合收益								
综合收益总额								
（三）利润分配								
1. 提取盈余公积								
2. 提取一般准备								
3. 股利分配								
三、××××年12月31日余额								

表9-1-4　现金流量表

编制单位：××银行　　　　　　　××××年度　　　　　　　单位：百万元

项目	行次	金额
一、经营活动产生的现金流量		
客户存款净额		
向中央银行借款净额		
存放同业及其他金融机构款项净额		
拆入资金净额		
卖出回购款项净额		
为交易而持有的金融资产净额		
收取的以公允价值计量且其变动计入当期损益的金融资产		
投资收益		
以公允价值计量且其变动计入当期损益的金融负债款项净额		
收取的利息、手续费及佣金的现金		
处置抵债资产收到的现金		
收到的其他与经营活动有关的现金		
经营活动现金流入小计		
客户贷款及垫款净额		
存放中央银行款项净额		
同业及其他金融机构存放款项净额		
拆出资金净额		
买入返售款项净额		
指定为以公允价值计量且其变动计入当期损益的金融资产净额		
支付的利息、手续费及佣金的现金		

续表

项目	行次	金额
支付给职工以及为职工支付的现金		
支付的各项税费		
支付的其他与经营活动有关的现金		
经营活动现金流出小计		
经营活动产生的现金流量净额		
二、投资活动产生的现金流量		
收回投资收到的现金		
分配股利及红利所收到的现金		
处置联营及合营企业所收到的现金		
处置固定资产、无形资产和其他长期资产（不含抵债资产）收回的现金		
投资活动现金流入小计		
投资支付的现金		
投资联营及合营企业所支付的现金		
取得子公司所支付的现金净额		
增资子公司所支付的现金净额		
购建固定资产、无形资产和其他长期资产支付的现金		
增加在建工程所支付的现金		
投资活动现金流出小计		
投资活动产生的现金流量净额		
三、筹资活动产生的现金流量		
吸收少数股东投资所收到的现金		
发行其他权益工具收到的现金		
发行债务证券所收到的现金		
筹资活动现金流入小计		
支付债务证券利息		
偿还债务证券所支付的现金		
分配股利所支付的现金		
取得少数股东股权所支付的现金		
筹资活动现金流出小计		
筹资活动产生的现金流量净额		
四、汇率变动对现金及现金等价物的影响		
五、现金及现金等价物净变动额		
加：年初现金及现金等价物余额		
六、年末现金及现金等价物		

 **动动脑**

1. 年度决算前准备工作包括哪些内容？具体如何进行？
2. 年度决算日工作包括哪些内容？具体如何进行？
3. 年度决算后工作包括哪些内容？

职业素养提升

精益求精求卓越　团结协作求共赢

　　近些年来，随着信息技术的发展，大数据、区块链、生物识别等技术在金融领域的应用越来越多，银行年终决算工作已比过去简单快捷了许多，节省了大量人力。然而，年终决算工作中，对会计决算工作要求的严格执行，对库存现金、各种印鉴、重要空白凭证的全面清查，对表内外账务以及会计科目使用的全面核查，对固定资产及低值易耗品等资产的全面盘点，对每笔账务的认真核对、对每笔数据的仔细整理，都要求会计工作人员秉持严谨细致的工作态度，传承精益求精的工匠精神，对工作一丝不苟，对岗位执着坚守。与此同时，各个岗位之间，应各负其责、密切配合、团结协作、步调一致，才能确保决算工作顺利开展、有条不紊。

商业银行会计综合业务实训

【学习目标】

素养目标：

- 树立合规意识，严格遵守业务操作规程，养成依法合规的操作习惯
- 培养严谨细致的工作态度，传承精益求精的金融工匠精神
- 提高业务素养，提升就业后的岗位适应能力

知识目标：

- 熟悉单位账户开立、单位存取款、单位授信业务、结算业务、票据业务等银行临柜对公业务的基本规定
- 熟悉各项临柜对公业务的操作规程
- 熟悉日初和日终工作的主要内容

能力目标：

- 能够对商业银行一线临柜各项对公业务进行凭证处理和账务处理
- 能够根据会计凭证在商业银行综合业务系统中规范进行各项业务信息的录入、复核和授权
- 能够规范进行日初的准备工作和日终的核对和轧账处理

【内容导航】

商业银行会计综合业务实训
- 日初准备工作
- 单位活期存款业务处理
- 支票业务处理
- 汇兑业务处理
- 商业汇票业务处理
- 委托收款业务处理
- 银行汇票业务处理
- 银行本票业务处理
- 票据贴现业务处理
- 贷款业务处理
- 日终账务处理

以模拟银行金苑支行2023年8月1日一天的业务内容为依据，练习银行会计核算过程中各种凭证的编制、审核，并能熟练进行各项具体对公业务规范的操作。

一、实训准备

模拟银行操作柜台、复写纸、回形针、大头针、模拟印章、印台、计算器、模拟银行凭证、模拟银行账簿、模拟银行日报表等。

二、实训资料

（一）账本数据资料（时间：2023年8月1日）

总账资料：

（1）科目名称：1001（现金） 上月底余额：借方15万元

（2）科目名称：1101（存放中央银行款项） 上月底余额：借方122万元

（3）科目名称：1102（缴存中央银行财政性存款） 上月底余额：借方36万元

（4）科目名称：1203（短期贷款） 上月底余额：借方93万元

（5）科目名称：1601（贴现） 上月底余额：借方40万元

（6）科目名称：2001（活期存款） 上月底余额：贷方198万元

（7）科目名称：2602（财政性存款） 上月底余额：贷方50万元

（8）科目名称：2709（汇出汇款） 上月底余额：贷方16万元

（9）科目名称：4001（清算资金往来） 上月底余额：贷方35万元

（10）科目名称：5001（利息收入） 上月底余额：贷方7万元

分户账资料（分户式账页）：

（1）科目：1101 户名：存放中央银行款项 账号：001110101000001 借方余额：122万元

（2）科目：1102 户名：缴存中央银行财政性存款 账号：001120101000002 借方余额：36万元

（3）科目：1203 户名：天得化工集团有限公司贷款户 账号：001120301000003 借方余额：35万元

（4）科目：1203 户名：视博电子有限公司贷款户 账号：001120301000004 借方余额：58万元

（5）科目：1601 户名：贴现——银行承兑汇票户 账号：001160101000005 借方余额：40万元

（6）科目：2001 户名：天得化工集团有限公司 账号：001200101000006

贷方余额：48万元

（7）科目：2001　户名：浙华贸易有限公司　账号：001200101000007 贷方余额：45万元

（8）科目：2001　户名：大新电器有限公司　账号：001200101000008 贷方余额：40万元

（9）科目：2001　户名：视博电子有限公司　账号：001200101000009 贷方余额：65万元

（10）科目：2602　户名：市财政局　账号：001260201000001 贷方余额：50万元

（11）科目：4001　户名：清算资金往来户　账号：001400101000001 贷方余额：35万元

（12）科目：5001　户名：贴现利息收入户　账号：001500101000001 贷方余额：7万元

分户账资料（销账式账页）：

（13）科目：2709　户名：汇出汇款　账号：001270901000001 贷方余额：16万元

（二）业务内容与实训要求

模拟银行金苑支行2023年8月1日发生下列业务：

（1）汇嘉工贸股份有限公司5天前持开户的相关资料来行要求开立通兑基本存款账户。本行为该单位开立基本户，相关资料为：账号：001200202000001；地址：杭州市解放凤起东路158号；邮编：310004；电话：0571-88558858；财务联系人：张炬；法定代表人：董汇嘉。请根据相关资料填写预留的存款户支款印鉴卡（见表10-1-1）。

表10-1-1　存款户支款印鉴卡

模拟银行 存款户支款印鉴卡				编号 No	
账号			户名		主管 经办人
地址			邮政编码		
电话		财务联系人		是否通兑	
印鉴	公章或财务专用章	法定代表人授权代理人私章		启用日期　年　月　日	
			备注		

（2）浙华贸易有限公司（001200101000007）交存营业收入现金 50 000 元，填写现金缴款单，如表10-1-2和表10-1-3所示。

表10-1-2　现金缴款单（第一联）

模拟银行 现金缴款单																			
年　　月　　日　　　　　　序号：																			

模拟银行 现金缴款单
年　　月　　日　　　　　序号：

客户填写部分
收款人户名	
收款人账号	收款人开户行
缴款人	款项来源
币种(✓) 人民币□ 外币□	大写：	亿 千 百 十 万 千 百 十 元 角 分
券别	100元	50元	20元	10元	5元	2元	1元	港币（金额）
张数							

银行填写部分
日期：　　　日志号：　　　交易码：　　　币种：　　　票据种类：
金额：　　　终端号：　　　授权主管：　　　柜员：　　　票据号码：

制票：　　　复核：

第一联 银行记账凭证

表10-1-3　现金缴款单（第二联）

模拟银行 现金缴款单
年　　月　　日　　　　　序号：

客户填写部分
收款人户名	
收款人账号	收款人开户行
缴款人	款项来源
币种(✓) 人民币□ 外币□	大写：	亿 千 百 十 万 千 百 十 元 角 分
券别	100元	50元	20元	10元	5元	2元	1元	港币（金额）
张数							

银行填写部分
日期：　　　日志号：　　　交易码：　　　币种：　　　票据种类：
金额：　　　终端号：　　　授权主管：　　　柜员：　　　票据号码：

制票：　　　复核：

第二联 收款人入账通知

（3）天得化工集团有限公司（001200101000006）签发20508592号现金支票，支付差旅费3 400元，填写现金支票，如表10-1-4所示。

表10-1-4　现 金 支 票

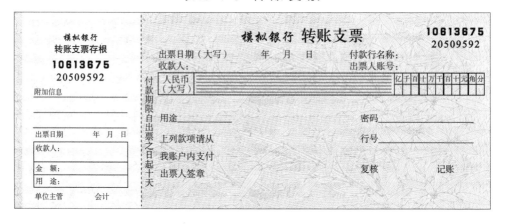

（4）收到视博电子有限公司（001200101000009）签发的20509592号转账支票及进账单，金额46 800元，是支付给大新电器有限公司（001200101000008）的货款，填写转账支票和进账单，如表10-1-5~表10-1-8所示。

表10-1-5　转 账 支 票

表10-1-6　进账单（回单）

模拟银行 **进账单**（回　单）　　1

年　月　日

出票人	全　称		收款人	全　称	
	账　号			账　号	
	开户银行			开户银行	

金额	人民币 （大写）			亿	千	百	十	万	千	百	十	元	角	分

票据种类		票据张数	
票据号码			

复核：　　　　记账：　　　　　　　　　　　银行签章

此联是受理银行交给持（出）票人的回单

表10-1-7　进账单（贷方凭证）

模拟银行 **进账单**（贷方凭证）　　2

年　月　日

出票人	全　称		收款人	全　称	
	账　号			账　号	
	开户银行			开户银行	

金额	人民币 （大写）			亿	千	百	十	万	千	百	十	元	角	分

票据种类		票据张数	
票据号码			

备注：

复核　　　　记账

此联由收款人开户银行作贷方凭证

表10-1-8 进账单（收账通知）

模拟银行 **进账单**（收账通知） 3				
年 月 日				

出票人
- 全 称
- 账 号
- 开户银行

收款人
- 全 称
- 账 号
- 开户银行

金额 人民币（大写） | 亿 千 百 十 万 千 百 十 元 角 分

票据种类 | 票据张数

票据号码

备注：

复核： 记账： 收款人开户银行签章

此联是收款人开户银行交给收款人的收账通知

（5）大新电器有限公司（001200101000008）提交业务委托书一份，委托本行向南京市工行（20012）开户的新街口配件厂（245089）电汇汇出货款11 900元，填写业务委托书，如表10-1-9所示。

表10-1-9 业务委托书

模拟银行	**业 务 委 托 书** APPLICATION FOR MONEY TRANSFER ××××××

日期Date 年Y 月M 日D

业务类型 Type □电汇 T/T □信汇 M/T □汇票申请书 D/D □本票申请书 Promissory Note 其他 Others ____

汇款人 Applicant
- 全 称 Full Name
- 账号或地址 A/C No.or Address
- 开户银行 A/C Bank

收款人 Payee
- 全 称 Full Name
- 账号或地址 A/C No.or Address
- 开户银行 A/C Bank

金额（大写）Amount in words | 亿 千 百 十 万 千 百 十 元 角 分

密码 S.C.

加急汇款签字 Signature For Express Payment

用途 In Payment of

备注：Remarks

上列款项及相关费用请从我账户内支付。
The above remittance and related charges are to be drawn on my account.

客户签章 Applicant Signature and/or Stamp:

事后监督： 会计主管： 复核： 记账：

第一联 借方联

（6）收到模拟银行厦门市湖里支行（01559）转来的托收款项划回的贷报信息（6月28日），金额10万元，是视博电子有限公司（001200101000009）6月25日向厦门汽车制造厂（2420046）发出，出票日为2022年3月27日，到期日为6月27日并由厦门汽车制造厂2023年3月31日承兑的商业承兑汇票的托收款项划回，填写商业承兑汇票及托收凭证，如表10-1-10~表10-1-17所示。

表10-1-10　商业承兑汇票（卡片）

表10-1-11　商业承兑汇票（借方凭证附件）

表10-1-12　商业承兑汇票（存根）

商业承兑汇票（存根）　3　10603475　20508572

付款人	全称		收款人	全称	
	账号			账号	
	开户银行			开户银行	

出票日期（大写）　年　月　日

出票金额　人民币（大写）　亿千百十万千百十元角分

汇票到期日（大写）　　付款人开户行　行号　地址

交易合同号码

备注：

此联由出票人存查

表10-1-13　托收凭证（受理回单）

模拟银行　托收凭证（受理回单）　1

委托日期　年　月　日

业务类型	委托收款（□邮划、□电划）　托收承付（□邮划、□电划）				

付款人	全称		收款人	全称	
	账号			账号	
	地址 省 市县 开户行			地址 省 市县 开户行	

金额　人民币（大写）　千百十万千百十元角分

款项内容　　托收凭据名称　　附寄单证张数

商品发运情况　　合同名称号码

备注：　款项收妥日期　年 月 日　　收款人开户银行签章　年 月 日

复核　记账

此联作收款人开户银行给收款人的受理回单

表10-1-14　托收凭证（贷方凭证）

模拟银行 托收凭证（贷方凭证）													**2**

委托日期　年　月　日

业务类型	委托收款（□邮划、□电划）　　托收承付（□邮划、□电划）												

付款人	全称			收款人	全称								
	账号				账号								
	地址	省　市县	开户行		地址	省　市县	开户行						

金额	人民币（大写）				千	百	十	万	千	百	十	元	角	分

款项内容		托收凭据名称		附寄单证张数	
商品发运情况			合同名称号码		

备注：　　　　　　上列款项随附有关债务证明，请予办理。

收款人开户银行收到日期　年　月　日　　　　收款人签章　　　复核　　记账

此联收款人开户银行作贷方凭证

表10-1-15　托收凭证（借方凭证）

模拟银行 托收凭证（借方凭证）													**3**

委托日期　年　月　日　　　付款期限　年　月　日

业务类型	委托收款（□邮划、□电划）　　托收承付（□邮划、□电划）												

付款人	全称			收款人	全称								
	账号				账号								
	地址	省　市县	开户行		地址	省　市县	开户行						

金额	人民币（大写）				千	百	十	万	千	百	十	元	角	分

款项内容		托收凭据名称		附寄单证张数	
商品发运情况			合同名称号码		

备注：

付款人开户银行收到日期　年　月　日　　收款人开户银行签章　年　月　日　　　复核　　记账

此联付款人开户银行作借方凭证

表10-1-16 托收凭证（汇款依据或收账通知）

模拟银行 托收凭证（汇款依据或收账通知）					4					

委托日期　年　月　日　付款期限　年　月　日

业务类型	委托收款（□邮划、□电划）	托收承付（□邮划、□电划）

付款人	全称		收款人	全称	
	账号			账号	
	地址	省　市县　开户行		地址	省　市县　开户行

金额	人民币（大写）	千 百 十 万 千 百 十 元 角 分

款项内容		托收凭据名称		附寄单证张数	

商品发运情况		合同名称号码	

备注：　　　　上列款项已划回收入你方账户内。

收款人开户银行签章
年　月　日

复核　记账

此联付款人开户行凭以汇款或收款人开户银行作收账通知

表10-1-17 托收凭证（付款通知）

模拟银行 托收凭证（付款通知）					5					

委托日期　年　月　日　付款期限　年　月　日

业务类型	委托收款（□邮划、□电划）	托收承付（□邮划、□电划）

付款人	全称		收款人	全称	
	账号			账号	
	地址	省　市县　开户行		地址	省　市县　开户行

金额	人民币（大写）	千 百 十 万 千 百 十 元 角 分

款项内容		托收凭据名称		附寄单证张数	

商品发运情况		合同名称号码	

备注：

付款人开户银行收到日期
年　月　日
付款人开户银行签章
年　月　日
复核　记账

付款人注意：
1. 根据支付结算办法，上列委托收款（托收承付）款项在付款期限内未提出拒付，即视为同意付款。以此代付款通知。
2. 如需提出全部或部分拒付，应在规定期限内，将拒付理由书并债务证明提交开户银行。

此联付款人开户银行给付款人按期付款通知

（7）视博电子有限公司（001200101000009）提交业务委托书（见表10-1-18）一份，申请签发金额为17 230元的银行汇票（见表10-1-19~表10-1-22）一张，收款人为长沙市工行营业部开户的长沙进出口贸易有限公司（2420099），本行审核后予以签发。

表10-1-18　业务委托书

模拟银行		业 务 委 托 书 APPLICATION FOR MONEY TRANSFER ××××××
日期Date　　年Y　月M　日D		

业务类型 Type	□电汇 T/T　□信汇 M/T　□汇票申请书 D/D　□本票申请书 Promissory Note　其他 Others _____

汇款人 Applicant	全　称 Full Name		收款人 Payee	全　称 Full Name	
	账号或地址 A/C No.or Address			账号或地址 A/C No.or Address	
	开户银行 A/C Bank			开户银行 A/C Bank	

| 金额（大写）Amount in words | 亿 千 百 十 万 千 百 十 元 角 分 |

密　码 S.C.	上列款项及相关费用请从我账户内支付。 The above remittance and related charges are to be drawn on my account.
加急汇款签字 Signature For Express Payment	
用　途 In Payment of	
备注： Remarks	客户签章 Applicant Signature and/or Stamp:

事后监督：	会计主管：	复核：	记账：

第一联　借方联

表10-1-19　银行汇票（卡片）

模拟银行 银 行 汇 票（卡片）　1	10503475 20908572
出票日期（大写）　　年　月　日	代理付款行：　　　行号：
收款人：	
出票金额　人民币（大写）	
实际结算金额　人民币（大写）	亿 千 百 十 万 千 百 十 元 角 分
申请人：_____　账号：_____	
出票行：_____　行号：_____	
备注：_____	复核　记账
复核　　经办	

提示付款期限自出票之日起壹个月

此联出票行结清汇票时作汇出汇款借方凭证

表10-1-20 银行汇票（借方凭证附件）

表10-1-21 银行汇票（解讫通知）

表10-1-22　银行汇票（多余款收账通知）

（8）浙华贸易有限公司（001200101000007）提交进账单和两联银行汇票，汇票金额为57 000元，进账单及实际结算金额为56 800元，汇票系模拟银行南宁市东风里工行（07236）签发，汇票申请人为该开户的华隆装饰公司（24500676），审核无误予以兑付。填写银行汇票及进账单，如表10-1-23~表10-1-28所示。

表10-1-23　银行汇票（借方凭证附件）

表10-1-24　银行汇票（背面）

被背书人	被背书人	（贴粘单处）
背书人签章 年　月　日	背书人签章 年　月　日	

持票人向银行
提示付款签章：

身份证件名称：　　　　发证机关：
号码：☐☐☐☐☐☐☐☐☐☐☐☐☐☐☐☐☐☐

表10-1-25　银行汇票（解讫通知）

模拟银行
银 行 汇 票（解讫通知）　3
001082541
16512763

| 出票日期（大写）　　年　月　日 | 代理付款行：　　　　行号： |

提示付款期限自出票之日起壹个月

收款人：

出票金额　人民币（大写）

实际结算金额　人民币（大写）　　　　　　亿千百十万千百十元角分

申请人：　　　　　　　账号：

出票行：　　　　行号：

备注：

代理付款行签章

复核　　　　经办

密押：
多 余 金 额
千百十万千百十元角分

复核　　　记账

此联由出票行代理付款行作兑付多余款贷方凭证，付款后随报单寄出票行，

表10-1-26　进账单（回单）

模拟银行 进账单（回单）　　1														
年　月　日														

<table>
<tr><td rowspan="3">出票人</td><td>全　称</td><td></td><td rowspan="3">收款人</td><td>全　称</td><td colspan="10"></td></tr>
<tr><td>账　号</td><td></td><td>账　号</td><td colspan="10"></td></tr>
<tr><td>开户银行</td><td></td><td>开户银行</td><td colspan="10"></td></tr>
<tr><td rowspan="2">金额</td><td rowspan="2">人民币
（大写）</td><td rowspan="2"></td><td rowspan="2"></td><td>亿</td><td>千</td><td>百</td><td>十</td><td>万</td><td>千</td><td>百</td><td>十</td><td>元</td><td>角</td><td>分</td></tr>
<tr><td></td><td></td><td></td><td></td><td></td><td></td><td></td><td></td><td></td><td></td><td></td></tr>
<tr><td>票据种类</td><td></td><td>票据张数</td><td colspan="12"></td></tr>
<tr><td>票据号码</td><td></td><td colspan="13"></td></tr>
</table>

复核：　　　　记账：　　　　　　　　　　　　　　银行签章

此联是受理银行交给持（出）票人的回单

表10-1-27　进账单（贷方凭证）

模拟银行 进账单（贷方凭证）　　2

年　月　日

此联由收款人开户银行作贷方凭证

复核　　　　记账

表10-1-28 进账单（收账通知）

模拟银行 进账单（收账通知）3														

年 月 日

出票人	全 称		收款人	全 称											
	账 号			账 号											
	开户银行			开户银行											

金额	人民币（大写）				亿	千	百	十	万	千	百	十	元	角	分

票据种类		票据张数	
票据号码			
备注：			

复核： 记账： 收款人开户银行签章

此联是收款人开户银行交给收款人的收账通知

（9）天得化工集团有限公司（001200101000006）提交业务委托书一份，申请签发金额为10 000元的银行本票一张，收款人为模拟银行解放路支行开户的达飞贸易有限公司（25800980），本行审核后予以签发，使用到的票据如表10-1-29～表10-1-31所示。

表10-1-29 业务委托书

模拟银行			业 务 委 托 书 APPLICATION FOR MONEY TRANSFER												
日期Date 年Y 月M 日D										×××××××					
业务类型 Type	□电汇 T/T □信汇 M/T □汇票申请书 D/D □本票申请书 Promissory Note 其他 Others ____														
汇款人 Applicant	全 称 Full Name		收款人 Payee	全 称 Full Name											
	账号或地址 A/C No.or Address			账号或地址 A/C No.or Address											
	开户银行 A/C Bank			开户银行 A/C Bank											
金额（大写） Amount in words					亿	千	百	十	万	千	百	十	元	角	分
密 码 S.C.		上列款项及相关费用请从我账户内支付。 The above remittance and related charges are to be drawn on my account.													
加急汇款签字 Signature For Express Payment															
用 途 In Payment of															
备注： Remarks		客户签章 Applicant Signature and/or Stamp:													
事后监督： 会计主管： 复核： 记账：															

第一联 借方联

表10-1-30　本票（卡片）

模拟银行 **本 票**（卡片） 1　10508475　20905572

提示付款期限自出票之日起壹个月

出票日期（大写）　　年　　月　　日

收款人：　　　　　　　　申请人：

凭票即付 人民币（大写）　　　　　　　　　亿千百十万千百十元角分

□转账　□现金

密押

行号

备注　　　出票行签章　　出纳　　复核　　经办

表10-1-31　本票（2）

模拟银行 **本 票** 2　10508475　20905572

提示付款期限自出票之日起壹个月

出票日期（大写）　　年　　月　　日

收款人：　　　　　　　　申请人：

凭票即付 人民币（大写）　　　　　　　　　亿千百十万千百十元角分

□转账　□现金

密押

行号

备注　　　出票行签章　　出纳　　复核　　经办

（10）大新电器有限公司（001200101000008）持由模拟银行北京王府井支行（00021）承兑的22508572号银行承兑汇票申请贴现，该汇票金额80万元，出票日为2023年6月18日，到期日是2023年10月18日，出票人为北京方大工贸公司（2230078），年贴现率为4.22%，本行审查后予以办理贴现。相关票据如表10-1-32~表10-1-40所示。

表10-1-32 银行承兑汇票查询（复）书

模拟银行 银行承兑汇票查询（复）书

你行： 行：
你行 年 月 日承兑的号码为 的银行承兑汇票，票面主要记载事项为：

出 票 日 期	年 月 日	汇票到期日	
出票人名称		收款人名称	
付款行名称		汇 票 金 额	

以上记载事项是否真实，请见此查询后，速查复。 查询行：（盖章） 经办人签章： 查询日期： 年 月 日	1.查询汇票记载事项与我行承兑的汇票记载内容一致。 2.与我行承兑的汇票所不符的记载事项： 3.其他： 查复行：（盖章） 经办人签章： 查复日期： 年 月 日

第一联 查询行留存

表10-1-33 银行承兑汇票（卡片）

银行承兑汇票（卡片） 1 **11603475**
22508572

出票日期（大写） 年 月 日

出票人全称		收款人	全 称	
出票人账号			账 号	
付款行全称			开户银行	

出 票 金 额	人民币（大写）		亿 千 百 十 万 千 百 十 元 角 分

汇票到期日（大写）		付款行	行号	
承兑协议编号			地址	

本汇票请你行承兑，此项汇票款我单位按承兑协议于到期日前足额交存你行，到期请予以支付。 出票人签章		密押	
备注：		复核 记账

此联承兑行留存备查，到期支付票款时作借方凭证附件

表10-1-34　银行承兑汇票（借方凭证附件）

银行承兑汇票		2	11603475
出票日期（大写）　　年　　月　　日			22508572

出票人全称		收款人	全称		此联收款人开户行随托收凭证寄付款行作借方凭证附件
出票人账号			账号		
付款行全称			开户银行		
出票金额	人民币（大写）			亿 千 百 十 万 千 百 十 元 角 分	
汇票到期日（大写）		付款行	行号		
承兑协议编号			地址		

本汇票请你行承兑，到期无条件付款。	本汇票已经承兑，到期日由本行付款。	密押
	承兑行签章	
	承兑日期　年　月　日	
出票人签章	备注：	复核　　　记账

表10-1-35　银行承兑汇票（存根）

银行承兑汇票（存根）		3	11603475
出票日期（大写）　　年　　月　　日			22508572

出票人全称		收款人	全称		此联由出票人存留
出票人账号			账号		
付款行全称			开户银行		
出票金额	人民币（大写）			亿 千 百 十 万 千 百 十 元 角 分	
汇票到期日（大写）		付款行	行号		
承兑协议编号			地址		
	备注：				

表10-1-36 贴现凭证（代申请书）

表10-1-37 贴现凭证（贷方凭证）

表10-1-38 贴现凭证（3）

模拟银行 贴现凭证（贷方凭证）3

| 申请日期 | | 年 月 日 | 第 号 |

贴现汇票	种 类		号码		持票人	名 称	
	出票日	年 月 日				账 号	
	到期日	年 月 日				开户银行	

| 汇票承兑人 | 名称 | | 账号 | | 开户银行 | |

| 汇票金额 | 人民币（大写） | | 千 百 十 万 千 百 十 元 角 分 |

| 贴现率 | % | 贴现利息 | 千 百 十 万 千 百 十 元 角 分 | 实付贴现金额 | 千 百 十 万 千 百 十 元 角 分 |

备注：

科目（贷）_____
对方科目（借）_____
复核　　　　　记账

此联银行作持票人账户贷方凭证

表10-1-39 贴现凭证（收账通知）

模拟银行 贴现凭证（收账通知）4

| 申请日期 | | 年 月 日 | 第 号 |

贴现汇票	种 类		号码		持票人	名 称	
	出票日	年 月 日				账 号	
	到期日	年 月 日				开户银行	

| 汇票承兑人 | 名称 | | 账号 | | 开户银行 | |

| 汇票金额 | 人民币（大写） | | 千 百 十 万 千 百 十 元 角 分 |

| 贴现率 | % | 贴现利息 | 千 百 十 万 千 百 十 元 角 分 | 实付贴现金额 | 千 百 十 万 千 百 十 元 角 分 |

备注：

科目（借）_____
对方科目（贷）_____
复核　　　　　记账

此联银行给持票人的收账通知

表10-1-40　贴现凭证（5）

模拟银行 贴现凭证（收账通知）5

申请日期						年　月　日							第　号				

此联会计部门接到期日排列保管，到期日作贴现贷方凭证

贴现汇票	种类			号码			持票人	名　称									
	出票日		年　月　日					账　号									
	到期日		年　月　日					开户银行									

汇票承兑人	名称				账号			开户银行	

汇票金额	人民币（大写）				千	百	十	万	千	百	十	元	角	分

贴现率	%	贴现利息	千	百	十	万	千	百	十	元	角	分	实付贴现金额	千	百	十	万	千	百	十	元	角	分

备注：

科目（借）＿＿＿＿＿＿＿
对方科目（贷）＿＿＿＿＿＿
复核　　　　　　记账

（11）天得化工集团公司（001200101000006）提交本行信贷部门审批同意的借款借据，向本行申请流动资金贷款50万元，贷款期限3个月，年利率为4.35%，予以办理，贷款账号为001120101000003，相关票据如表10-1-41~表10-1-45所示。

表10-1-41　借款凭证（1）

模拟银行 借款凭证（借 据）1

信银贷字第　号			年　月　日		

借据 信贷部门留存

借款人全称		贷款户账号	

贷款种类		利率	%	存款户账号	

贷款金额	人民币（大写）			千	百	十	万	千	百	十	元	角	分

借款原因或用途		约定还款日期	年　月　日

根据你行贷款方法，借到上列贷款，特立借据存查。 　　　　　借款人盖章 　　　　（预留银行印鉴）	信贷部门审批意见：

表10-1-42　借款凭证（2）

模拟银行 借款凭证（借　据）2

				总字第　号
				字第　号

信银贷字第　号　　　　　　　　　年　月　日

借款人全称			贷款户账号	
贷款种类		利率　%	存款户账号	

贷款金额	人民币 （大写）	千 百 十 万 千 百 十 元 角 分

借款原因或用途		约定还款日期	年　月　日

根据你行贷款方法，借到上列贷款，特立借据存查。

借款人盖章
（预留银行印鉴）

信贷部门审批意见：
会计分录：
（借）_____
（贷）_____
会计　　复核　　记账

银行作贷款账户转账借方传票

表10-1-43　借款凭证（银行传票）

模拟银行 借款凭证（银行传票）3

				总字第　号
				字第　号

信银贷字第　号　　　　　　　　　年　月　日

借款人全称			贷款户账号	
贷款种类		利率　%	存款户账号	

贷款金额	人民币 （大写）	千 百 十 万 千 百 十 元 角 分

借款原因或用途		约定还款日期	年　月　日

备注：

会计分录：
（贷）_____
（借）_____
会计　　复核　　记账

银行作存款账户转账贷方传票

表10-1-44　借款凭证（检查卡）

模拟银行 借款凭证（检查卡）4

信银贷字第　号　　　　　　　　　年　月　日

借款人全称			贷款户账号	
贷款种类		利率　%	存款户账号	

贷款金额	人民币 （大写）	千 百 十 万 千 百 十 元 角 分

借款原因或用途		约定还款日期	年　月　日

有关事项记录	日期 年 月 日	摘要	经办人盖章	分次还款记录	日期 年 月 日	金额 还款　尚欠	记账员盖章
		转逾期金额　　元					
		调整利率　　%					

银行作贷款卡片账

表10-1-45　借款凭证（回单）

<table>
<tr><td colspan="6" align="center">模拟银行 借款凭证（回　单）5</td><td></td></tr>
<tr><td colspan="3">信银贷字第　　号</td><td colspan="3">年　　月　　日</td><td rowspan="9">作存款账户收账通知</td></tr>
<tr><td>借款人全称</td><td colspan="2"></td><td>贷款户账号</td><td colspan="2"></td></tr>
<tr><td>贷款种类</td><td></td><td>利率　　　%</td><td>存款户账号</td><td colspan="2"></td></tr>
<tr><td>贷款金额</td><td colspan="2">人民币（大写）</td><td colspan="3">千 百 十 万 千 百 十 元 角 分</td></tr>
<tr><td>借款原因或用途</td><td colspan="2"></td><td>约定还款日期</td><td colspan="2">年　　月　　日</td></tr>
<tr><td>备注：</td><td colspan="2"></td><td colspan="3">上列贷款已转入你的存款账户，请列账。</td></tr>
<tr><td colspan="3"></td><td colspan="3" align="right">（银行盖章）</td></tr>
</table>

（12）开户单位视博电子有限公司（0012001010000009）按期全额归还3个月的流动资金贷款25万元，其贷款账户为001120101000004，年利率为4.35%。相关票据如表10-1-46~表10-1-49所示。

表10-1-46　还贷凭证（回单）

<table>
<tr><td colspan="6" align="center">模拟银行 还贷凭证</td><td></td></tr>
<tr><td colspan="2">还贷日期：　　年　月　日</td><td colspan="3" align="right">编号：</td><td rowspan="8">第一联 作债务人还贷回单</td></tr>
<tr><td>还　款　人</td><td></td><td>借　款　人</td><td colspan="2"></td></tr>
<tr><td>存款户账号</td><td></td><td>贷款户账号</td><td colspan="2"></td></tr>
<tr><td>开　户　银　行</td><td></td><td>开　户　银　行</td><td colspan="2"></td></tr>
<tr><td>收贷金额（本金）</td><td>币种（大写）</td><td colspan="3">亿 千 百 十 万 千 百 十 元 角 分</td></tr>
<tr><td colspan="5">收回　　年　　月　　日发放，　　年　　月　　日到期的贷款，该笔贷款尚欠本金（大写）　　　　元。</td></tr>
<tr><td colspan="5" align="right">银行业务公章</td></tr>
</table>

表10-1-47　还贷凭证（借方传票）

	模拟银行 还贷凭证				
	还贷日期：　　　年　月　日			编号：	
还 款 人		借 款 人			
存款户账号		贷款户账号			
开 户 银 行		开 户 银 行			
收贷金额（本金）	币种（大写）		亿 千 百 十 万 千 百 十 元 角 分		
收回＿＿年＿＿月＿＿日发放，＿＿年＿＿月＿＿日到期的贷款，该笔贷款尚欠本金（大写）＿＿＿＿＿＿＿＿＿＿元。					
记账　　　复核			还款人签章		

（侧注：第二联 作银行借方传票）

表10-1-48　还贷凭证（贷方传票）

	模拟银行 还贷凭证				
	还贷日期：　　　年　月　日			编号：	
还 款 人		借 款 人			
存款户账号		贷款户账号			
开 户 银 行		开 户 银 行			
收贷金额（本金）	币种（大写）		亿 千 百 十 万 千 百 十 元 角 分		
收回＿＿年＿＿月＿＿日发放，＿＿年＿＿月＿＿日到期的贷款，该笔贷款尚欠本金（大写）＿＿＿＿＿＿＿＿元。		备注：			
记账　　　复核					

（侧注：第三联 作银行贷方传票）

表10-1-49　还贷凭证（4）

	模拟银行 还贷凭证				
	还贷日期：　　　年　月　日			编号：	
还 款 人		借 款 人			
存款户账号		贷款户账号			
开 户 银 行		开 户 银 行			
收贷金额（本金）	币种（大写）		亿 千 百 十 万 千 百 十 元 角 分		
收回＿＿年＿＿月＿＿日发放，＿＿年＿＿月＿＿日到期的贷款，该笔贷款尚欠本金（大写）＿＿＿＿＿＿＿＿＿＿元。					
			信贷员		

（侧注：第四联 作银行贷款管理凭证）

三、实训操作步骤

第一步：根据所给的账簿初始数据资料建立分户账、总账。分户账如表10-1-50所示。

表10-1-50　分　户　账

模拟银行　（　　　　　　　） 分户账　第　　页							
年		凭证	摘要	借方 发生额	贷方 发生额	借 或 贷	余额
月	日						

第二步：根据当日发生的经济业务内容编制相应的会计凭证，并按照业务发生顺序逐笔登记分户账。

第三步：填制余额表。

计息余额表填制依据为计息科目各分户账。营业终了，根据各分户账最后余额填列余额表。如本日未发生收付的账户，根据上一日的最后余额填列。填毕，按科目加计各分户账余额，并与总账同一科目余额核对相符（见表10-1-51）。

第四步：编制科目日结单。

营业终了，将当天处理的全部传票首先按科目清分，同一科目传票再按现金借方、现金贷方、转账借方、转账贷方顺序排列，各自加计传票张数和金额，填入该科目日结单（见表10-1-52）有关栏内。根据各科目日结单编制"现金"科目日结单（由各科目日结单的现金借方和现金贷方数各自相加，反向填入），并与当日现金收入付出登记簿合计核对相符。最后，将全部科目日结单的现金和转账借方贷方的笔数、金额分别进行汇总，填入"汇总"科目日结单的现金和转账借方、贷方的笔数栏、金额栏，并结出合计数，现金借方、贷方金额合计，转账借方、贷方金额合计，借方、贷方总金额合计，各自平衡。

表10-1-51　计息余额表

模拟银行　（　　　　　　　　）

计息余额表

第　页

账号				合计
金额	（位数）	（位数）	（位数）	（位数）
上月底止累计应计息积数				
— 10天小计 — 20天小计 —				
本月合计计息积数				
应加积数				
应减积数				
本期累计应计息积数				

表10-1-52　科目日结单

模拟银行　（　　　　　　　　）

科目日结单

年　　　月　　　日

凭证种类	借　方										贷　方										附件张
	传票张数	金　额									传票张数	金　额									
		百	十	万	千	百	十	元	角	分		百	十	万	千	百	十	元	角	分	
现金																					
转账																					
合计																					

事后监督　　　　　　复核　　　　　　记账　　　　　　制单

第五步：记载总账。

总账据各该科目日结单的借、贷方发生额合计数填记发生额栏，并结计出余额。如当天无发生额也须将上日余额填入当日余额栏内。各科目总账余额应与同科目分户账余额合计或同科目余额表合计核对相符（见表10-1-53）。

第六步：编制日计表。

日计表中所有科目当天发生额和余额，根据各科目总账当天的发生额和余额填记，当天全部科目的借贷方发生额和余额合计数必须各自平衡（见表10-1-54）。

表10-1-53 总 账

模拟银行 （　　　　　）

总 账

科目代号：

科目名称：　　　　　　　　　　　　　　　　　　　　　　第　页

年　　月	借方		贷方	
	（位数）		（位数）	
上年底余额				
本年累计发生额				
上月底余额				
上月底累计未计息积数				

日 期	发 生 额		余 额		核对盖章
	借 方	贷 方	借 方	贷 方	复核员
	（位数）	（位数）	（位数）	（位数）	
1					
—					
10天小计					
20天小计					
—					
月　计					
自年初累计					

会计　　　　　　　　　　　　复核　　　　　　　　　　　　记账

表10-1-54 日 计 表

模拟银行 （　　　　　）

日 计 表

年　月　日编制　　　共　页第　页

科目代码	科目名称	发 生 额		余 额		科目代码
		借 方	贷 方	借 方	贷 方	
		（位数）	（位数）	（位数）	（位数）	

四、实训结果与实训总结

参考文献

[1] 贾芳琳，郭立国.商业银行会计［M］.北京：中国财政经济出版社，2021.

[2] 崔澜.银行会计实务［M］.大连：大连理工大学出版社，2019.

[3] 赵珍珠.金融企业会计学——商业银行会计［M］.4版.上海：立信会计出版社，2022.

[4] 丁元霖.银行会计［M］.5版.上海：立信会计出版社，2018.

[5] 关新红，李晓梅.金融企业会计［M］.4版.北京：中国人民大学出版社，2022.

[6] 王梅.商业银行模拟实训教程［M］.北京：中国金融出版社，2019.

[7] 刘学华.金融企业会计［M］.3版.上海：立信会计出版社，2020.

[8] 唐丽华.金融企业会计实训［M］.5版.大连：东北财经大学出版社，2017.

[9] 立金银行培训中心教材编写组.银行新员工培训手册［M］.北京：中国经济出版社，2012.

[10] 董瑞丽，翟敏.现代支付结算与清算［M］.北京：中国金融出版社，2022.

[11] 高丽萍.财务会计实务［M］.4版.北京：高等教育出版社，2021.

主编简介

翟敏，副教授，浙江金融职业学院"金讲坛名师""教坛新秀"，主持的"银行会计实务"课程先后被评为浙江省课程思政示范课、浙江省职业教育在线精品课程、浙江省一流核心课程。担任"十二五"职业教育国家规划教材副主编，出版专著《现代支付结算》，主持并参与多项省级、厅级教改课题，获得中国高教学会高职院校教学改革优秀案例一等奖，多次在浙江省青年教师教学技能比赛、浙江省高校微课教学比赛中获奖。

吴胜，教授，长期从事金融教学工作，主持国家级精品课程"银行会计实务"和国家级精品资源共享课"银行会计实务"，也是国家职业教育金融专业教学资源库升级改进项目子项目"银行会计实务"课程建设负责人。主编普通高等教育"十一五"国家级规划教材、"十二五""十四五"职业教育国家规划教材《商业银行会计》，主持浙江省教育厅、财政厅新世纪高等教育教学改革项目"现代银行新柜员人才培养模式研究"。

董瑞丽，二级教授，浙江金融职业学院金融管理学院院长，浙江省"万人计划"教学名师、浙江省高校优秀教师，教育部双高校金融管理高水平专业群建设项目负责人，国家职业教育金融专业教学资源库升级改进项目建设执行负责人，首批国家职业教育在线精品课、首批国家级精品资源共享课、浙江省首批课程思政示范课"商业银行综合柜台业务"课程负责人，"十二五""十三五"职业教育国家规划教材主编，浙江省

"十二五""十三五"示范性实训基地项目建设负责人。担任教育部高等职业院校金融服务与管理专业教学标准修订专家组组长、浙江省金融会计学会理事。长期从事金融专业教学与金融行业职业培训工作，获国家级教学成果二等奖两项、浙江省教学成果一等奖两项。

郑重声明

高等教育出版社依法对本书享有专有出版权。任何未经许可的复制、销售行为均违反《中华人民共和国著作权法》，其行为人将承担相应的民事责任和行政责任；构成犯罪的，将被依法追究刑事责任。为了维护市场秩序，保护读者的合法权益，避免读者误用盗版书造成不良后果，我社将配合行政执法部门和司法机关对违法犯罪的单位和个人进行严厉打击。社会各界人士如发现上述侵权行为，希望及时举报，我社将奖励举报有功人员。

反盗版举报电话 （010）58581999 58582371

反盗版举报邮箱 dd@hep.com.cn

通信地址 北京市西城区德外大街 4 号 高等教育出版社法律事务部

邮政编码 100120

读者意见反馈

为收集对教材的意见建议，进一步完善教材编写并做好服务工作，读者可将对本教材的意见建议通过如下渠道反馈至我社。

咨询电话 400-810-0598

反馈邮箱 gjdzfwb@pub.hep.cn

通信地址 北京市朝阳区惠新东街 4 号富盛大厦 1 座
        高等教育出版社总编辑办公室

邮政编码 100029

防伪查询说明

用户购书后刮开封底防伪涂层，使用手机微信等软件扫描二维码，会跳转至防伪查询网页，获得所购图书详细信息。

防伪客服电话 （010）58582300

资源服务提示

授课教师如需获取本书配套教辅资源，请登录"高等教育出版社产品信息检索系统"（http://xuanshu.hep.com.cn/），搜索本书并下载资源。首次使用本系统的用户，请先注册并进行教师资格认证。

高教社高职金融教师交流及资源服务 QQ 群：424666478